FERNANDO DALVI

RACIOCÍNIO LÓGICO
DESCOMPLICADO

MAIS DE 400 QUESTÕES
Resolvidas, comentadas e com gabarito oficial

Raciocínio Lógico Descomplicado – Mais de 400 questões resolvidas, comentadas e com gabarito oficial
Copyright© Editora Ciência Moderna Ltda., 2009

Todos os direitos para a língua portuguesa reservados pela EDITORA CIÊNCIA MODERNA LTDA.

De acordo com a Lei 9.610 de 19/2/1998, nenhuma parte deste livro poderá ser reproduzida, transmitida e gravada, por qualquer meio eletrônico, mecânico, por fotocópia e outros, sem a prévia autorização, por escrito, da Editora.

Editor: Paulo André P. Marques
Supervisão Editorial: Camila Cabete Machado
Capa: Cristina Satchko Hodge
Diagramação: Julio Cesar Baptista
Assistente Editorial: Aline Vieira Marques

Várias **Marcas Registradas** aparecem no decorrer deste livro. Mais do que simplesmente listar esses nomes e informar quem possui seus direitos de exploração, ou ainda imprimir os logotipos das mesmas, o editor declara estar utilizando tais nomes apenas para fins editoriais, em benefício exclusivo do dono da Marca Registrada, sem intenção de infringir as regras de sua utilização. Qualquer semelhança em nomes próprios e acontecimentos será mera coincidência.

FICHA CATALOGRÁFICA

NORBIM, Fernando Dalvi.
Raciocínio Lógico Descomplicado – Mais de 400 questões resolvidas, comentadas e com gabarito oficial

Rio de Janeiro: Editora Ciência Moderna Ltda., 2009.

1. Matemática   I — Título

ISBN: 978-85-7393-868-5   CDD 510

Editora Ciência Moderna Ltda.
R. Alice Figueiredo, 46 – Riachuelo
Rio de Janeiro, RJ – Brasil   CEP: 20.950-150
Tel: (21) 2201-6662/ Fax: (21) 2201-6896
E-MAIL: LCM@LCM.COM.BR
WWW.LCM.COM.BR

*"Uma árvore boa não dá frutos maus,
uma árvore má não dá bom fruto.
Porquanto cada árvore se conhece pelo seu fruto."*

(LUCAS 6, 43-44)

Sumário

Primeira Parte: Exercícios com Respostas Comentadas   1

Segunda Parte: Exercícios Resolvidos Somente com Gabarito   349

Gabarito Oficial   407

Referências Bibliográficas   409

Primeira Parte

Exercícios com Respostas Comentadas

PRIMEIRA PARTE: EXERCÍCIOS COM RESPOSTAS COMENTADAS **3**

EXERCÍCIO Nº 1: Quatro amigos vão ao rodeio em Barretos e um deles entra sem pagar ingresso. Um fiscal do evento quer saber quem foi o penetra: Eu não fui, diz o Augusto. Foi o Chicão, diz o Leonardo. Foi o Leonardo, diz o Rafael. Rafael não tem razão, diz o Chicão. Sabendo que só um deles mentiu. Quem não pagou a entrada?

a) Leonardo
b) Chicão
c) Rafael
d) Augusto
e) n.d.a

Resolução comentada do exercício nº 1

Para simplificar este exercício será válido considerar a seguinte afirmação: "Somente um dos amigos mentiu". Através de um raciocínio lógico podemos descobrir quem é o amigo mentiroso. Bom, para iniciar, nossa explicação será necessário confrontar a opinião dos amigos Chicão e Rafael. Após ter lido o texto do exercício, tente notar que:

Se o Rafael diz a verdade, pode-se afirmar que foi o Leonardo que entrou sem pagar!
Se o Chicão diz a verdade, pode-se afirmar que o Rafael está mentindo!

A opinião dos dois amigos se contradizem! Sendo assim, será fácil compreender que somente pode haver 01 mentiroso: Chicão ou Renato. Já que Chicão nega que a opinião de Rafael seja verdadeira.

Neste problema somente pode haver um mentiroso e por isso, a única alternativa restante seria acreditar que o Rafael é o único mentiroso nesta história. Já que em todas outras possibilidades,

4   RACIOCÍNIO LÓGICO DESCOMPLICADO

temos a ocorrência de mais de 01 pessoa mentindo. Portanto Chicão fala a verdade, Augusto fala a verdade, Leonardo fala a verdade e somente o Rafael mente.

A resposta correta é a letra "C".

EXERCÍCIO Nº 2: Um vendedor de passagem de ônibus atende três mulheres lindas. Uma delas é Jéssica, outra é a Grazziela e outra é a Lorena. O vendedor sabe que uma delas é casada, outra é solteira e a outra é noiva. Sabe, ainda, que cada uma delas fará uma viagem a um estado diferente do Brasil: uma delas irá ao Rio de Janeiro, outra irá até Minas Gerais e a outra irá ao Paraná. As três mulheres disseram ao vendedor de passagem, que queria identificar o estado civil e o destino de cada uma, algumas informações:

A solteira: "Não vou ao Paraná nem à Minas Gerais".

A noiva: "Meu nome não é Grazziela nem Lorena".

A casada: "Nem eu nem a solteira vamos ao Paraná".

O vendedor de passagens de ônibus concluiu, então, acertadamente, que:

a) A solteira é a Grazziela e vai ao Paraná.

b) A casada é a Grazziela e vai ao Rio de Janeiro.

c) A casada é a Lorena e vai ao Rio de Janeiro.

d) A noiva é a Jéssica e vai ao Paraná.

e) A noiva é Jéssica e vai à Minas Gerais.

Resolução comentada do exercício n° 2

Para simplificar este exercício será válido considerar a seguinte afirmação: "Cada mulher irá viajar somente um estado e somente podem ter um estado civil". Através de um raciocínio lógico podemos descobrir quem se encaixa no perfil correto. Bom, para iniciar, nossa explicação será necessário elaborar um racícionio simples. Após ter lido o texto do exercício, tente notar que:

a) **Se a Solteira não vai viajar para o Paraná e nem para Minhas Gerais, será correto afirmar que só sobrou a opção de viajar para o Rio de Janeiro. Já que o exercício não contempla mais destinos de viagem. Logo, a solteira vai para o RJ. A Casada disse que não vai ao Paraná. Bom, sabendo que a solteira já irá viajar para o Rio de Janeiro, não resta outra opção para a Casada, a não ser viajar para Minas Gerais. Depois do exposto, restou à noiva viajar para o Paraná.**

Então:

Solteira = viagem marcada para o Rio de Janeiro

Noiva = viagem marcada para o Paraná

Casada = viagem marcada para Minas Gerais

b) **Se a Noiva não se chama Grazziela e nem Lorena, somente restou um nome, e por isso, podemos afirmar que a noiva se chama Jéssica! Com as informações descritas acima já podemos encontrar a alternativa mais correta do exercício.**

A resposta correta é a letra "D".

6   RACIOCÍNIO LÓGICO DESCOMPLICADO

EXERCÍCIO Nº 3: Três amigas são convidadas para uma festa de 15 anos. O vestido de uma delas é branco, o de outra é azul, e o da outra é verde. Elas calçam pares de sapatos destas mesmas três cores, mas somente Julia está com vestido e sapatos de mesma cor. Nem o vestido nem os sapatos de Isabela são brancos. Luana está com sapatos azuis. Então podemos afirmar que:

a) o vestido de Júlia é azul e o de Isabela é verde.

b) o vestido de Júlia é branco e seus sapatos são brancos.

c) os sapatos de Júlia são azuis e os de Isabela são brancos.

d) os sapatos de Isabela são azuis e o vestido de Luana é branco.

e) o vestido de Isabela é azul e os sapatos de Luana são verdes.

Resolução comentada do exercício n° 3

Para simplificar este exercício será válido considerar a seguinte tabela:

Tabela Esquematizada			
	JULIA	ISABELA	LUANA
VESTIDO	BRANCO (4)	AZUL (5)	VERDE (6)
SAPATO	BRANCO (2)	VERDE (3)	AZUL (1)

A melhor forma de preencher a tabela acima é buscar ler o exercício e encontrar informações valiosas para o devido preenchimento. Por exemplo:

a) Encontrando a cor dos sapatos:

1. Luana calça sapatos azuis

2. Nem os sapatos de Isabela são brancos, então restou a Julia usar esta cor de sapato.

3. Se a Julia usa sapato cor branca e a Luana, cor azul..só restou a Isabela ir a festa com o sapato cor verde.

PRIMEIRA PARTE: EXERCÍCIOS COM RESPOSTAS COMENTADAS

b) Encontrando a cor dos vestidos:

4. Julia é a única que está com o vestido e o sapato da mesma cor, ou seja, seu vestido tem a cor branca.

5. Isabela não pode ter o sapato combinando com seu vestido, então a cor restante para o vestido é azul.

6. Luana não pode ter o sapato combinando com seu vestido, então a cor restante para o vestido é verde.

A resposta correta é a letra "B".

EXERCÍCIO N° 4: (MPOG) Na formatura de Hélcio, todos os que foram à solenidade de colação de grau estiveram, antes, no casamento de Hélio. Como nem todos os amigos de Hélcio estiveram no casamento de Hélio, conclui-se que, dos amigos de Hélcio:

a) todos foram à solenidade de colação de grau de Hélcio e alguns não foram ao casamento de Hélio.

b) pelo menos um não foi à solenidade de colação de grau de Hélcio.

c) alguns foram à solenidade de colação de grau de Hélcio, mas não foram ao casamento de Hélio.

d) alguns foram à solenidade de colação de grau de Hélcio e nenhum foi ao casamento de Hélio.

e) todos foram à solenidade de colação de grau de Hélcio e nenhum foi ao casamento de Hélio.

Resolução comentada do exercício n° 4

Para simplificar este exercício será válido considerar as frases abaixo, com suas respectivas demonstrações gráficas:

a) "Todas as pessoas que foram à formatura de Hélio, também foram ao casamento". Na figura abaixo, podemos perceber que todas as pessoas da formatura estão dentro do conjunto de pessoas que foram ao casamento. Isto quer dizer que, não existe pessoa que foi a formatura e não foi ao casamento.

b) "Nem todos amigos de Hélio foram ao casamento". Na figura abaixo, podemos perceber que todas pessoas da formatura estão dentro do conjunto de pessoas que foram ao casamento. Porém, o conjunto denominado "amigos de Hélcio" alguns foram ao casamento e outros não. Isto supõe dizer que os amigos do Hélcio que foram à formatura, logicamente, também foram ao casamento. E também podemos afirmar que alguns amigos do Hélcio não foram à formatura, mas foram sim ao casamento. E claro que existe outros que não foram nem a formatura e nem ao casamento.

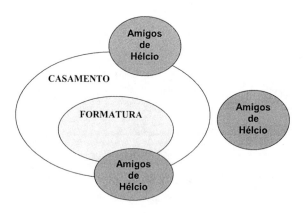

A resposta correta é a letra "B".

EXERCÍCIO Nº 5: (AFC) Uma escola de arte oferece aulas de canto, dança, teatro, violão e piano. Todos os professores de canto são, também, professores de dança, mas nenhum professor de dança é professor de teatro. Todos os professores de violão são, também, professores de piano, e alguns professores de piano são, também, professores de teatro. Sabe-se que nenhum professor de piano é professor de dança, e como as aulas de piano, violão e teatro não têm nenhum professor em comum, então:

a) nenhum professor de violão é professor de canto
b) pelo menos um professor de violão é professor de teatro
c) pelo menos um professor de canto é professor de teatro
d) todos os professores de piano são professores de canto
e) todos os professores de piano são professores de violão

Resolução comentada do exercício nº 5

Para simplificar este exercício será válido considerar as frases abaixo, com suas respectivas demonstrações gráficas:

a) "Todo professor de canto é professor de dança". Na figura abaixo, podemos perceber que todos os indivíduos que são professores de canto estão dentro do conjunto de indivíduos que são professores de dança. Isto quer dizer que, não existe indivíduo que é professor de canto e também não seja de dança.

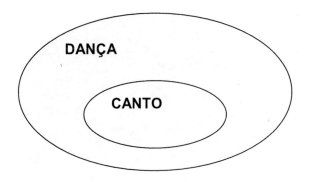

b) "nenhum professor de dança é professor de teatro". Na figura abaixo, podemos perceber que todas pessoas que estão ligadas a aula de canto e dança, não tem interesse em ensinar teatro. O teatro é visto como uma disciplina diferenciada. da formatura estão dentro do conjunto de pessoas que foram ao casamento.

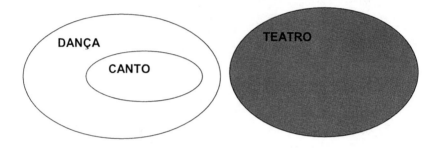

c) "todos os professores de violão são também professores de piano". Na figura abaixo, podemos perceber que todos os indivíduos que são professores de violão estão dentro do conjunto de indivíduos que são professores de piano. Isto quer dizer que, não existe indivíduo que é professor de violão e também não seja de piano.

d) "algum professor de piano é professor de teatro". Na figura abaixo, podemos perceber que todos os indivíduos que são professores de piano, pelo menos 01 será também da classe dos que ensinam teatro.

PRIMEIRA PARTE: EXERCÍCIOS COM RESPOSTAS COMENTADAS **11**

e) Resumindo o exercício e colacionando todos os gráficos lado a lado, podemos observar melhor como fica a estrutura lógica do exercício:

Conclui-se que a melhor opção de resposta é a letra "A", pois nenhum professor de violão é professor de canto. Sabemos que os professores de violão no máximo podem ensinar piano também, conforme disposto em linhas anteriores no próprio exercício.

Resposta correta é a letra "A".

EXERCÍCIO Nº 6: (TTN) Quatro amigos, André, Beto, Caio e Dênis, obtiveram os quatro primeiros lugares em um concurso de oratória julgado por uma comissão de três juízes. Ao comunicarem a classificação final, cada juiz anunciou duas colocações, sendo uma delas verdadeira e a outra falsa:

Juiz 1: "André foi o primeiro; Beto foi o segundo"
Juiz 2: "André foi o segundo; Dênis foi o terceiro"
Juiz 3: "Caio foi o segundo; Dênis foi o quarto"
Sabendo que não houve empates, o primeiro, o segundo, o terceiro e o quarto colocados foram, respectivamente:
a) André, Caio, Beto, Denis
b) André, Caio, Dênis, Beto
c) Beto, André, Dênis, Caio
d) Beto, André, Caio, Dênis
e) Caio, Beto, Dênis, André

Resolução comentada do exercício nº 6

Para simplificar este exercício será válido fazer a comparação da opinião dos 3 juízes:

Juiz 1	Juiz 2	Juiz 3
1º André		
2º Beto	2º André	2º Caio
	3º Dênis	
		4º Dênis

Primeiro passo é saber quem dos três juízes diz a verdade com relação ao segundo lugar. Somente pode haver uma opinião verdadeira! Quem será que ganhou o segundo lugar: Beto, André ou Caio? Vamos fazer algumas suposições lógicas:

a) **Se o Juiz 1 diz a verdade e afirma que Beto ficou com o segundo lugar. Logo, temos a seguinte sequência lógica:**

Beto é o segundo lugar; Dênis é o terceiro lugar; Dênis é o quarto lugar...(solução errada)

b) **Se o Juiz 2 diz a verdade e afirma que André ficou com o segundo lugar. Logo, temos a seguinte sequência lógica:**

André é o segundo lugar; Dênis é o quarto lugar; André é o primeiro lugar...(solução errada)

c) **Se o Juiz 3 diz a verdade e afirma que Caio ficou com o segundo lugar. Logo, temos a seguinte sequência lógica:**

Caio é o segundo lugar; Dênis é o terceiro lugar; André é o primeiro lugar e Beto é o quarto lugar.(solução correta)

A resposta correta é a letra "B".

EXERCÍCIO Nº 7: (Fiscal do Trabalho) Quatro casais reúnem-se para jogar xadrez. Como há apenas um tabuleiro, eles combinam que:

a) **nenhuma pessoa pode jogar duas partidas seguidas;**
b) **marido e esposa não jogam entre si.**

PRIMEIRA PARTE: EXERCÍCIOS COM RESPOSTAS COMENTADAS **13**

Na primeira partida, Celina joga contra Alberto. Na segunda, Ana joga contra o marido de Júlia. Na terceira, a esposa de Alberto joga contra o marido de Ana. Na quarta, Celina joga contra Carlos. E na quinta, a esposa de Gustavo joga contra Alberto. A esposa de Tiago e o marido de Helena são, respectivamente:

a) Celina e Alberto

b) Ana e Carlos

c) Júlia e Gustavo

d) Ana e Alberto

e) Celina e Gustavo

Resolução comentada do exercício nº 7

Para simplificar este exercício será válido fazer a comparação das 5 partidas jogadas:

Primeira Partida: Celina X Alberto

Segunda Partida: Ana X marido de Julia

Terceira Partida: esposa de Alberto x marido de Ana

Quarta Partida: Celina X Carlos

Quinta Partida: esposa de Gustavo X Alberto

O primeiro passo para resolver esse exercício é analisar a frase: **"Marido e Esposa não jogam entre si"**. Ao analisar o conteúdo desta frase, poderemos tirar algumas conclusões válidas para o entendimento do exercício:

Alberto não é o marido de **Celina**

Carlos não é o marido de **Celina**

O segundo passo para resolver esse exercício é analisar a frase: **"Nenhuma pessoa pode jogar duas partidas seguidas"**. Ao analisar o conteúdo desta frase, poderemos tirar algumas conclusões válidas para o entendimento do exercício:

Julia não é a esposa de **Alberto**

Ana não é esposa de **Alberto**

Gustavo não é marido de **Celina**

Juntando os dois tipos de conclusões, retiradas das frases acima, temos que:

Alberto não é o marido de **Celina**

Carlos não é o marido de **Celina**

Gustavo não é marido de **Celina**

Então o único marido que sobrou para Celina foi o Tiago.

Continuando o exercício, ainda podemos fazer as seguintes conclusões:

Julia não é a esposa de **Alberto**

Ana não é esposa de **Alberto**

Celina não é esposa de **Alberto**

Então a única esposa que sobrou para Alberto foi a Helena.

Acompanhe leitor, que até agora temos 2 casais formados: Tiago e Celina; Alberto e Helena; por isso, temos ainda que encontrar os outros dois casais restantes. Neste momento será necessário colacionar novamente, o quadro esquematizado e preenchido com os nomes que encontramos até agora:

Primeira Partida: Celina X Alberto

Segunda Partida: Ana X marido de Julia

Terceira Partida: Helena x marido de Ana

Quarta Partida: Celina X Carlos

Quinta Partida: esposa de Gustavo X Alberto

Para resolver a questão é muito simples. Ora, sabemos que o marido de Ana, não pode ser o Alberto, nem o Tiago. Também ao analisar a regra **"Nenhuma pessoa pode jogar duas partidas seguidas"**, pode-se chegar a conclusão que o marido de ana não pode ser o Carlos, já que ele joga a quarta partida, e se assim o fizer, estará jogando duas partidas seguidas. Logo, o único marido que sobrou pra Ana foi o Gustavo.

Para terminar, sobrou a Julia, que não terá muita opção, pois todas suas amigas já acharam seus maridos e somente restou a ela a chance de admitir que é casada com o Carlos e que pretende ser fiel a vida inteira.

Logo, os casais formados estão dispostos abaixo:

Tiago X Celina

Alberto X Helena

Gustavo X Ana

Carlos X Julia

Sendo assim, a resposta correta do exercício é a letra "A".

EXERCÍCIO Nº 8: (AFC) Ana é prima de Bia, ou Carlos é filho de Pedro. Se Jorge é irmão de Maria, então Breno não é neto de Beto. Se Carlos é filho de Pedro, então Breno é neto de Beto. Ora, Jorge é irmão de Maria. Logo:

a) Carlos é filho de Pedro ou Breno é neto de Beto.
b) Breno é neto de Beto e Ana é prima de Bia.
c) Ana não é prima de Bia e Carlos é filho de Pedro.
d) Jorge é irmão de Maria e Breno é neto de Beto.
e) Ana é prima de Bia e Carlos não é filho de Pedro.

Resolução comentada do exercício nº 8

Para simplificar este exercício será válido verificar a seguinte frase: **"Jorge é irmão de Maria"**. A partir desta afirmação verdadeira será desencadeado todo um raciocínio lógico e assim, nós poderemos encontrar muitas outras afirmações. Veja o exemplo abaixo:

Se Jorge é irmão de Maria, então Breno não é neto de Beto.

Viu, já descobrimos que Breno não é neto de Beto. O primeiro caminho que percorremos na lógica foi interessante, porém, está na hora de se aventurar mais e encontrar outras informações importantes:

Se Carlos é filho de Pedro, **então Breno é neto de Beto.**

Bom, todos sabemos que para surpresa da família, o Breno não é neto de Beto. Se essa sentença é lógica, poderemos tirar a conclusão que Carlos não é filho de Pedro. Com este raciocínio podemos ir além:

Ana é prima de Bia, ou Carlos é filho de Pedro.

Visto que já descobrimos que Carlos não é filho de Pedro. Podemos afirmar com segurança que a única alternativa válida, seria a Ana ser prima da Bia. Depois de acharmos a resposta correta, só resta dizer que esta família é bem confusa.

A reposta correta é a letra "E"

PRIMEIRA PARTE: EXERCÍCIOS COM RESPOSTAS COMENTADAS **17**

EXERCÍCIO Nº 9: (MPU) Uma empresa produz andróides de dois tipos: os de tipo V, que sempre dizem a verdade, e os de tipo M, que sempre mentem. Dr. Turing, um especialista em Inteligência Artificial, está examinando um grupo de cinco andróides – rotulados de Alfa, Beta, Gama, Delta e Épsilon –, fabricados por essa empresa, para determinar quantos entre os cinco são do tipo V. Ele pergunta a Alfa: "Você é do tipo M?" Alfa responde, mas, Dr. Turing, distraído, não ouve a resposta. Os andróides restantes fazem, então, as seguintes declarações:

Beta: "Alfa respondeu que sim".

Gama: "Beta está mentindo".

Delta: "Gama está mentindo".

Épsilon: "Alfa é do tipo M".

Mesmo sem ter prestado atenção à resposta de Alfa, Dr. Turing pôde, então, concluir corretamente que o número de andróides do tipo V, naquele grupo, era igual a:

a) 1.

b) 2.

c) 3.

d) 4.

e) 5.

Resolução comentada do exercício nº 9

Interessante notar que neste exercício existe certa preocupação em rotular pessoas que dizem a verdade sempre como andróides. Um verdadeiro absurdo! Uma forma de afastar o ser humano na busca da sinceridade diária. Porém como não tenho interesse em comentar mais sobre este fato, pois, não merece crédito de minha parte, vou explicar o exercício:

Primeiro passo: devemos analisar duas opiniões contraditórias dos andróides:

Beta	**X**	**Gama**
O Alfa respondeu que sim		O Beta está mentindo

Pode-se perceber que um dos andróides está falando a verdade. Supomos que é o Beta, pois veja abaixo a opinião de outro andróide:

Delta

O Gama está mentindo

Sendo assim, temos como certo que o Beta e o Delta dizem a verdade; o Gama está mentindo;

E se o gama está mentindo, pode-se afirmar que o Beta disse a verdade. A verdade é que o Alfa é um mentiroso. Se o Alfa respondeu que é um mentiroso e ele está sempre a mentir, podemos dizer que não da pra confiar na opinião dele. Devemos partir para outra lógica. Conforme segue abaixo:

Segundo passo: devemos analisar duas opiniões contraditórias dos andróides:

Beta	**X**	**Gama**
O Alfa respondeu que sim		O Beta está mentindo

Pode-se perceber que um dos andróides está falando a verdade. Supomos que é o Gama, pois veja abaixo a opinião de outro andróide:

Delta

O Gama está mentindo

Sendo assim, temos como certo que o Gama está falando a verdade; O Delta e o Beta estão mentindo.

E se o gama está dizendo a verdade, pode-se afirmar que o Beta está mentindo e que na prática, o Alfa respondeu "Não", quando perguntado pelo Dr. Turing se era mentiroso. Diante do disposto, fica claro que o andróide Alfa é verdadeiro, ou seja, é do tipo V.

PRIMEIRA PARTE: EXERCÍCIOS COM RESPOSTAS COMENTADAS **19**

No total temos somente 02 robôs verdadeiros, já que até mesmo o "Épisilon" está mentindo. Os únicos robôs que dizem a verdade são: "Gama" e o "Alfa".

A resposta correta é a letra "B".

EXERCÍCIO Nº 10: (Fiscal do Trabalho) Sabe-se que existe pelo menos um A que é B. Sabe-se, também, que todo B é C. Segue-se, portanto, necessariamente que:

a) todo C é B
b) todo C é A
c) algum A é C
d) nada que não seja C é A
e) algum A não é C

Resolução comentada do exercício nº 10

Para resolvermos este exercício de lógica, vamos recorrer à utilização de alguns desenhos que podem ilustrar melhor, tal iniciativa do ora autor em simplificar o aprendizado desta matéria tão valorosa.

Chegou à hora de analisar a seguinte frase: **"Todo B é C".** A figura abaixo revela que todo individuo que for "B", consequentemente será "C". Para exemplificar vamos comparar com a cidade onde o ora autor nasceu: Vitória-ES. Então vamos representar a minha cidade pela letra "B" e o meu estado pela letra "C" . Sendo assim, não teria como eu ter nascido em vitória (capital capixaba) e não pertencer ao estado do Espírito Santo. O conjunto "B"(nascidos em vitória) está estritamente ligado com o conjunto "C"(nascidos no Espírito Santo). **Obs:** para os leitores mais desavisados, devo informar que Vitória é a capital do estado do Espírito Santo.

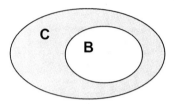

Chegou o momento de avaliar a seguinte expressão: **"Existe pelo menos um "A" que é "B".**

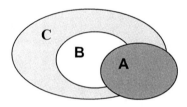

Não resta dúvida que a partir desta figura podemos constatar que "**existe pelo menos algum "A" que é "B"**; consequentemente, também será "C".

Exemplo:

A = classe dos advogados

B = classe dos nascidos em Vitória

C= classe dos nascidos no Espírito Santo

Existe algum "A"(advogado) que é "B"(nascido em vitória) e consequentemente, também será "C" (nascido no estado do Espírito Santo).

A resposta correta é a letra "C"

EXERCÍCIO Nº 11: (CVM) Dizer que a afirmação "todos os economistas são médicos" é falsa, do ponto de vista lógico, equivale a dizer que a seguinte afirmação é verdadeira:

a) pelo menos um economista não é médico
b) nenhum economista é médico
c) nenhum médico é economista
d) pelo menos um médico não é economista
e) todos os não médicos são não economistas

Resolução comentada do exercício nº 11

Este exercício será resolvido de forma mais simples! Vamos representar a solução através de algumas figuras ilustrativas:

Todos economistas são médicos!

Se o exercício diz que a afirmação "todos economistas são médicos" podemos concluir que nem todos economistas são médicos e que existem pelo menos 1 economista que não é médico. Conforme figura abaixo:

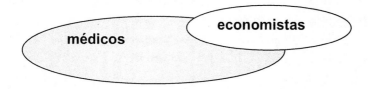

Neste desenho acima percebe que o conjunto de economistas já não está totalmente incluído no conjunto de médicos, o que faz pensar que existe economistas, que não são médicos.

A resposta correta é a letra "A"

22   RACIOCÍNIO LÓGICO DESCOMPLICADO

EXERCÍCIO Nº 12: (MPU) Você está à frente de duas portas. Uma delas conduz a um tesouro; a outra, a uma sala vazia. Cosme guarda uma das portas, enquanto Damião guarda a outra. Cada um dos guardas sempre diz a verdade ou sempre mente, ou seja, ambos os guardas podem sempre mentir, ambos podem sempre dizer a verdade, ou um sempre dizer a verdade e o outro sempre mentir. Você não sabe se ambos são mentirosos, se ambos são verazes, ou se um é veraz e o outro é mentiroso. Mas, para descobrir qual das portas conduz ao tesouro, você pode fazer três (e apenas três) perguntas aos guardas, escolhendo-as da seguinte relação:

> **P1: O outro guarda é da mesma natureza que você (isto é, se você é mentiroso ele também o é, e se você é veraz ele também o é)?**
> **P2: Você é o guarda da porta que leva ao tesouro?**
> **P3: O outro guarda é mentiroso?**
> **P4: Você é veraz?**
> **Então, uma possível sequência de três perguntas que é logicamente suficiente para assegurar, seja qual for a natureza dos guardas, que você identifique corretamente a porta que leva ao tesouro, é:**

a) P2 a Cosme, P2 a Damião, P3 a Damião.

b) P3 a Damião, P2 a Cosme, P3 a Cosme.

c) P3 a Cosme, P2 a Damião, P4 a Cosme.

d) P1 a Cosme, P1 a Damião, P2 a Cosme.

e) P4 a Cosme, P1 a Cosme, P2 a Damião.

Resolução comentada do exercício nº 12

Amigo leitor, este problema de lógica é bem interessante de resolver e, certamente, pode revelar o quanto valeu a pena ter adquirido esta obra. Vamos descobrir qual porta leva ao tesouro:

PRIMEIRA PARTE: EXERCÍCIOS COM RESPOSTAS COMENTADAS **23**

É bom lembrar: **Cada um dos guardas sempre diz a verdade ou sempre mente, ou seja, ambos os guardas podem sempre mentir, ambos podem sempre dizer a verdade, ou um sempre dizer a verdade e o outro sempre mentir.**

Ou seja, caro leitor, você tem o dever de saber ambos os guardas são mentirosos, se ambos são verdadeiros, ou se um é verdadeiro e o outro é mentiroso. Difícil missão?

Como temos dois guardas (Cosme e Damião), e não sabemos se mentem ou se dizem a verdade, então devemos estabelecer **quatro hipóteses** possíveis mostradas a seguir:

1ª) Cosme veraz e Damião veraz.

2ª) Cosme veraz e Damião mente.

3ª) Cosme mente e Damião veraz.

4ª) Cosme mente e Damião mente.

Agora vamos escolher qual pergunta será descartada. Por exemplo, a P4 é totalmente desnecessária, pois se você perguntar a uma pessoa que mente ou que diz a verdade se ela é verdadeira a resposta sempre será SIM.

Já que a pergunta 4 (P4) não será escolhida temos que descartar como solução correta as letras "C" e "E". Isto supõe dizer que para dar continuidade ao exercício teremos que testar as letras restantes (A, B. D). Acredito que será mais tranquilo, escolher a letra "D", para fazer o esperado teste:

Vamos analisar a pergunta(P1) a Cosme e (P1) a Damião

Hipótese	Cosme	Damião
Cosme V e Damião V	SIM	SIM
Cosme V e Damião M	NÃO	SIM
Cosme M e Damião V	SIM	NÃO
Cosme M e Damião M	NÃO	NÃO

24 RACIOCÍNIO LÓGICO DESCOMPLICADO

Vale observar que todas as respostas acima, ajudam o leitor na hora de saber qual guarda mente e qual diz a verdade, ou ainda, se os dois guardas mentem ao mesmo tempo ou se dizem a verdade ao mesmo tempo. Esta tabela acima ajuda na identificação destes guardas. Vale lembrar que sempre quando existe uma contradição de opiniões, tem alguém mentindo.

<u>**Agora, vamos analisar a pergunta(P2) a Cosme**</u>

Caso a resposta à pergunta (P1) feita ao Cosme seja "SIM" e a resposta à pergunta (P1) feita ao Damião seja "SIM", sabemos que os dois falam a verdade. E fazendo a pergunta (P2) ao Cosme, em qualquer resposta que ele der (SIM ou NÃO); poderemos descobrir quem é o guarda da porta que leva ao tesouro. Então a melhor alternativa que pode ajudar a encontrar o tesouro é fazer as perguntas P1 ao Cosme e Damião e P2 ao Cosme, ou seja:

A alternativa correta é a letra "D".

EXERCÍCIO Nº 13: (AFC) Três homens são levados à presença de um jovem lógico. Sabe-se que um deles é um honesto marceneiro, que sempre diz a verdade. Sabe-se, também, que um outro é um pedreiro, igualmente honesto e trabalhador, mas que tem o estranho costume de sempre mentir, de jamais dizer a verdade. Sabe-se, ainda, que o restante é um vulgar ladrão que ora mente, ora diz a verdade. O problema é que não se sabe quem, entre eles, é quem. À frente do jovem lógico, esses três homens fazem, ordenadamente, as seguintes declarações:

O primeiro diz: "Eu sou o ladrão."
O segundo diz: "É verdade; ele, o que acabou de falar, é o ladrão."
O terceiro diz: "Eu sou o ladrão."
Com base nestas informações, o jovem lógico pode, então, concluir corretamente que:

PRIMEIRA PARTE: EXERCÍCIOS COM RESPOSTAS COMENTADAS **25**

a) O ladrão é o primeiro e o marceneiro é o terceiro.
b) O ladrão é o primeiro e o marceneiro é o segundo.
c) O pedreiro é o primeiro e o ladrão é o segundo.
d) O pedreiro é o primeiro e o ladrão é o terceiro.
e) O marceneiro é o primeiro e o ladrão é o segundo.

Resolução comentada do exercício nº 13

Vamos iniciar a compreensão do exercício, através de uma lógica simples:

Marceneiro: Sempre diz a Verdade

Pedreiro: Sempre Mente

Ladrão: Às vezes mente e às vezes diz a verdade

Vamos agora analisar as três afirmações acima, para identificar quem é o autor de cada uma delas:

Primeira afirmação: **"Eu sou o ladrão"**

Esta afirmação somente pode ser dita pelo **ladrão**, pois, a única forma de falar a verdade e não mentir; será quando admitir que ele é o único ladrão da história.

Segunda afirmação: **"É verdade; ele, o que acabou de falar, é o ladrão."**

Esta afirmação somente pode ser do **marceneiro**, pois, ela é verdadeira. No exercício fica bem claro que o ladrão às vezes fala a verdade também. Porém, também sabemos que a única verdade que o ladrão pode dizer é a seguinte: "Eu sou o ladrão". Pois se ele diz, que o ladrão é outro, por conseguinte, estará mentindo.

Terceira afirmação: **"Eu sou o ladrão"**

26 RACIOCÍNIO LÓGICO DESCOMPLICADO

Depois, de tantas considerações, ficou mais fácil saber quem é o **pedreiro**. Sabe-se que o pedreiro mente sempre e por isso, disse que era ladrão, mesmo sem o ser. O fato é que o pedreiro devia ser amigo do ladrão e por isso, usou da mentira para atrapalhar as investigações do leitor, sobre o referido caso.

Então, o ladrão é o primeiro e o marceneiro é o segundo. A resposta correta é a letra "B"

EXERCÍCIO Nº 14: (MPU) Caio, Décio, Éder, Felipe e Gil compraram, cada um, um barco. Combinaram, então, dar aos barcos os nomes de suas filhas. Cada um tem uma única filha, e todas tem nomes diferentes. Ficou acertado que nenhum deles poderia dar a seu barco o nome da própria filha e que a cada nome das filhas, corresponderia um e apenas um barco. Décio e Eder desejavam, ambos, dar a seus barcos o nome de Laís, mas acabaram entrando em um acordo: o nome de Laís ficou para o barco de Décio e Eder deu a seu barco o nome de Mara. Gil convenceu o pai de Olga a pôr o nome de Paula em seu barco(isto é no barco dele, pai de olga). Ao barco de Caio, coube o nome de Nair, e ao barco do pai de Nair, coube o nome de Olga.

As filhas de Caio, Décio, Éder, Felipe e Gil, são respectivamente:
a) Mara, Nair, Paula, Olga, Laís.
b) Laís, Mara, Olga, Nair, Paula.
c) Nair, Laís, Mara, Paula, Olga.
d) Paula, Olga, Laís, Nair, Mara.
e) Laís, Mara, Paula, Olga, Nair.

Resolução comentada do exercício nº 14

Para iniciar a resolução do exercício, vamos colacionar os nomes importantes da história:

Pais: Caio, Décio, Éder, Felipe e Gil

Filhas: Mara, Nair, Paula, Olga, Laís

Para simplificar esta questão, será preciso colacionar também algumas informações interessantes sobre a história:

a) Nenhum dos pais pode dar a seu barco, o nome da própria filha;

b) o nome de Laís ficou no barco de Décio;

c) o nome de Mara ficou no barco de Éder;

d) Décio e Éder queriam dar o nome de Laís a seus barcos;

e) Gil convenceu o pai de olga a por o nome de Paula em seu barco;

f) ao barco de Caio coube o nome de Nair;

g) ao barco do Pai de Nair, coube o nome de Olga.

Diante do exposto acima, podemos perceber que Laís não é filha de Décio e nem de Éder, pois ambos quiseram presentear seus barcos com o nome dela. Então o pai da Laís somente pode ser o Caio, o Gil e o Felipe.

Vamos simplificar ainda mais:

Laís –   não é filha do Décio e nem do Éder;

Olga –   não é filha do Gil;
ela é filha do cara que tem o nome "paula" em seu barco;

Nair –   não é filha do Caio;
ela é filha do cara que tem o nome "olga" em seu barco

Mara –   não é filha do Éder;

Paula – não é filha do Gil;

Está na hora de afunilar ainda mais o problema:

Laís – só pode ser filha de Caio, Felipe e Gil;

Olga – só pode ser filha de Caio, Décio, Éder e Felipe;

Nair – só pode ser filha de Décio, Éder, Felipe e Gil;

Mara – só pode ser filha de Caio, Décio, Felipe e Gil;

Paula – só pode ser filha de Caio, Décio, Éder e Felipe.

Se a Laís é filha de Caio, poderemos fazer a seguinte eliminação:

Laís – só pode ser filha de **Caio**, ~~Felipe~~ e ~~Gil~~;

Olga – só pode ser filha de ~~Caio~~, Décio, Éder e Felipe;

Nair – só pode ser filha de Décio, Éder, Felipe e Gil;

Mara – só pode ser filha de ~~Caio~~, Décio, Felipe e Gil;

Paula – só pode ser filha de ~~Caio~~, Décio, Éder e Felipe.

Se Olga é filha de Felipe, logo o pai dela tem o nome de "paula" em seu barco. E poderemos fazer a seguinte eliminação:

Laís – só pode ser filha de **Caio**, ~~Felipe~~ e ~~Gil~~;

Olga – só pode ser filha de ~~Caio~~, ~~Décio~~, ~~Éder~~ e **Felipe**;

Nair – só pode ser filha de Décio, Éder, ~~Felipe~~ e Gil;

Mara – só pode ser filha de ~~Caio~~, Décio, ~~Felipe~~ e Gil;

Paula – só pode ser filha de ~~Caio~~, Décio, Éder e ~~Felipe~~.

Se fizermos mais uma suposição, que, por exemplo, o Décio seja o pai da Mara; por conseguinte o Éder será o Pai de Paula. E só sobra o Gil para ser o pai da Nair. Pronto! Exercício concluído. As filhas de Caio, Décio, Éder Felipe e Gil, são respectivamente: **Laís, Mara, Paula, Olga e Nair.**

A resposta correta é a letra "E"

EXERCÍCIO Nº 15: (MPU) Em torno de uma mesa quadrada, encontram-se sentados quatro sindicalistas. Oliveira, o mais antigo entre eles, é mineiro. Há também um paulista, um carioca e um baiano. Paulo está sentado à direita de Oliveira. Norton, à direita do paulista. Por sua vez, Vasconcelos, que não é carioca, encontra-se à frente de Paulo. Assim:

a) Paulo é paulista e Vasconcelos é baiano;
b) Paulo é carioca e Vasconcelos é baiano;
c) Norton é baiano e Vasconcelos é paulista;
d) Norton é carioca e Vasconcelos é paulista;
e) Paulo é baiano e Vasconcelos é paulista.

Resolução comentada do exercício nº 15

Uma forma bem interessante de se resolver este exercício é representar o conteúdo através de figuras ilustrativas:

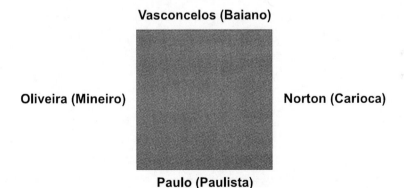

As dicas do exercício estão dispostas logo abaixo:

– **Vasconcelos (que não é carioca), encontra-se à frente de Paulo;**
– **Paulo está sentado à direita de Oliveira (mineiro);**
– **Norton, à direita do paulista;**

30 RACIOCÍNIO LÓGICO DESCOMPLICADO

A única formação que obedece a lógica proposta no exercício é aquela em que o sindicalista **Oliveira** está sentado de frente ao **Norton**, e também, aquela em que o sindicalista **Vasconcelos** está sentado à frente de **Paulo**.

A resposta correta é a letra "A"

EXERCÍCIO Nº 16: (CVM) Cinco colegas foram a um parque de diversões e um deles entrou sem pagar. Apanhados por um funcionário do parque, que queria saber qual deles entrou sem pagar, eles informaram:

"não fui eu e nem o Manuel", disse Marcos;
"Foi o Manuel ou a Maria", disse Mário;
"Foi a Mara", disse Manuel;
"O Mário está mentindo", disse Mara;
"Foi a Mara ou o Marcos", disse Maria.
Sabendo que um e somente um dos cinco colegas mentiu, conclui-se logicamente que quem entrou sem pagar foi:
a) Mário
b) Marcos
c) Mara
d) Manuel
e) Maria

Resolução comentada do exercício nº 16

Vamos direto aos comentários mais importantes:

– **sabemos que somente um dos cinco colegas mentiu;**

– **sabemos que somente um dos cinco colegas entrou sem pagar;**

Fica claro, a partir deste comentário que 04 opiniões são verdadeiras e 01 é falsa. O nosso objetivo, então, vai ser descobrir
qual é o colega mentiroso?

Mara afirma: *"O Mário está mentindo"* Ora, somente pode haver
um mentiroso na história, então, podemos afirmar que se a Mara
estiver certa, quem está mentindo é o Mario.

Vamos testar as declarações:

Primeira declaração: Se o Marcos diz a verdade, podemos dizer
que não foi o Marcos e nem o Manuel que entrou sem pagar;

Segunda declaração: Se o Mário está mentindo, conforme a
Mara afirmou, então, podemos concluir que não foi a Maria e
nem o Manuel que entrou sem pagar;

Terceira declaração: Se o Manuel está dizendo a verdade, então, está confirmado que foi a Mara que entrou sem pagar;

Quarta declaração: Se o Mário está mentindo, conforme diz a
Mara, então, chegamos a mesma conclusão da segunda declaração;

Quinta declaração: Se a Maria está falando a verdade, temos
a certeza que foi a Mara que entrou sem pagar; já que o Marcos
não foi, conforme já visto na primeira declaração.

Portanto, o Mário é o mentiroso e a Mara é a pessoa que entrou
sem pagar.

A resposta correta é a letra "C"

32   RACIOCÍNIO LÓGICO DESCOMPLICADO

EXERCÍCIO Nº 17: (Fiscal do Trabalho) De três irmãos – José, Adriano e Caio –, sabe-se que ou José é o mais velho, ou Adriano é o mais moço. Sabe-se, também, que ou Adriano é o mais velho, ou Caio é o mais velho. Então, o mais velho e o mais moço dos três irmãos são, respectivamente:

a) Caio e José
b) Caio e Adriano
c) Adriano e Caio
d) Adriano e José
e) José e Adriano

Resolução comentada do exercício nº 17

Vamos direto aos comentários mais importantes:

Primeira afirmação: "José é o mais velho ou Adriano é o mais moço"

Supondo que Adriano é o mais moço; logo José não poderá ser o mais velho.

Segunda afirmação: "ou Adriano é o mais velho, ou Caio é o mais velho"

Como na alternativa anterior descobrimos que Adriano é o mais moço e que José não pode ser o mais velho da família; logo, podemos confirmar que o Caio é o mais velho.

Então, o Caio o mais velho e o Adriano é o mais moço da família.

A resposta correta é a letra "B"

EXERCÍCIO Nº 18: (SERPRO) Todas as amigas de Aninha que foram à sua festa de aniversário estiveram, antes, na festa de aniversário de Betinha. Como nem todas amigas de Aninha estiveram na festa de aniversário de Betinha, conclui-se que, das amigas de Aninha:

a) todas foram à festa de Aninha e algumas não foram à festa de Betinha.
b) pelo menos uma não foi à festa de Aninha.
c) todas foram à festa de Aninha e nenhuma foi à festa de Betinha.
d) algumas foram à festa de Aninha, mas não foram à festa de Betinha.
e) algumas foram à festa de Aninha e nenhuma foi à festa de Betinha.

Resolução comentada do exercício nº 18

Para resolver esta questão é importante a utilização de figuras ilustrativas, que possibilitem ao leitor, melhor visualização do problema:

"Todas as amigas de Aninha que foram à sua festa de aniversário estiveram, antes, na festa de aniversário de Betinha".

"Nem todas amigas de Aninha estiveram na festa de aniversário de Betinha"

Isto supõe dizer que se o publico que foi nos dois aniversários foi igual; e se nem todas amigas de Aninha estiveram no aniversário de Betinha; conclui-se também que existe alguma amiga de Aninha que não foi em seu próprio aniversário.

Para melhor entender este exercício, pense que a Aninha e a Betinha são irmãs gêmeas, que tem as mesmas amigas, mas que fizeram duas festas separadas. Lembre também, que o público da festa foi igual, ou seja, as amigas que foram no aniversário da Aninha, também foram no aniversário da Betinha. Então caso falte alguma amiga da Aninha, na festa da Betinha, isto supõe dizer que também, não foi na festa da Aninha.

A resposta correta é a letra "B"

EXERCÍCIO Nº 19: Se Pedro é pintor ou Carlos é cantor, Mário não é médico e Sílvio não é sociólogo. Dessa premissa pode-se corretamente concluir que:

a) se Pedro é pintor e Carlos não é cantor, Mário é médico ou Sílvio é sociólogo.
b) se Pedro é pintor e Carlos não é cantor, Mário não é médico e Sílvio não é sociólogo.
c) Se Pedro é pintor e Carlos é cantor, Mário é médico e Sílvio não é sociólogo.

d) se Pedro é pintor e Carlos é cantor, Mário é médico ou Sílvio é sociólogo.

e) se Pedro não é pintor ou Carlos é cantor, Mário não é médico e Sílvio é sociólogo.

Resolução comentada do exercício nº 19

Para resolver este tipo de exercício é sempre importante que, iniciemos com a frase em destaque:

"Se Pedro é pintor ou Carlos é cantor, Mário não é médico e Sílvio não é sociólogo".

Agora vamos ilustrar esse problema e recorrer ao recurso de figuras:

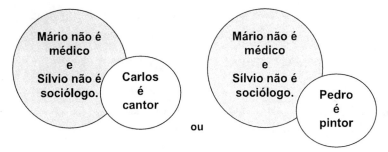

Hipótese 1:

Então se Pedro não é pintor, mas Carlos é cantor, mesmo assim, Mário não é médico e Sílvio não é sociólogo.

Então se Carlos não é cantor, mas Pedro é pintor, mesmo assim, Mário não é médico e Sílvio não é sociólogo.

Última Parte:

Para concluir, temos como certo que se Pedro é pintor e Carlos não é cantor, **"Mário não é médico e Sílvio não é sociólogo".**

A resposta correta é a letra "B"

36   Raciocínio Lógico Descomplicado

EXERCÍCIO Nº 20: (AFC) Se Iara não fala italiano, então Ana fala alemão. Se Iara fala italiano, então ou Ching fala chinês ou Débora fala dinamarquês. Se Débora fala dinamarquês, Elton fala espanhol. Mas Elton fala espanhol se e somente se não for verdade que Francisco não fala francês. Ora, Francisco não fala francês e Ching não fala chinês. Logo:

a)   Iara não fala italiano e Débora não fala dinamarquês.

b)   Ching não fala chinês e Débora fala dinamarquês.

c)   Francisco não fala francês e Elton fala espanhol.

d)   Ana não fala alemão ou Iara fala italiano.

e)   Ana fala alemão e Débora fala dinamarquês.

Resolução comentada do exercício nº 20

Para resolver este tipo de exercício é sempre importante que, iniciemos com uma afirmação lógica importante:

"Francisco não fala francês e Ching não fala chinês".

Através da afirmação lógica acima, vamos descobrir que esse tipo de pensamento está ligado por uma cadeia de pensamentos, onde, uma afirmação se liga a outra. Confira a frase abaixo:

"Mas Elton fala espanhol se e somente se não for verdade que Francisco não fala francês".

É verdade que o Francisco não fala francês, então, **o Elton não fala espanhol.**

"Se Débora fala dinamarquês, Elton fala espanhol".

O Elton não fala espanhol e isto supôs dizer que a **Débora também não fala dinamarquês.**

"Se Iara fala italiano, então ou Ching fala chinês ou Débora fala dinamarquês".

Nem Ching fala Chinês, nem Débora fala dinamarquês. Logo podemos concluir que **Iara não fala italiano.**

"Se Iara não fala italiano, então Ana fala alemão".

De acordo com o andamento do exercício, tivemos a certeza que Iara não fala italiano, então, podemos admitir que a Ana fala alemão. Isso pode ser considerado uma verdade lógica.

A resposta correta é a letra "A"

EXERCÍCIO Nº 21: (AFC _ Adaptada) Cinco amigos foram trazidos à presença de um velho rei, acusados de haver roubado laranjas do pomar real. Abelim, o primeiro a falar, falou tão baixo que o rei que era um pouco surdo não ouviu o que ele disse. Os outros quatro acusados disseram:

Bebelim: Cebelim é inocente .
Cebelim: Dedelim é inocente .
Dedelim: Ebelim é culpado .
Ebelim: Abelim é culpado .
Merlim, o dono do padaria, que vira o roubo das laranjas e ouvira as declarações dos cinco acusados, disse então ao rei: Majestade, apenas um dos cinco acusados é culpado, e ele disse a verdade; os outros quatro são inocentes e todos os quatro mentiram. O velho rei, que embora um pouco surdo era muito sábio, logo concluiu corretamente que o culpado era:
a) Abelim
b) Bebelim
c) Cebelim
d) Dedelim
e) Ebelim

Resolução comentada do exercício n° 21

Para resolver este tipo de exercício é sempre importante que, iniciemos com uma afirmação lógica importante:

"apenas um dos cinco acusados é culpado e ele disse a verdade".

Segundo a afirmação acima, quem é culpado diz a verdade, então, o único jeito de isto acontecer é o culpado admitir a própria culpa, ou ainda, falar que um amigo seu é inocente.

Bebelim: Cebelim é inocente .

Cebelim: Dedelim é inocente .

Dedelim: Ebelim é culpado .

Ebelim: Abelim é culpado

A conclusão está disposta logo abaixo:

Bebelim: é inocente, pois está mentindo ao afirmar que Cebelim é inocente.

Cebelim: é o culpado, pois diz a verdade quando afirma que Dedelim é inocente.

Dedelim é inocente, pois está mentindo, ao afirmar que Ebelim é o culpado.

Ebelim inocente, pois está mentindo ao afirmar que Abelim é o culpado.

Observação: Abelim é inocente e certamente mentiu, mesmo que o rei não tenha ouvido. Outra situação curiosa é que o inocente é o mentiroso, que coisa mais triste, para a moral de nosso Brasil; ter um exercício preparado pela ESAF para concurso público e que exalta a lógica da mentira. O exercício premia o individuo mentiroso, com o título de inocente e numa lógica ainda mais triste, premia o individuo verdadeiro, com o título de culpado. Um verdadeiro absurdo moral!

A resposta correta é a letra "C"

EXERCÍCIO Nº 22: (MPU) Ricardo, Rogério e Renato são irmãos. Um deles é médico, outro é professor, e o outro é músico. Sabe-se que: 1) ou Ricardo é médico, ou Renato é médico, 2) ou Ricardo é professor, ou Rogério é músico; 3) ou Renato é músico, ou Rogério é músico, 4) ou Rogério é professor, ou Renato é professor. Portanto, as profissões de Ricardo, Rogério e Renato são, respectivamente:

a) professor, médico, músico.
b) médico, professor, músico.
c) professor, músico, médico.
d) músico, médico, professor.
e) médico, músico, professor.

Resolução comentada do exercício nº 22

Para resolver este tipo de exercício vale lembrar que devemos fazer a opção por um caminho, dentro duas possibilidades possíveis. Caro leitor, imagine que são duas portas, e que a todo momento você terá que escolher uma, até que consiga sair do labirinto lógico. Por isso, muito cuidado, para não escolher o caminho errado e ficar demorando a resolver o problema pedido.

Primeira afirmação: **"ou Ricardo é médico, ou Renato é médico"**.

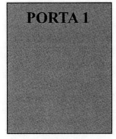

Ricardo é médico

Renato é médico

Eu prefiro escolher a porta 1 e acreditar que **o Ricardo é Médico**. Ao escolher a porta 1, consequentemente estou eliminando a porta 2 e afirmando que o Renato não é médico.

Segunda afirmação: **"ou Ricardo é professor, ou Rogério é músico"**.

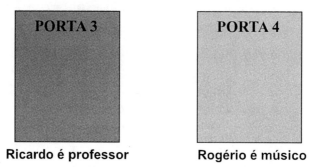

Ricardo é professor   Rogério é músico

Agora, não temos opção de escolher a porta 3, pois, anteriormente já escolhemos que a profissão do Ricardo é a medicina. Logo, nos restou acreditar que **o Rogério é músico**.

Terceira afirmação: **"ou Renato é músico, ou Rogério é músico"**.

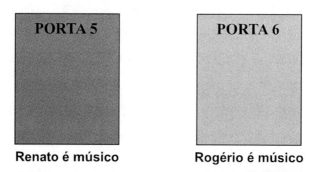

Renato é músico   Rogério é músico

A porta que vamos escolher, agora, é a número 6, pois, não sobrou outra alternativa. Lembre-se que nas linhas anteriores, já afirmamos que o **Rogério era músico**.

Quarta afirmação: **"ou Rogério é professor, ou Renato é professor"**.

Rogério é professor

Renato é professor

Bom, chegou a hora de sair deste labirinto lógico, e para resolver de maneira simples a questão, basta lembrar que em linhas anteriores, escolhemos para o Rogério, a profissão de músico. Então, goste ou não, o **Renato é o professor**. Sim, apesar de ultimamente os salários estarem em baixa, o Renato terá o privilégio de ser chamado de professor.

A resposta correta é a letra "E"

EXERCÍCIO Nº 23: (Fiscal Trabalho) Maria tem três carros: um Gol, um Corsa e um Fiesta. Um dos carros é branco, o outro é preto, e o outro é azul. Sabe-se que: 1) ou o Gol é branco, ou o Fiesta é branco, 2) ou o Gol é preto, ou o Corsa é azul, 3) ou o Fiesta é azul, ou o Corsa é azul, 4) ou o Corsa é preto, ou o Fiesta é preto. Portanto, as cores do Gol, do Corsa e do Fiesta são, respectivamente:

a) branco, preto, azul
b) preto, azul, branco
c) azul, branco, preto
d) preto, branco, azul
e) branco, azul, preto

Resolução comentada do exercício nº 23

Para resolver este tipo de exercício vale lembrar que devemos fazer a opção por um caminho, dentro duas possibilidades possíveis. Caro leitor, imagine que são duas portas, e que a todo momento você terá que escolher uma, até que consiga sair do labirinto lógico. Por isso, muito cuidado, para não escolher o caminho errado e ficar demorando a resolver o problema pedido.

Primeira afirmação: **"ou o Gol é branco, ou o Fiesta é branco"**.

Gol é branco

Fiesta é branco

Eu prefiro escolher a porta 1 e acreditar que **o Gol é branco**. Ao escolher a porta 1, consequentemente estou eliminando a porta 2 e afirmando que o Fiesta não é branco.

Segunda afirmação: **"ou o Gol é preto, ou o Corsa é azul"**.

Gol é preto

Corsa é azul

Agora, não temos opção de escolher a porta 4, pois, anteriormente já escolhemos que a cor do Gol é branca. Logo, nos restou acreditar que **o Corsa é azul**.

Terceira afirmação: **"ou o Fiesta é azul, ou o Corsa é azul"**.

Fiesta é azul

Corsa é azul

A porta que vamos escolher, agora, é a número 6, pois, não sobrou outra alternativa. Lembre-se que nas linhas anteriores, já afirmamos que o **Corsa era azul**.

Quarta afirmação: **"ou o Corsa é preto, ou o Fiesta é preto"**.

Corsa é preto

Fiesta é preto

Bom, chegou a hora de sair deste labirinto lógico, e para resolver de maneira simples a questão, basta lembrar que em linhas anteriores, escolhemos para o Corsa, a cor azul. Então, goste ou não, o **Fiesta é preto**. Sim, a porta para sair deste labirinto lógico é a número 8.

A resposta correta é a letra "E"

44   Raciocínio Lógico Descomplicado

EXERCÍCIO Nº 24: (ANPAD) Três casas – A, B, e C – foram pinta-das, cada uma, com uma das seguintes cores: verde, amarela ou branca, não necessariamente nesta ordem. Sabendo que somen-te uma das seguintes afirmações é verdadeira:

"A" é verde;
"B" não é verde;
"C" não é amarela;

Então, pode-se afirmar que:

a) A é amarela, B é branca e C é verde;
b) A é amarela, B é verde e C é branca;
c) A é branca, B é verde e C é amarela;
d) A é branca, B é amarela e C é verde;
e) A é verde, B é amarela e C é branca.

Resolução comentada do exercício nº 24

"Sabendo que somente uma das três afirmações é verdadei-ra", pode-se fazer a seguinte conclusão: Se a primeira afirma-ção é verdadeira, temos como certo que as outras duas serão falsas. Portanto, vamos testar a opção da terceira sentença es-tar correta:

Casa "C" não é amarela. (sentença verdadeira)

Logo, podemos chegar à conclusão obvia que as outras duas afirmações são falsas:

Casa "A" é verde (sentença falsa)

Casa "B" não é verde (sentença falsa)

Se as duas sentenças acima, são mentiras podemos então afir-mar com certeza que, a casa "A" não é verde e a casa "B" é verde. Pense leitor, se a mentira é uma negação; a verdade será uma afirmação e vice-versa. Entenda melhor, observando o qua-dro a seguir:

PRIMEIRA PARTE: EXERCÍCIOS COM RESPOSTAS COMENTADAS **45**

1) Negação (Mentira) X **Afirmação(Verdade)**

Casa "B" não é verde **Casa "B" é verde**

2) Afirmação(Mentira) X **Negação (Verdade)**

Casa "A" é verde **Casa "A" não é verde**

Podemos perceber que a Casa "B" é verde. Também é válido ressaltar que a casa "C" não é amarela e nem verde, então será pintada com a cor branca. A casa "A" será pintada com a cor restante, ou seja, amarela. **A resposta fica assim: Casa "A" é amarela; Casa "B" é verde; e a Casa "C" é a branca.**

A resposta correta é a letra "B"

EXERCÍCIO Nº 25: (Fiscal do Trabalho) Investigando uma fraude bancária, um famoso detetive colheu evidências que o convenceram da verdade das seguintes afirmações:
1) Se Homero é culpado, então João é culpado.
2) Se Homero é inocente, então João ou Adolfo são culpados.
3) Se Adolfo é inocente, então João é inocente.
4) Se Adolfo é culpado, então Homero é culpado.

As evidências colhidas pelo famoso detetive indicam, portanto, que:

a) Homero, João e Adolfo são inocentes.
b) Homero, João e Adolfo são culpados.
c) Homero é culpado, mas João e Adolfo são inocentes.
d) Homero e João são inocentes, mas Adolfo é culpado.
e) Homero e Adolfo são culpados, mas João é inocente.

46 RACIOCÍNIO LÓGICO DESCOMPLICADO

Resolução comentada do exercício nº 25

Para solucionar este problema vamos recorrer a comparação lógica de duas sentenças:

1) **"Se Adolfo é culpado, então Homero é culpado".**
(Adolfo culpado = Homero culpado)

X

2) **"Se Homero é culpado, então João é culpado".**
(Homero culpado = João culpado)

Logo, se percebe que existe uma cadeia lógica mais conhecida como cascata, pois, uma sentença leva a outra, como se fossem interligadas. Afinal, basta o Adolfo ser culpado, para descobrirmos que o Homero e o João também são culpados.

Então, seguindo a lógica matemática, temos que: Adolfo culpado = Homero culpado = João culpado. Ou seja, os três são culpados pelo crime de fraude bancária.

A resposta correta é a letra "B"

EXERCÍCIO Nº 26: (AFRE) Se André é culpado, então Bruno é inocente. Se André é inocente, então Bruno é culpado. Se André é culpado, Leo é inocente. Se André é inocente, então Leo é culpado. Se Bruno é inocente, então Leo é culpado. Logo, André, Bruno e Leo são, respectivamente:

a) Culpado, culpado, culpado.
b) Inocente, culpado, culpado.
c) Inocente, culpado, inocente.
d) Inocente, inocente, culpado.
e) Culpado, culpado, inocente.

Resolução comentada do exercício nº 26

O exercício nos revela as seguintes sentenças abaixo:

Se André é culpado, então Bruno é inocente.

Se André é inocente, então Bruno é culpado.

Se André é culpado, Leo é inocente.

Se André é inocente, então Leo é culpado.

Se Bruno é inocente, então Leo é culpado.

Vamos agora, recorrer ao sistema lógico em cascata, onde, cada afirmação feita, terá como consequência mais outra afirmação; até que se descubram todas as informações inerentes ao exercício:

Primeira suposição: André é inocente **(vamos considerar que é verdade)**

Se André é inocente, então Bruno é culpado.

Então, a sentença que afirma que o André é culpado pode ser considerada falsa, ou seja, é uma mentira. Pense leitor, se a mentira é uma afirmação; a verdade será uma negação e vice-versa. Entenda melhor, observando o quadro abaixo:

1) Afirmação(Mentira)   X   Negação (Verdade)

André é culpado, então Bruno é inocente. **André é inocente, então Bruno é culpado.**

Então, a sentença que afirma que o Bruno é inocente pode ser considerada falsa, ou seja, é uma mentira.

2) Afirmação (Mentira)   X   Negação(Verdade)

Bruno é inocente, então Leo é culpado. **Bruno é culpado, então Leo é inocente.**

Portanto, a sequência lógica correta é a seguinte: André é inocente, Bruno é culpado e Leo é inocente.

A resposta correta é a letra "C"

48　　RACIOCÍNIO LÓGICO DESCOMPLICADO

EXERCÍCIO Nº 27: (AFC) Se Pedro não bebe, ele visita Ana. Se Pedro bebe, ele lê poesias. Se Pedro não visita Ana, ele não lê poesias. Se Pedro lê poesias, ele não visita Ana. Segue-se, portanto que, Pedro:

a) bebe, visita Ana, não lê poesias.
b) não bebe, visita Ana, não lê poesias.
c) bebe, não visita Ana, lê poesias.
d) não bebe, não visita Ana, não lê poesias.
e) não bebe, não visita Ana, lê poesias.

Resolução comentada do exercício nº 27

O exercício nos revela as seguintes sentenças abaixo:

Se Pedro não bebe, ele visita Ana.

Se Pedro bebe, ele lê poesias.

Se Pedro não visita Ana, ele não lê poesias.

Se Pedro lê poesias, ele não visita Ana.

Primeira suposição: Pedro não bebe **(vamos considerar que é verdade)**

Logo teremos como consequência da afirmação acima, que o Pedro visita Ana e ainda, não lê poesias.

1) <u>Afirmação(Mentira)</u>	X	<u>Negação (Verdade)</u>
Pedro bebe, ele lê poesias.		**Pedro não bebe, ele não lê poesias.**

Então, a sentença que afirma que o Pedro lê poesias pode ser considerada falsa, ou seja, é uma mentira.

2) <u>Afirmação(Mentira)</u>	X	<u>Negação (Verdade)</u>
Pedro lê poesias, ele não visita Ana.		**Pedro não lê poesias, ele visita Ana.**

PRIMEIRA PARTE: EXERCÍCIOS COM RESPOSTAS COMENTADAS **49**

Portanto, a sequência lógica correta é a seguinte: Pedro não bebe, visita Ana e não lê poesias.

A resposta correta é a letra "B"

EXERCÍCIO Nº 28: (Fiscal Trabalho) Se Pedro é inocente, então Lauro é inocente. Se Roberto é inocente, então Sônia é inocente. Ora, Pedro é culpado ou Sônia é culpada. Segue-se logicamente, portanto, que:

a) Lauro é culpado e Sônia é culpada

b) Sônia é culpada e Roberto é inocente

c) Pedro é culpado ou Roberto é culpado

d) Se Roberto é culpado, então Lauro é culpado

e) Roberto é inocente se e somente se Lauro é inocente

Resolução comentada do exercício nº 28

Vamos nos fixar na seguinte sentença: **"Ora, Pedro é culpado ou Sônia é culpada".**

De acordo com a sentença acima, podemos entender que Pedro e Sônia não podem ser culpados ao mesmo tempo. Sendo assim, temos as seguintes possibilidades:

1) Pedro culpado e Sônia inocente

X

2) Sônia culpada e Pedro inocente

Vamos, então, pensar de acordo com a primeira opção: Sônia é inocente, logo o Roberto também será inocente. Do outro lado, porém, o Pedro será considerado culpado e o Lauro também.

Vamos, então, pensar de acordo com a segunda opção: Sônia é culpada, logo o Roberto será também considerado culpado. Do outro lado, porém, o Pedro será considerado inocente e o Lauro também.

A conclusão que podemos tirar deste problema é que ou o Pedro é culpado ou o Roberto é culpado. Não existe possibilidade dos dois amigos serem culpados ao mesmo tempo.

A resposta correta é a letra "C"

EXERCÍCIO Nº 29: (TTN- adaptada) Se é verdade que "Alguns A são F" e que "Nenhum V é F", então é necessariamente verdadeiro que:

a) algum A não é V;
b) algum A é V;
c) nenhum A é V;
d) algum G é V;
e) nenhum G é V.

Resolução comentada do exercício nº 29

Vamos representar a resposta deste exercício através de figuras ilustrativas:

"Alguns A são F"

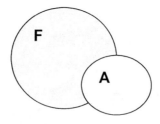

Para simplificar a questão vamos supor que o "F" representa o time do "Flamengo" e o "A" represente o time do "Americano". Sendo assim podemos tirar a seguinte conclusão:

Existe alguns torcedores do americano que também torcem pro time do flamengo.

Vamos representar a resposta deste exercício, novamente, através de figuras ilustrativas:

"Nenhum V é F"

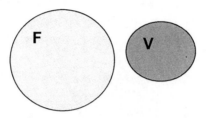

Para simplificar a questão vamos supor que o "F" representa o time do "Flamengo" e o "A" represente o time do "Vasco". Sendo assim podemos tirar a seguinte conclusão:

Nenhum torcedor do Vasco torce pelo time do flamengo.

De acordo com a sentença acima, podemos entender que **algum "A" não é "V"**. Essa afirmação pode ser feita, pois, existe algum "A"(torcedor do americano) que é também "F"(torce pro flamengo) e já sabemos que a turma do "V"(Vasco), não torce de maneira nenhuma para o "F" (Flamengo).

A resposta correta é a letra "A"

EXERCÍCIO Nº 30: (Fiscal do Trabalho) Sabe-se que existe pelo menos um A que é B. Sabe-se, também, que todo B é C. Segue-se, portanto, necessariamente que:

a) todo C é B
b) todo C é A
c) algum A é C
d) nada que não seja C é A
e) algum A não é C

Resolução comentada do exercício nº 30

Vamos representar a resposta deste exercício através de figuras ilustrativas:

Primeira sentença: "Todo B é C"

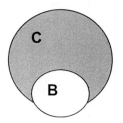

Para simplificar a questão vamos supor que a letra "C" representa a seleção brasileira de futebol e a letra "B" representa os "bons jogadores do Brasil"; logo, podemos chegar à conclusão que todo bom jogador do futebol brasileiro está dentro do conjunto da seleção brasileira (Todo B é C).

Segunda sentença: "Existe pelo menos um A que é B"

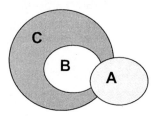

Com o intuito de facilitar ainda mais o conhecimento, vamos denominar que a letra "A" representa os "jogadores ruins do futebol brasileiro". Sendo assim, podemos deduzir que existe pelo menos um jogador ruim(A) que é considerado como bom(B) e por isso está na seleção brasileira(C). (Algum A é B e consequentemente C também).

A resposta correta é a letra "C"

EXERCÍCIO Nº 31: (SERPRO) Todos os alunos de matemática são, também, alunos de inglês, mas nenhum aluno de inglês é aluno de história. Todos os alunos de português são também alunos de informática, e alguns alunos de informática são também alunos de história. Como nenhum aluno de informática é aluno de inglês, e como nenhum aluno de português é aluno de história, então:

a) pelo menos um aluno de português é aluno de inglês.
b) pelo menos um aluno de matemática é aluno de história.
c) nenhum aluno de português é aluno de matemática.
d) todos os alunos de informática são alunos de matemática.
e) todos os alunos de informática são alunos de português.

Resolução comentada do exercício nº 31

Vamos representar a resposta deste exercício através de figuras ilustrativas:

Primeira sentença: "Todos os alunos de matemática são, também, alunos de inglês".

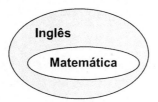

Segunda sentença: "nenhum aluno de inglês é aluno de história".

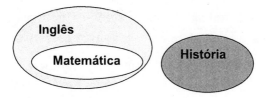

Logo, temos como verdade que nenhum aluno de inglês e (consequentemente) de matemática são alunos de história.

Terceira sentença: "Todos os alunos de português são, também, alunos de informática".

Quarta sentença: "Alguns alunos de Informática são também alunos de história"

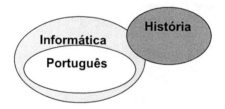

Quinta sentença: "Nenhum aluno de Informática é aluno de Inglês"

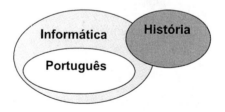

Isto representa dizer que nenhum aluno de português é aluno de inglês e ainda, que algum aluno de história não é aluno de inglês.

Sexta sentença: "Nenhum aluno de Português é aluno de História"

Pode-se afirmar que os alunos de história que fazem o curso de informática, não fazem o curso de português.

Sabe-se ainda, conforme o raciocino da primeira sentença que, todos os alunos de matemática são também alunos de inglês. E ainda, que nenhum aluno de informática é aluno de Inglês. Daí pode-se concluir que nenhum aluno de português é aluno de matemática. Acompanhe o desenho abaixo:

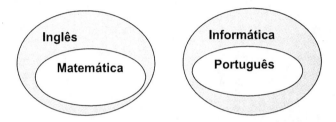

Os alunos de Informática e português não se misturam com os alunos de Inglês e Matemática. Por isso, **nenhum aluno de português vai poder estudar matemática**. Os conjuntos não se tocam. Chamamos estes conjuntos de separatistas, pois, vivem cada um no seu próprio mundo e não se misturam com outras variáveis lógicas.

A resposta correta é a letra "C"

EXERCÍCIO Nº 32: (TCU) Em uma comunidade, todo trabalhador é responsável. Todo artista, se não for filósofo, ou é trabalhador ou é poeta. Ora, não há filósofo e não há poeta que não seja responsável. Portanto, tem-se que, necessariamente:

a) todo responsável é artista
b) todo responsável é filósofo ou poeta
c) todo artista é responsável
d) algum filósofo é poeta
e) algum trabalhador é filósofo

Resolução comentada do exercício nº 32

Vamos representar a resposta deste exercício através de figuras ilustrativas:

Primeira sentença: "não há filósofo e não há poeta que não seja responsável".

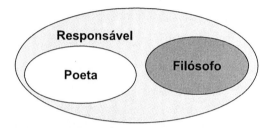

Segunda sentença: "todo trabalhador é responsável".

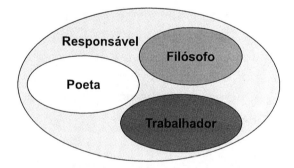

Terceira sentença: "Todo artista, se não for filósofo, ou é trabalhador ou é poeta"

Podemos dizer que todo artista, sempre será responsável, pois em qualquer campo que for escolher (filósofo, poeta ou trabalhador) sempre estará dentro do conjunto de pessoas responsáveis. Pode-se afirmar, então que todo artista é responsável.

A resposta correta é a letra "C"

EXERCÍCIO Nº 33: (TCU) Se é verdade que "Alguns escritores são poetas" e que "Nenhum músico é poeta", então, também é necessariamente verdade que:

a) nenhum músico é escritor
b) algum escritor é músico
c) algum músico é escritor
d) algum escritor não é músico
e) nenhum escritor é músico

Resolução comentada do exercício nº 33

Vamos representar a resposta deste exercício através de figuras ilustrativas:

Primeira sentença: "Alguns escritores são poetas".

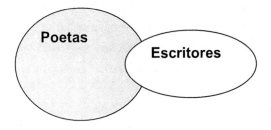

Segunda sentença: "Nenhum músico é poeta".

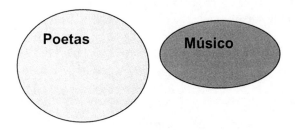

Logo, podemos concluir que se existe algum escritor que é poeta; também será simples afirmar que este escritor não poderá exercer a profissão de músico (Afinal, como sabemos, nenhum músico é poeta). Sendo assim, podemos asseverar que algum escritor não é músico.

A resposta correta é a letra "D"

EXERCÍCIO Nº 34: (MPOG) Em um grupo de amigas, todas as meninas loiras são, também, altas e magras, mas nenhuma menina alta e magra tem olhos azuis. Todas as meninas alegres possuem cabelos crespos, e algumas meninas de cabelos crespos têm também olhos azuis. Como nenhuma menina de cabelos crespos é alta e magra, e como neste grupo de amigas não existe nenhuma menina que tenha cabelos crespos, olhos azuis e seja alegre, então:

a) pelo menos uma menina alegre tem olhos azuis.
b) pelo menos uma menina loira tem olhos azuis.
c) todas as meninas que possuem cabelos crespos são loiras.
d) todas as meninas de cabelos crespos são alegres.
e) nenhuma menina alegre é loira.

Resolução comentada do exercício nº 34

Vamos representar a resposta deste exercício através de algumas figuras ilustrativas:

Primeira sentença: "Todas as meninas loiras são altas e magras".

Segunda sentença: "Nenhuma menina alta e magra tem olhos azuis".

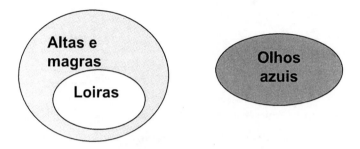

Terceira sentença: "Todas as meninas alegres possuem cabelos crespos".

Quarta sentença: "Algumas meninas de cabelos crespos têm também olhos azuis".

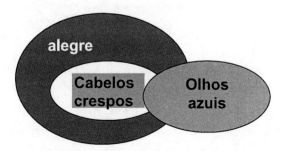

Quinta sentença: "Nenhuma menina de cabelos crespos é alta e magra".

Observe que os dois conjuntos acima não se tocam. Isto representa dizer que nenhuma menina de cabelo crespo é alta e magra; ou ainda, pode-se dizer que **nenhuma menina alegre é loira**. Tudo isto acontece, pois, não existe uma aproximação lógica entre os dois conjuntos. Eles nunca vão se misturar e isto acaba causando certo distanciamento lógico. Para entender melhor tal problema, também se faz necessário comparar esses dois conjuntos, com tribos indígenas que não se misturam e mantém as tradições do povo. Estas tribos têm características próprias: na tribo1, as mulheres são alegres e tem cabelos crespos, enquanto que, na tribo 2, às mulheres são altas e magras e ainda, são loiras. Logo, pode-se chegar à conclusão definitiva de que na tribo2 não poderá haver nenhuma mulher loira que seja alegre, pois, como sabemos a alegria é característica principal das mulheres da tribo 1.

A resposta correta é a letra "E"

EXERCÍCIO Nº 35: (MPOG) Sabe-se que João estar feliz é condição necessária para Maria sorrir e condição suficiente para Daniela abraçar Paulo. Sabe-se, também, que Daniela abraçar Paulo é condição necessária e suficiente para a Sandra abraçar Sérgio. Assim, quando Sandra não abraça Sérgio:

a) João está feliz, e Maria não sorri, e Daniela abraça Paulo.
b) João não está feliz, e Maria sorri, e Daniela não abraça Paulo.

PRIMEIRA PARTE: EXERCÍCIOS COM RESPOSTAS COMENTADAS   **61**

c) João está feliz, e Maria sorri, e Daniela não abraça Paulo.

d) João não está feliz, e Maria não sorri, e Daniela não abraça Paulo.

e) João não está feliz, e Maria sorri, e Daniela abraça Paulo.

Resolução comentada do exercício nº 35

Para entender melhor este problema será interessante observar o quadro esquematizado abaixo:

Condição suficiente	**Condição necessária**
A premissa é o ponto forte da sentença.	A conclusão é o ponto forte da sentença.

Exemplo:

Se João for engenheiro, então Ana é médica.

- Ana ser médica é **condição necessária**, para João ser engenheiro.
  (conclusão)

- João ser engenheiro é **condição suficiente**, para Ana ser médica.
  (premissa)

Vamos agora, à resolução do exercício proposto. Seria interessante que primeiro analisássemos todas as sentenças disponíveis:

a) João estar feliz é **condição necessária** para Maria sorrir.

b) João estar feliz é **condição suficiente** para Daniela abraçar Paulo.

c) Daniela abraçar Paulo é condição **necessária** e **suficiente** para Sandra abraçar Sérgio.

Vamos resumir as sentenças com as seguintes frases:

Sandra: Será que eu abraço ou não o Sérgio?

Daniela: Eu só abraço o Paulo se minha amiga Sandra abraçar o Sérgio!!!

João: Somente vou ficar feliz quando a Daniela abraçar meu amigo Paulo!!!

Maria: Se o meu namorado João ficar feliz eu dou um sorriso!!!

Então, **se a Sandra não abraça o Sérgio**... Consequentemente a Daniela que tem sua opinião presa e ligada a sua melhor amiga, também não abraça o Paulo. O pior é que o João é muito amigo do Paulo e caso, a Daniela não abrace o Paulo; o João não ficará feliz. Seguindo o mesmo raciocínio, a Maria, namorada do João não sorri, quando vê o João todo tristonho. Realmente, neste exercício, podemos ver como um sentimento de desamor consegue gerar uma reação em cadeia, de sentimentos ruins. Muito triste mesmo essa história. Não teve final feliz!

A resposta correta é a letra "D"

EXERCÍCIO Nº 36: (TFC) Ou Anaís será professora, ou Anelise será cantora, ou Anamélia será pianista. Se Ana for atleta, então Anamélia será pianista. Se Anelise for cantora, então Ana será atleta. Ora, Anamélia não será pianista.

a) Anaís será professora e Anelise não será cantora
b) Anaís não será professora e Ana não será atleta
c) Anelise não será cantora e Ana será atleta
d) Anelise será cantora ou Ana será atleta
e) Anelise será cantora e Anamélia não será pianista

PRIMEIRA PARTE: EXERCÍCIOS COM RESPOSTAS COMENTADAS   **63**

Resolução comentada do exercício nº 36

Vamos iniciar pela primeira sentença: "Anamélia não será pianista".

Se Anamélia não será pianista podemos chegar conclusão de que a Ana não é atleta. Veja a segunda sentença: "Se Ana for atleta, então Anamélia será pianista". Percebe-se que a opinião da Anamélia está diretamente ligada à opinião da amiga Ana. Por isso, se a **Anamélia toma a decisão de não ser pianista**; ela tem como motivação principal o fato da **Ana não querer ser atleta**.

Por conseguinte, a opinião da Ana é altamente influenciada pelas decisões da amiga Anelise. Digo isto porque se a Ana decidiu não ser atleta foi devido ao fato de **Anelise ter desistido da carreira de cantora**, conforme nos diz a terceira sentença: "Se Anelise for cantora, então Ana será atleta". Se Ana não é atleta é culpa da amiga Anelise que desistiu da carreira de cantora.

Vamos então à sentença final:"Ou Anaís será professora, ou Anelise será cantora, ou Anamélia será pianista".

Então, como sabemos que a Anelise não será cantora e ainda que, a Anamélia tomou a decisão de não ser pianista. **Sobrou para Anaís o ofício honroso de professora.**

A resposta correta é a letra "A"

64   RACIOCÍNIO LÓGICO DESCOMPLICADO

EXERCÍCIO Nº 37: (Previ-Rio) Em seu aniversário de seis anos, Lucas ganhou exatamente três brinquedos: uma bola, um boneco e uma bicicleta. Cada um destes presentes foi dado pelo pai, pela avó e pela tia de Lucas, não necessariamente nesta ordem. Sabe-se que apenas uma das três afirmações que seguem é verdadeira:

I. a bola foi o presente dado pelo pai de Lucas;
II. o boneco não foi o presente dado pelo pai de Lucas;
III. a bicicleta não foi dada pela tia de Lucas.

A partir destas informações, podemos assegurar que os presentes dados a Lucas pelo pai, pela avó e pela tia foram, respectivamente:

a) o boneco, a bicicleta e a bola;
b) a bicicleta, o boneco e a bola;
c) a bola, a bicicleta e o boneco;
d) o boneco, a bola e a bicicleta.

Resolução comentada do exercício nº 37

Vamos supor que a sentença III seja verdadeira: "**a bicicleta não foi dada pela tia de Lucas**".

Se a afirmação acima é verdadeira, consequentemente, as outras duas sentenças terão que ser falsas, pois no enunciado do exercício, é relatado que somente uma afirmação é verdadeira.

I - a bola foi o presente dado pelo pai de Lucas (sentença falsa)

Para transformar esta sentença em verdadeira, basta somente, fazer uma negação da frase acima. Isto supõe dizer que "a bola não foi o presente dado pelo Pai de Lucas".

II - o boneco não foi o presente dado pelo pai de Lucas (sentença falsa)

Para transformar esta sentença em verdadeira, basta somente, retirar a negação da frase acima. Isto supõe dizer que "o boneco foi o presente dado pelo pai de Lucas".

Então, podemos afirmar que o **pai de Lucas deu um boneco**; Se a **tia de Lucas** não deu uma bicicleta de presente, **só lhe restou comprar uma bola**. A **avó de Lucas**, avisada pelos familiares que já tinham sido compradas a bola e o boneco, **só teve a opção de comprar a bicicleta**. É sabido que o Lucas somente queria receber estes três tipos de presentes: bola, boneco e bicicleta. Resumindo, o pai comprou um boneco, a avó, uma bicicleta e pra finalizar, a tia de Lucas comprou uma bola.

A resposta correta é a letra "A"

EXERCÍCIO Nº 38: (ANEEL - Adaptada) Surfo ou estudo. Danço ou não surfo. Velejo ou não estudo. Ora, não velejo. Assim:

a) estudo e danço.
b) não danço e surfo.
c) não velejo e não danço.
d) estudo e não danço.
e) danço e surfo

Resolução comentada do exercício nº 38

É interessante notar que o exercício nos mostra a seguinte conclusão: **"Ora, não velejo"**.

A partir desta sentença acima, vamos conseguir encontrar o caminho mais simples para a resolução do exercício.

Ao analisar a segunda sentença (**Velejo ou não estudo**) podemos perceber que ou o indivíduo veleja ou não estuda. Isto

66　　RACIOCÍNIO LÓGICO DESCOMPLICADO

supõe dizer que se o individuo não velejar, consequentemente, ele não estudará também.

Ao estudarmos a terceira sentença, poderemos perceber alguns detalhes importantes: **"Surfo ou estudo".** Através desta sentença poderemos saber se o individuo vai surfar ou estudar, qual caminho escolherá para trilhar, tudo isso se descobre com lógica. Ou seja, como anteriormente vimos que ele não estuda, logo, chegamos à conclusão que seu grande talento é surfar.

A última sentença a ser analisada (**danço ou não surfo**) merece grande atenção por parte dos leitores. Fato é que conseguimos descobrir que o individuo deste exercício gosta de surfar e sendo, assim, ele também poderá dançar. Afinal, pode existir a opção de dançar e surfar ao mesmo tempo. Sendo assim, descobrimos que este cidadão:

– não veleja;

– não estuda;

– **pode surfar**

– **pode dançar**

A resposta correta é a letra "E"

EXERCÍCIO Nº 39: (AFC) Vera viajou, nem Camile nem Carla foram ao casamento. Se Carla não foi ao casamento, Vanderléia viajou. Se Vanderléia viajou, o navio afundou. Ora, o navio não afundou. Logo:

a) Vera não viajou e Carla não foi ao casamento

b) Camile e Carla não foram ao casamento

c) Carla não foi ao casamento e Vanderléia não viajou

d) Carla não foi ao casamento ou Vanderléia viajou

e) Vera e Vanderléia não viajaram

Resolução comentada do exercício nº 39

É interessante notar que o exercício nos mostra a seguinte conclusão: "**Ora, o navio não afundou**".

A partir desta sentença acima, vamos conseguir encontrar o caminho mais simples para a resolução do exercício.

Ao analisar a segunda sentença (**Se Vanderléia viajou, o navio afundou**) podemos perceber que se o navio afundou, é porque a Vanderléia viajou. E, como o navio não afundou, temos como certo que a Vanderléia não viajou.

Ao estudarmos a terceira sentença, poderemos perceber alguns detalhes importantes: "**Se Carla não foi ao casamento, Vanderléia viajou**". Através desta sentença poderemos saber se a Carla foi ou não ao casamento e tudo vai depender de a Vanderléia ter viajado ou não. Uma lógica simples, e clara, para que o leitor entenda. A Carla e a Vanderléia tem opiniões antagônicas, ou seja, se uma diz "sim" a outra dirá "não" e vice e versa. Por isso, se a Vanderléia não viajou, podemos afirmar que a Carla foi ao casamento.

A última sentença a ser analisada (**Vera viajou, nem Camile nem Carla foram ao casamento**) merece grande atenção por parte dos leitores. Fato é que as duas opiniões acima têm forte laço de amizade lógica, isto quer dizer que as duas amigas (Camile e Carla) sempre têm a mesma decisão. Se uma foi ao casamento à outra também foi e vice-versa. Portanto, como sabemos que a Carla foi ao casamento, logo, Camile também fez companhia a ela. Também, podemos afirmar que a Vera não viajou, pois, tanto a Carla quanto a sua amiga Camile foram ao casamento. Como sabemos, a Vera tem opinião antagônica das amigas Carla e Camile. Se a Vera diz "sim" as duas amigas irão dizer "não" e vice-versa. Sendo assim, descobrimos que:

– **o navio não afundou;**

68   Raciocínio Lógico Descomplicado

–   Vera e Vanderléia não viajaram;

–   Carla e Camile foram ao casamento;

A resposta correta é a letra "E"

EXERCÍCIO Nº 40: (Fiscal do Trabalho) Se Frederico é francês, então Alberto não é alemão. Ou Alberto é alemão, ou Egídio é espanhol. Se Pedro não é português, então Frederico é francês. Ora, nem Egídio é espanhol nem Isaura é italiana. Logo:

a)   Pedro é português e Frederico é francês

b)   Pedro é português e Alberto é alemão

c)   Pedro não é português e Alberto é alemão

d)   Egídio é espanhol ou Frederico é francês

e)   Se Alberto é alemão, Frederico é francês

Resolução comentada do exercício nº 40

É interessante notar que o exercício nos mostra a seguinte conclusão: **"Ora, nem Egídio é espanhol nem Isaura é italiana"**.

A partir desta sentença acima, vamos conseguir encontrar o caminho mais simples para a resolução do exercício.

Ao analisar a segunda sentença (**Ou Alberto é alemão, ou Egídio é espanhol**) podemos perceber que não tem como Alberto ser alemão e Egidio ser espanhol ao mesmo tempo. Se Egídio não é espanhol, então fica claro que só resta à opção de <u>Alberto ser alemão</u>.

Ao estudarmos a terceira sentença, poderemos perceber alguns detalhes importantes: **"Se Frederico é francês, então Alberto não é alemão."** Através desta sentença poderemos saber se o Frederico é francês mesmo ou não. A chave para realizar esta

Primeira Parte: Exercícios com Respostas Comentadas

descoberta lógica vem da sentença anterior, que nos afirma que o Alberto é alemão. Sendo assim, o Frederico não é francês. São duas correntes antagônicas: Se o Frederico diz "sim", logo o Alberto vai dizer "não". Um tem opinião diferente do outro.

A última sentença a ser analisada (**Se Pedro não é português, então Frederico é francês**) merece grande atenção por parte dos leitores. Sabe-se que em linhas anteriores descobrimos que o Frederico não é francês. Então fica mais fácil entender que o porquê do Pedro ser português. De novo temos duas opiniões antagônicas e isto quer dizer que quando o Pedro diz "não", o Frederico diz "sim" e vice-versa. Logo se o Frederico não é francês, em contrapartida, o Pedro será sim português. Sendo assim, descobrimos que:

– **o Alberto é alemão;**

– **o Frederico não é francês;**

– **o Pedro é português;**

A resposta correta é a letra "B"

EXERCÍCIO Nº 41: (TRF) Três pessoas – Amália, Beatriz e Cássia – aguardam atendimento em uma fila, em posições sucessivas. Indagadas sobre seus nomes, a que ocupa a primeira posição entre as três diz: "Amália está atrás de mim"; a que está na posição intermediária diz: "Eu sou a Beatriz"; a que ocupa a terceira posição diz: "Cássia é aquela que ocupa a posição intermediária". Considerando que Amália só fala a verdade, Beatriz mente algumas vezes e Cássia só fala mentiras, então a primeira, a segunda e a terceira posições são ocupadas respectivamente por:

a) Cássia, Amália e Beatriz;

b) Cássia, Beatriz e Amália;

70   Raciocínio Lógico Descomplicado

c) Amália, Beatriz e Cássia;
d) Beatriz, Amália e Cássia;
e) Beatriz, Cássia e Amália.

Resolução comentada do exercício nº 41

Vamos iniciar a resolução do exercício, organizando as informações mais importantes:

Primeira posição: "Amália está atrás de mim".

Posição intermediária: "Eu sou a Beatriz".

Terceira posição: "Cássia é aquela que ocupa a posição intermediária".

Vamos observar bem as sentenças acima, para perceber que encontramos duas opiniões conflitantes:

Posição intermediária: "Eu sou a Beatriz".

X

Terceira posição: "Cássia é aquela que ocupa a posição intermediária".

Sabemos, então que uma das duas pessoas está mentindo e a outra diz a verdade, pois não podem mentir ao mesmo tempo sobre o mesmo assunto:

Posição intermediária: "Eu sou a Beatriz". (**Mentira**)

Então, a Cássia será aquela que ocupar a posição intermediária. Já que sabemos que a moça que ocupa a terceira posição diz a verdade, conforme sentença abaixo:

Terceira posição: "Cássia é aquela que ocupa a posição intermediária". (**Verdade**)

Logo, podemos ter certeza que a moça da primeira posição mente também, pois, ela fala que quem está atrás dela (posição

PRIMEIRA PARTE: EXERCÍCIOS COM RESPOSTAS COMENTADAS **71**

intermediária) é a Amália. Ora, amigo leitor, sabe-se que isto não é possível, pois já descobrimos em linhas anteriores que a Cássia se encontra na posição intermediária.

Vamos resumir, afirmando que a Cássia está na posição intermediária. Também sabemos que a moça da primeira posição **não pode ser a Amália***, o que resta acreditar que é a Beatriz. Logo, sobrou para a Amália o ofício de ocupar a terceira posição.

*Observação: Chegamos a esta conclusão, porque a moça da primeira posição comenta sobre a Amália, isto supõe dizer que ela (mesma) não pode ser chamar Amália. Afirmamos isto, pois a moça da primeira posição faz um comentário em terceira pessoa. Se a pessoa fala de si mesmo, utiliza-se da primeira pessoa, no momento de se elaborar uma frase. Como o comentário foi feito em terceira pessoa, temos a certeza que não está falando de si mesma. Uma regra da gramática portuguesa, mas que vem nos auxiliar neste momento de dúvida. Então, podemos concluir que:

Beatriz – primeira posição;

Cássia – posição intermediária;

Amália – terceira posição;

A resposta correta é a letra "E"

EXERCÍCIO Nº 42: (AFR) Cinco pessoas estão ordenadas de forma que Maria está antes de Paula; Cláudia está entre João e Sérgio; João está depois de Maria. Assinale a ordem que é impossível.

a) MJCPS
b) MPJCS
c) SCMPJ
d) MJSCP
e) SCMJP

Resolução comentada do exercício nº 42

Vamos provar que a ordem da fila, abaixo, é impossível de acontecer:

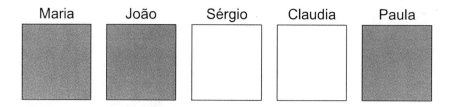

Informações básicas do exercício:

1) João está depois de Maria **(correto)**
2) Maria está antes de Paula **(correto)**
3) Cláudia está entre João e Sérgio **(para que esta hipótese seja impossível, basta que a Paula seja a última da fila).**

A terceira afirmação fica impossível de acontecer, caso a Paula seja a última da fila, pois, ela estará ocupando lugar reservado ao João. E deixará a Claudia sem a possibilidade de sentar entre seus dois melhores amigos (João e Sérgio). Este fato, impossibilitou que as três sentenças acima pudessem ser cumpridas(verdadeiras) ao mesmo tempo.

A resposta correta é a letra "D"

EXERCÍCIO Nº 43: (Vunesp) As rosas são mais baratas do que os lírios. Não tenho dinheiro suficiente para comprar duas dúzias de rosas. Logo:

a) tenho dinheiro suficiente para comprar uma dúzia de rosas;
b) não tenho dinheiro suficiente para comprar uma dúzia de rosas;

PRIMEIRA PARTE: EXERCÍCIOS COM RESPOSTAS COMENTADAS **73**

c) não tenho dinheiro suficiente para comprar meia dúzia de lírios;
d) não tenho dinheiro suficiente para comprar duas dúzias de lírios;
e) tenho dinheiro suficiente para comprar uma dúzia de lírios.

Resolução comentada do exercício nº 43

A resolução do exercício é simples, basta fazer uma constatação:

"Não tenho dinheiro suficiente para comprar duas dúzias de rosas."

Isto quer dizer que se o individuo não tem dinheiro nem pra comprar duas dúzias de rosas, que de costume são mais baratas; o que se dirá quando tiver que compra duas dúzias de lírios? Bom, com certeza não terá dinheiro também, pois, os lírios são muito mais caros, do que as rosas.

A resposta correta é a letra "D"

EXERCÍCIO Nº 44: (AFR) Cátia é mais gorda do que Bruna. Vera é menos gorda do que Bruna. Logo:

a) Vera é mais gorda do que Bruna;
b) Cátia é menos gorda do que Bruna;
c) Bruna é mais gorda do que Cátia;
d) Vera é menos gorda do que Cátia;
e) Bruna é menos gorda do que Vera.

Resolução comentada do exercício nº 44

A resolução do exercício é simples, vamos ilustrar com desenhos:

Vamos analisar a primeira sentença: **"Cátia é mais gorda que Bruna"**.

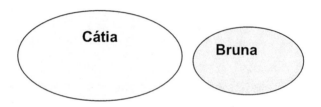

Ainda, não podemos tirar nenhuma conclusão, por isso, vamos analisar a segunda sentença: **"Vera é menos gorda do que Bruna"**.

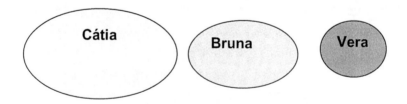

Portanto, chegamos à conclusão que se **Vera é menos gorda que Bruna, também será, por consequência, menos gorda que a Cátia**. O engraçado é que as mulheres nunca estão satisfeitas com o corpo e por isso, vivem a comparar com as amigas à sua forma física. É bom lembrar que cada mulher tem seu charme, independente da forma física que esta.

A resposta correta é a letra "D"

EXERCÍCIO N° 45: (Auditor-CE) Ao contrário dos políticos, não mais existem jogadores honestos. Se, em uma cidade, esta afirmação é verdadeira, podemos então afirmar que nesta cidade:

a) todos os políticos são honestos;
b) nenhum político é jogador;
c) algum jogador é político;
d) existe político honesto.

Resolução comentada do exercício n° 45

Para resolver esta questão se faz necessário ilustrar com figuras, a sentença abaixo:

"**Ao contrário dos políticos, não mais existem jogadores honestos**".

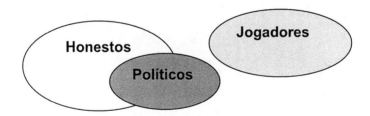

Percebe-se através da figura acima, que nenhum jogador pertence ao conjunto dos honestos. Também **pode-se chegar à conclusão que existe algum político, que participe do conjunto dos honestos**. Sabe-se que somente desta maneira, os políticos poderão ser diferentes da classe dos jogadores. Se existe algum político honesto é porque já estão fazendo uma lógica contrária, dos jogadores de futebol, os quais querem ser desonestos sempre.

A resposta correta é a letra "D"

EXERCÍCIO Nº 46: (Nossa Caixa-SP) Todas as irmãs de Angélica são loiras. Sendo assim, pode-se concluir que:

a) Angélica é loira;
b) Angélica não é loira;
c) Se Ana é loira, então ela é irmã de Angélica;
d) Se Beatriz não é irmã de Angélica, então Beatriz não é loira;
e) Se Cida não é loira, então ela não é irmã de Angélica.

Resolução comentada do exercício nº 46

Para resolver esta questão se faz necessário ilustrar com figuras, a sentença abaixo:

"Todas as irmãs de Angélica são loiras".

Analisando todas as respostas, podemos verificar que a mais correta é a letra "E", pois afirma que: **"Se Cida não é loira, então ela não é irmã de Angélica".**

Com esta justificativa acima, temos um raciocínio lógico completo. Afinal, como sabemos só pode ser considerada irmã de Angélica, todas aquelas mulheres que se encontram no conjunto de loiras. Então caso a Cida não seja loira, já sabemos que também não será irmã de Angélica.

A resposta correta é a letra "E"

EXERCÍCIO Nº 47: (Contador-SC) Qual das alternativas a seguir representa a afirmação: "Para todo fato é necessário um ato gerador"?

a) É impossível qualquer fato tenha um ato gerador;
b) É possível que algum fato não tenha ato gerador;
c) É necessário que algum fato não tenha ato gerador;
d) Não é necessário que todo fato tenha um ato gerador;
e) Não é possível que algum fato não tenha ato gerador.

Resolução comentada do exercício nº 47

Para resolver esta questão se faz necessário ilustrar com figuras, a sentença abaixo:

"**Para todo fato é necessário um ato gerador**".

Avaliando todas alternativas possíveis, logo, percebemos que não é possível que algum fato não tenha ato gerador. Fica simples perceber ao analisar o desenho, que todo "fato" que acontece também se encontra dentro do conjunto "fato gerador". Isto quer dizer que sempre que surgir um fato, consequentemente também surgirá um ato gerador.

A resposta correta é a letra "E"

EXERCÍCIO Nº 48: (AFR-SP) Todo A é B, e todo C não é B; portanto:

a) algum A é C;
b) nenhum A é C;
c) nenhum A é B;
d) algum B é C;
e) nenhum B é A;

Resolução comentada do exercício nº 48

Para resolver esta questão se faz necessário ilustrar com figuras, as sentenças abaixo:

Primeira sentença: **"Todo A é B"**.

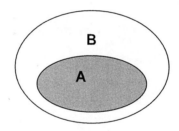

Segunda sentença: **"Todo C não é B"**.

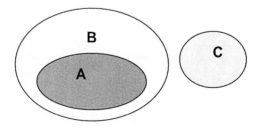

É muito mais fácil resolver este tipo de exercício, através de desenhos, por isso que sempre resolvo ilustrar cada detalhe lógico. Bom, a verdade é que se todo conjunto "A" está dentro do conjunto "B", temos uma ligação padrão. Como o conjunto "C" não está ligado ao "B", por conseguinte, também não estará ligado ao conjunto "A". Portanto, nenhum "A" é "C".

A resposta correta é a letra "B".

EXERCÍCIO Nº 49: (ANPAD) Toda criança é feliz. Algumas pessoas que usam óculos são infelizes. Logo:

a) nenhuma criança usa óculos;
b) as pessoas que não usam óculos são felizes;
c) todas as crianças que usam óculos são felizes;
d) todas as pessoas que usam óculos são infelizes;
e) algumas crianças que usam óculos são infelizes.

Resolução comentada do exercício nº 49

Para resolver esta questão se faz necessário ilustrar com figuras, as sentenças abaixo:

Primeira sentença: **"Toda criança é feliz"**.

Segunda sentença: **"Algumas pessoas que usam óculos são infelizes"**.

Podemos entender a ilustração acima, fazendo algumas constatações:

a) toda criança é feliz

b) algumas pessoas que usam óculos são infelizes

c) algumas pessoas que usam óculos são felizes

Então, **se alguma pessoa que usa óculos, for criança, temos a certeza que fará parte do conjunto de pessoas "felizes".** Será fácil descobrir assim, que toda criança que utilizar óculos, não fará parte do conjunto de pessoas infelizes, pois, como sabemos as crianças são sempre felizes, até mesmo quando utilizam óculos.

A resposta correta é a letra "C"

EXERCÍCIO Nº 50: (TCI - RJ) Na empresa multinacional B&B, todos os funcionários falam inglês ou francês. A partir desta informação, é correto concluir que:

a) algum funcionário da B&B fala inglês;
b) algum funcionário da B&B fala francês;
c) todo funcionário da B&B que não fala francês, fala inglês;
d) todos os funcionários da B&B falam inglês ou todos os funcionários da B&B falam francês.

Resolução comentada do exercício nº 50

Para resolver esta questão se faz necessário ilustrar com figuras, a sentença abaixo:

"Na empresa multinacional B&B, todos os funcionários falam inglês ou francês".

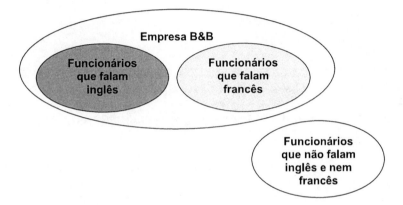

Pode-se concluir, ao analisar a figura acima, que para uma pessoa se considerar empregado na empresa B&B, terá como requisito principal, saber algum tipo de língua (inglês ou francês). Então, **todo funcionário da B&B que não fala francês, terá que no mínimo saber falar inglês** e vice-versa. Sabe-se que esta empresa não emprega funcionários, que não sabem pelo menos uma destas duas línguas.

A resposta correta é a letra "C"

EXERCÍCIO Nº 51: (Vunesp) Cinco ciclistas apostaram uma corrida. "A" chegou depois de "B". "C" e "E" chegaram ao mesmo tempo. "D chegou antes de B". Quem ganhou chegou sozinho. Quem ganhou a corrida foi?

a) A;
b) B;
c) C;
d) D;
e) E.

Resolução comentada do exercício nº 51

Ao analisar o enunciado do exercício, podemos tirar algumas conclusões:

"A" chegou depois de "B" que chegou depois de "D", então fica assim:

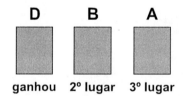

Então, temos a certeza que aquele que ganhou a corrida foi o candidato "D", pois, está a frente dos outros candidatos, que chegaram sozinhos (B e A). Vale lembrar que, os candidatos "C" e "E" chegaram ao mesmo tempo e por isso, foram desclassificados. A corrida tinha como regra principal a seguinte frase: **"Quem ganha chega sozinho"**

A resposta correta é a letra "D"

EXERCÍCIO Nº 52: (AFR-SP) "Rodrigo mentiu, então ele é culpado". Logo:

a) se Rodrigo não é culpado, então ele não mentiu;
b) Rodrigo é culpado;
c) se Rodrigo não mentiu, então ele não é culpado;
d) Rodrigo mentiu;
e) se Rodrigo é culpado, então ele mentiu.

Resolução comentada do exercício nº 52

Para resolver esta questão se faz necessário ilustrar com figuras, a sentença abaixo:

"**Rodrigo mentiu, então ele é culpado**".

Pelo desenho acima, podemos perceber que o Rodrigo somente será considerado culpado, quando mentir. **Então, caso o Rodrigo não seja considerado culpado é porque ele não mentiu.** Sorte do Rodrigo, pois, se estivesse mentindo teria a desonra de ser considerado culpado. Por isso, podemos afirmar que mentir nunca é legal.

A resposta correta é a letra "A"

EXERCÍCIO Nº 53: (MPOG - Adaptada) "Ana é artista ou Carlos é carioca. Se Jorge é juiz, então Julia não é bonita. Se Carlos é carioca, então Julia é bonita. Ora, Jorge é juiz". Logo:

a) Jorge é juiz e Julia é bonita;
b) Carlos é carioca ou Julia é bonita;
c) Julia é bonita e Ana é artista;
d) Ana não é artista e Carlos é carioca;
e) Ana é artista e Carlos não é carioca.

Resolução comentada do exercício nº 53

Interessante notar que esse exercício é um labirinto lógico e para sairmos desta situação vamos precisar de uma chave lógica. Esta chave se encontra na seguinte afirmação: **"Jorge é juiz"**. A partir desta chave podemos abrir uma porta lógica. Vamos então testar a primeira chave lógica: "Jorge é juiz".

Porta 1

"Se Jorge é juiz, então Julia não é bonita".

Sabe-se que o Jorge é juiz(primeira chave lógica) e por isso, podemos afirmar também que a Julia não é bonita. Ao abrir essa porta, conseguimos mais uma chave lógica nova (Julia não é bonita). Com esta nova chave, podemos abrir a segunda porta lógica:

PRIMEIRA PARTE: EXERCÍCIOS COM RESPOSTAS COMENTADAS   **85**

Porta 2

"Se Carlos é carioca, então Julia é bonita".

Sabe-se que a Julia não é bonita (segunda chave lógica) e por isso, podemos afirmar também que o Carlos não é carioca. Ao abrir essa porta, conseguimos mais uma chave lógica nova (Carlos não é carioca). Com esta nova chave, podemos abrir a terceira porta lógica:

Porta 3

"Ana é artista ou Carlos é carioca".

Sabe-se que o Carlos não é carioca (terceira chave lógica) e por isso, podemos afirmar também que a Ana é artista. Ao abrir essa porta, conseguimos encontrar a solução completa do exercício: "Ana é artista e Carlos não é carioca".

A resposta correta é a letra "E"

EXERCÍCIO Nº 54: (AFC) Se os pais de artistas sempre são artistas, então:

a) os filhos de não-artistas nunca são artistas;
b) os filhos de não-artistas sempre são artistas;
c) os filhos de artistas sempre são artistas;
d) os filhos de artistas nunca são artistas;
e) os filhos de artistas quase sempre são artistas.

Resolução comentada do exercício nº 54

Para resolver esta questão se faz necessário ilustrar com figuras, a sentença abaixo:

"Os pais de artistas sempre são artistas".

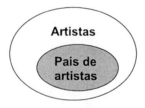

A lógica é algo que pode ser simples ou complicado. Neste exercício tenho que reconhecer que encontrei dificuldade para resolvê-lo de forma tranquila. Uma lógica que se pode fazer é a seguinte: os pais de artistas também são artistas. Isto quer dizer que, se alguém tem um pai que não é artista, nunca poderá ser artista. Pelo menos neste exercício, o que vale é a lógica do lobby, ou seja, se o filho tem um pai artista é mais fácil de conseguir ter a mesma profissão do pai. Isto se deve aos contatos empresariais e nome no mercado, que muito ajudará ao filho, no momento de iniciar uma carreira de artista. Sendo assim, conclui-se que os indivíduos que tem pais não-artistas nunca poderão pertencer à classe dos artistas.

A resposta correta é a letra "A"

EXERCÍCIO N° 55: (AFR-SP)Todos os diplomatas são gordos. Nenhum gordo sabe nadar. Segue-se que:

a) algum diplomata não é gordo;
b) algum diplomata sabe nadar;
c) nenhum diplomata sabe nadar;
d) nenhum diplomata é gordo;
e) algum gordo sabe nadar.

Resolução comentada do exercício n° 55

Para resolver esta questão se faz necessário ilustrar com figuras, a sentença abaixo:

Primeira sentença: **"Todos os diplomatas são gordos"**.

Segunda sentença: **"Nenhum gordo sabe nadar"**

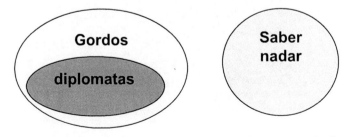

Observando as figuras acima, pode-se chegar à conclusão que se nenhum gordo pertence ao conjunto daquelas pessoas que sabem nadar, por conseguinte, nenhum diplomata pertencerá a este conjunto também. Resumindo: Se nenhum gordo sabe nadar, com certeza, os diplomatas também seguem a mesma linha, ou seja, **nenhum diplomata sabe nadar.**

A resposta correta é a letra "C"

EXERCÍCIO Nº 56: (AFR-SP) Todos os marinheiros são republicanos. Assim sendo:

a) o conjunto dos marinheiros contém o conjunto dos republicanos;
b) o conjunto dos republicanos contém o conjunto dos marinheiros;
c) todos os republicanos são marinheiros;
d) algum marinheiro não é republicano;
e) nenhum marinheiro é republicano.

Resolução comentada do exercício nº 56

Para resolver esta questão se faz necessário ilustrar com figuras, a sentença abaixo:

"Todos os marinheiros são republicanos".

Logo, podemos afirmar que, **o conjunto dos republicanos contém o conjunto dos marinheiros.** Também poderíamos afirmar que o conjunto dos marinheiros está contido dentro do conjunto dos republicanos.

A resposta correta é a letra "B"

EXERCÍCIO Nº 57: (AFR-SP) Marta corre tanto quanto Rita e menos do que Juliana. Fátima corre tanto quanto Juliana. Logo:
a) Fátima corre menos do que Rita;
b) Fátima corre mais do que Marta;
c) Juliana corre menos do que Rita;
d) Marta corre mais do que Juliana;
e) Juliana corre menos do que Marta.

Resolução comentada do exercício nº 57

Ao analisar o enunciado do exercício, podemos tirar algumas conclusões:

"Fátima corre tanto quanto Juliana, que consegue correr mais que Marta e Rita".

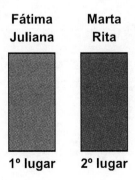

Então, **temos a certeza que a Fátima corre mais rápido do que a Marta**. Essa resposta está certa, pois, a Fátima tem a mesma velocidade que a Juliana, que consegue correr mais rápido do que a Marta. Com esta lógica, provamos que a Marta perde na corrida não somente para a Juliana, mas também, para a Fátima.

A resposta correta é a letra "B"

EXERCÍCIO Nº 58: (PROMINP) A negação de "Todas as portas estão abertas" é:

a) todas as portas estão fechadas;
b) pelo menos uma porta está aberta;
c) pelo menos uma porta está fechada;
d) apenas uma das portas está aberta;
e) apenas uma das portas está fechada.

Resolução comentada do exercício nº 58

Para fazer a negação da sentença: **"Todas as portas estão abertas"** é bem simples: Uma maneira fácil de negar a frase acima é incluir a palavra "não" nesta sentença, conforme, exemplo abaixo:

"Todas as portas **não** estão abertas"

Então, pode-se afirmar que se todas as portas não estão abertas, é porque **existe pelo menos uma porta fechada**. Muito importante essa conclusão!

A resposta correta é a letra "C"

PRIMEIRA PARTE: EXERCÍCIOS COM RESPOSTAS COMENTADAS **91**

EXERCÍCIO Nº 59: (AFR-SP) Se você se esforçar, então irá vencer. Assim sendo:

a) seu esforço é condição suficiente para vencer;
b) seu esforço é condição necessária para vencer;
c) se você não se esforçar, então não irá vencer;
d) você vencerá só quando se esforçar;
e) mesmo que se esforce, você não vencerá.

Resolução comentada do exercício nº 59

Para entender melhor este problema será interessante observar o quadro esquematizado abaixo:

Condição suficiente	**Condição necessária**
A premissa é o ponto forte da sentença.	A conclusão é o ponto forte da sentença.

Exemplo: "Se você se esforçar, então irá vencer".

– Vencer é **condição necessária**, para você se esforçar. (conclusão)

– Você se esforçar é **condição suficiente**, para vencer. (premissa)

Logo, podemos afirmar que você se esforçar, com certeza, é condição suficiente para vencer.

A resposta correta é a letra "A"

EXERCÍCIO Nº 60: (IBGE) Se todo Y é Z e existem X que são Y, pode-se concluir que:

a) existem X que são Z;
b) todo X é Y;
c) todo X é Y;
d) todo Y é X;
e) todo Z é Y.

Resolução comentada do exercício nº 60

Para resolver esta questão se faz necessário ilustrar com figuras, as sentenças abaixo:

Primeira sentença: **"Todo Y é Z"**

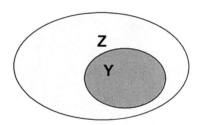

Segunda sentença: **"Existem X que são Y"**

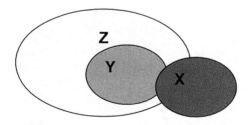

Através da análise das figuras acima, podemos concluir que se existe algum "X" que é "Y", consequentemente, também existe algum "X" que é "Z". O conjunto "X" acaba adentrando nas áreas do conjunto "Y" e "Z". O conjunto "Y" está preso ao

PRIMEIRA PARTE: EXERCÍCIOS COM RESPOSTAS COMENTADAS **93**

conjunto "Z". Se o conjunto "Z" invade a área do conjunto "Y", por conseguinte, estará invadindo também a área do conjunto "Z".

Para simplificar, ainda mais, imagine leitor, que o conjunto "X" representa a classe de médicos; o conjunto "Y" representa a classe das pessoas nascidas em Salvador, e ainda, o conjunto "Z" venha a ser a classe das pessoas nascidas no Estado da Bahia.

Ou seja, se existe algum médico(X) que nasceu em Salvador (Y), consequentemente, também podemos afirmar que nasceu no estado da Bahia(Z).

A resposta correta é a letra "A"

EXERCÍCIO Nº 61: (FT) Se o jardim não é florido, então o gato mia. Se o jardim é florido, então o passarinho não canta. Ora, o passarinho canta. Logo:

a) o jardim é florido e o gato mia;
b) o jardim é florido e o gato não mia;
c) o jardim não é florido e o gato mia;
d) o jardim não é florido e o gato não mia;
e) se o passarinho canta, então o gato não mia.

Resolução comentada do exercício nº 61

Interessante notar que esse exercício é um labirinto lógico e para sairmos desta situação vamos precisar de uma chave lógica. Esta chave se encontra na seguinte afirmação: **"O passarinho canta"**. A partir desta chave podemos abrir uma porta lógica. Vamos então testar a primeira chave lógica: **"O passarinho canta"**.

Porta 1

"Se o jardim é florido, então o passarinho não canta".

Sabe-se que o passarinho canta (primeira chave lógica) e por isso, podemos afirmar também que o jardim não é florido. Ao abrir essa porta, conseguimos mais uma chave lógica nova (o jardim não é florido). Com esta nova chave, podemos abrir a segunda porta lógica:

Porta 2

"Se o jardim não é florido, então o gato mia".

Sabe-se que o jardim não é florido (segunda chave lógica) e por isso, podemos afirmar também que o gato mia. Ao abrir essa porta, conseguimos encontrar a solução completa do exercício: "o jardim não é florido e o gato mia".

A resposta correta é a letra "C"

EXERCÍCIO Nº 62: (TJ-PE) Todas as estrelas são dotadas de luz própria. Nenhum planeta brilha com luz própria. Logo:
a) todas as estrelas são estrelas;
b) todos os planetas são estrelas;

c) nenhum planeta é estrela;
d) todas as estrelas são planetas;
e) todos os planetas são planetas.

Resolução comentada do exercício nº 62

Para resolver esta questão se faz necessário ilustrar com figuras, as sentenças abaixo:

Primeira sentença: **"Todas as estrelas são dotadas de luz própria".**

Segunda sentença: **"Nenhum planeta brilha com luz própria"**

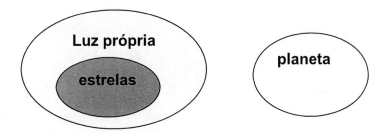

Através da análise das figuras acima, podemos concluir se os planetas não pertencem ao conjunto de objetos que "brilham com luz própria", então, consequentemente, também não será considerado uma estrela. Nenhum planeta é uma estrela!

A resposta correta é a letra "C"

EXERCÍCIO Nº 63: (Vunesp) Em uma avenida reta, a padaria fica entre o posto de gasolina e a banca de jornal, e o posto de gasolina fica entre a banca de jornal e a sapataria. Logo:

a) a sapataria fica entre a banca de jornal e a padaria;
b) a banca de jornal fica entre o posto de gasolina e a padaria;
c) o posto de gasolina fica entre a padaria e a banca de jornal;
d) a padaria fica entre a sapataria e o posto de gasolina;
e) o posto de gasolina fica entre a sapataria e a padaria.

Resolução comentada do exercício nº 63

Para resolver esta questão se faz necessário ilustrar com figuras, as sentenças abaixo:

Primeira sentença: **"a padaria fica entre o posto de gasolina e a banca de jornal"**.

Segunda sentença: **"o posto de gasolina fica entre a banca de jornal e a sapataria"**.

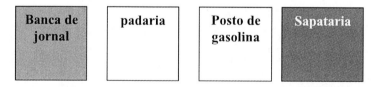

Através da análise das figuras acima, podemos concluir **o posto de gasolina fica entre a sapataria e a padaria.**

A resposta correta é a letra "E"

PRIMEIRA PARTE: EXERCÍCIOS COM RESPOSTAS COMENTADAS **97**

EXERCÍCIO Nº 64: (ANA) Ao final de um torneio de tênis com 64 participantes, onde todas as partidas são eliminatórias, o campeão terá jogado:

a) 4 vezes;
b) 5 vezes;
c) 6 vezes;
d) 7 vezes;
e) 8 vezes.

Resolução comentada do exercício nº 64

Para iniciar a resolução do exercício, temos que explicar que num torneio de tênis, somente dois participantes, sem enfrentam na quadra. Nosso papel neste problema será descobrir, quantas partidas o tenista vai ter que jogar, para ser campeão.

Lembre-se: São 64 participantes disputando o torneio de tênis. Vamos então para a **primeira partida**: divide-se 64 por 2 = 32 participantes restantes.

Vale ressaltar que sempre um jogador avança pra próxima fase e outro é eliminado. Por isso, a divisão será realizada, buscando cortar pela metade (divisão por 2), o número de participantes.

Segunda partida: divide-se 32 por 2 = 16;

Terceira partida: divide-se 16 por 2 = 8;

Quarta partida: divide-se 8 por 2 = 4;

Quinta partida: divide-se 4 por 2 = 2;

Sexta partida: divide-se 2 por 2 = 1;

Logo, chegamos a conclusão que o **vencedor terá que jogar 6 partidas**, para ser o vencedor do torneio de tênis. Através da eliminação de metade dos oponentes, em cada partida, podemos perceber que somente sobrará um participante na sexta partida e só assim, poderá ser declarado campeão do torneio, visto que todos os concorrentes foram eliminados.

A resposta correta é a letra "C"

EXERCÍCIO N° 65: (AFR-SP) Se os tios de músicos são sempre músicos, então:

a) os sobrinhos de não-músicos nunca são músicos;
b) os sobrinhos de não-músicos sempre são músicos;
c) os sobrinhos de músicos sempre são músicos;
d) os sobrinhos de músicos nunca são músicos;
e) os sobrinhos de músicos quase sempre são músicos.

Resolução comentada do exercício n° 65

Para resolver esta questão se faz necessário ilustrar com figuras, a sentença abaixo:

"**Os tios de músicos são sempre músicos**".

A lógica é algo que pode ser simples ou complicado. Neste exercício tenho que reconhecer que encontrei dificuldade para resolvê-lo de forma fácil. Uma lógica que se pode fazer é a seguinte: os tios de músicos também são músicos. Isto quer dizer que, se alguém tem um tio que não é músico, nunca poderá ser músico. Pelo menos neste exercício, o que vale é a lógica do talento familiar, ou seja, se o sobrinho tem um tio músico é mais fácil de conseguir ter a mesma profissão do tio. Isto se deve a genética privilegiada, que muito ajudará ao sobrinho, no momento de iniciar uma carreira de músico. Sendo assim, conclui-se que **os indivíduos que tem tios não-músicos nunca poderão pertencer à classe dos músicos.**

A resposta correta é a letra "A"

EXERCÍCIO Nº 66: (IBGE)

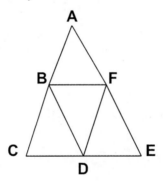

Na figura acima, quantos caminhos diferentes levam de A a E, não passando por F e sem passar duas vezes por um mesmo ponto?
a) 6.
b) 5.
c) 4.
d) 3.
e) 2.

Resolução comentada do exercício nº 66

Para resolver esta questão se faz necessário analisar todas as possibilidades de "A" chegar até o ponto "E", sem passar pelo

100 Raciocínio Lógico Descomplicado

ponto "F". Para facilitar o aprendizado desta questão, peço ao leitor que imagine que cada ponto, seja uma estrada e, ainda que estamos numa viagem de ônibus. O ponto "F" seria uma estrada que está interditada e por isso, teremos que fazer desvios para chegar ao nosso destino.

Hipóteses de caminhos, que não passam pela estrada "F":

Primeiro caminho: ABCDE

Segundo caminho: ABDE

Logo, podemos afirmar que existem somente dois caminhos que levam ao ponto de destino "E". Sendo que o caminho mais rápido é o segundo, pois passa por menos estradas.

A resposta correta é a letra "E"

EXERCÍCIO Nº 67: (TRE) Considere que as seguintes afirmações são verdadeiras:

– Alguma mulher é vaidosa;

– Toda mulher é inteligente.

Assim sendo, qual das afirmações seguintes é certamente verdadeira?

a) Alguma mulher inteligente é vaidosa;

b) Alguma mulher vaidosa não é inteligente;

c) Alguma mulher não vaidosa não é inteligente;

d) Toda mulher inteligente é vaidosa;

e) Toda mulher vaidosa não é inteligente.

Resolução comentada do exercício nº 67

Para resolver esta questão se faz necessário ilustrar com figuras, as sentenças abaixo:

Primeira sentença: **"Toda mulher é inteligente"**.

Segunda sentença: **"Alguma mulher é vaidosa"**.

Analisando as figuras acima, pode-se concluir que se existe alguma mulher vaidosa é porque também será inteligente. Afinal, toda mulher é inteligente e mesmo que seja vaidosa, não perderá a qualidade de inteligente. Sendo assim, **existe alguma mulher inteligente que é vaidosa**.

A resposta correta é a letra "A"

EXERCÍCIO Nº 68: (AFR-SP) Se os pais de filhos loiros sempre são loiros, então:

a) os filhos de não-loiros nunca são loiros;
b) os filhos de não-loiros sempre são loiros;

c) os filhos de loiros sempre são loiros;
d) os filhos de loiros nunca são loiros;
e) os pais de filhos loiros nem sempre são loiros.

Resolução comentada do exercício nº 68

Para resolver esta questão se faz necessário ilustrar com figuras, a sentença abaixo:

"**Os pais de filhos loiros sempre são loiros**".

Uma lógica que se pode fazer é a seguinte: os pais de loiros também são loiros. Isto quer dizer que, se alguém tem um pai que não é loiro, nunca poderá ser loiro. Pelo menos neste exercício, o que vale é a lógica da genética familiar, ou seja, se o filho tem um pai loiro é mais fácil de conseguir ter a mesma cor de cabelo que o pai. Sendo assim, conclui-se que **os indivíduos que tem pais não-loiros nunca poderão pertencer à classe dos loiros.**

A resposta correta é a letra "A"

EXERCÍCIO Nº 69: (Petrobras) Considere verdadeiras as seguintes afirmativas:

I. Alguns homens gostam de futebol.
II. Quem gosta de futebol vai aos estádios.
Com base nas afirmativas acima, é correto concluir que:

a) Todos os homens vão aos estádios;
b) Apenas homens vão aos estádios;
c) Há homens que não vão aos estádios;
d) Se um homem não vai a estádio algum, então ele não gosta de futebol;
e) Nenhuma mulher vai aos estádios.

Resolução comentada do exercício nº 69

Para resolver esta questão se faz necessário ilustrar com figuras, a sentença abaixo:

Primeira sentença: **"Toda pessoa que gosta de futebol vai aos estádios"**.

Segunda sentença: **"Alguns homens gostam de futebol"**.

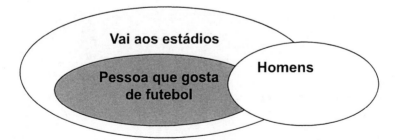

Observando a figura acima, fica simples perceber que se alguns Homens gostam de futebol, e, por conseguinte, também, vão aos estádios. Sabe-se que não existe pessoa, que goste de futebol e nunca vá aos estádios. Por isso, se existe alguns Homens que gostam de futebol, com certeza, irão aos estádios torcer por seus times de coração. **Portanto, se um homem não vai a estádio algum, então ele não gosta de futebol.**

A resposta correta é a letra "D"

EXERCÍCIO Nº 70: (Aneel) Das premissas: "nenhum A é B" e "alguns C são B", segue, necessariamente, que:

a) nenhum A é C;
b) alguns A são C;
c) alguns C são A;
d) alguns C não são A;
e) nenhum C é A.

Resolução comentada do exercício nº 70

Para resolver esta questão se faz necessário ilustrar com figuras, as sentenças abaixo:

Primeira sentença: **"nenhum A é B"**

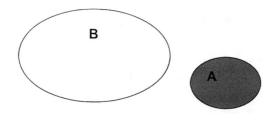

Segunda sentença: **"alguns C são B"**

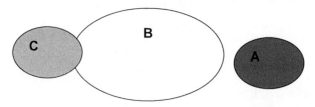

Através da análise das figuras acima, podemos concluir que se existe algum "C" que é "B", consequentemente, também existe algum "C" que não é "A". O conjunto "B" não tem em seu conteúdo, nenhum objeto "A". Isto supõe dizer que se existe algum "C" que está dentro do conjunto "B", logo, por conseguinte, não estará no conjunto "A'".

Para simplificar, ainda mais, imagine leitor, que o conjunto "B" representa estacionamento de um shopping e que neste estacionamento, não pode entrar caminhões (conjunto A) e nem carros velhos. O conjunto "C" representa os carros novos e velhos. Se algum "C" está no estacionamento, temos a certeza que é um carro novo e que não é um caminhão (conjunto A). Então, **alguns "C" não são "A"**, ou seja, alguns carros novos, não podem ser do conjunto de caminhões. Afinal, carros novos podem entrar no estacionamento do shopping.

A resposta correta é a letra "D"

EXERCÍCIO Nº 71: (TCE-PB) Observe que com 10 moedas iguais é possível construir um triângulo:

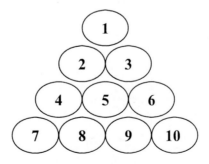

Movendo apenas três dessas moedas é possível fazer com que o triângulo acima fique com a posição invertida, ou seja, a base para cima e o vértice oposto para baixo. Para que isso aconteça, as moedas que devem ser movidas são as de números:

a) 1, 2 e 3;
b) 1, 8 e 9;
c) 1, 7 e 10;
d) 2, 3 e 5;
e) 5, 7 e 10.

Resolução comentada do exercício nº 71

Para resolver esta questão se faz necessário organizar as informações do exercício:

— Pode-se mover apenas 3 moedas;

— O triangulo deverá ficar na posição invertida;

Vamos testar tirar as moedas número: 1,7 e 10.

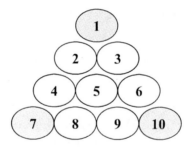

Vamos ver como fica o desenho agora, sem estas **três** moedas destacadas acima:

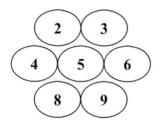

Agora vamos colocar as moedas de uma maneira que, o triangulo fique com a posição invertida, ou seja, com a base para

PRIMEIRA PARTE: EXERCÍCIOS COM RESPOSTAS COMENTADAS **107**

cima e vértice oposto para baixo. Quem já jogou uma partida de sinuca, tenho certeza que terá mais facilidade para resolver esse problema:

A resposta correta, então, é a letra "C"

EXERCÍCIO Nº 72: (ANPAD) Ângela, Letícia, Heloísa e Denise apostaram uma corrida. Ângela disse: "Heloísa chegou em segundo e Denise em terceiro". Letícia disse: "Heloísa ganhou e eu cheguei em segundo". Heloísa disse: "Denise foi a última e Ângela a segunda." Sabendo que, em cada afirmação, há uma verdade e uma mentira, quem chegou em último lugar?

a) Ângela;
b) Letícia;
c) Heloísa;
d) Denise;
e) Não é possível saber.

Resolução comentada do exercício nº 72

Para resolver este tipo de exercício vale lembrar que devemos fazer a opção por um caminho, dentro duas possibilidades possíveis. Já que, sabemos que em cada afirmação, há uma verdade e uma mentira. Caro leitor, imagine que são duas portas, e que a todo momento você terá que escolher uma, até que consiga sair do labirinto lógico. Por isso, muito cuidado, para não escolher o caminho errado e ficar demorando a resolver o problema pedido.

Primeira afirmação: **"ou Heloísa chegou em segundo ou Denise em terceiro".**

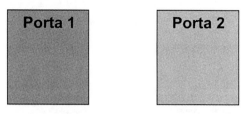

Heloísa chegou
em segundo

Denise chegou
em terceiro

Eu prefiro escolher a porta 1 e acreditar que **Denise chegou em terceiro**. Ao escolher a porta 1, consequentemente estou eliminando a porta 2 e afirmando que a Heloísa não chegou em segundo.

Segunda afirmação: **"Heloísa ganhou e eu (Letícia) cheguei em segundo"**.

Heloísa ganhou

Letícia chegou
em segundo

Agora, fazemos a opção de escolher a porta 3, ou seja, **a Heloísa ganhou** e consequentemente, a Letícia não chegou em segundo. Afinal, somente uma das portas, pode ser verdadeira.

Terceira afirmação: ""**Denise foi a última e Ângela a segunda.**"".

PRIMEIRA PARTE: EXERCÍCIOS COM RESPOSTAS COMENTADAS **109**

Denise foi a última   **Ângela foi a segunda**

A porta que vamos escolher, agora, é a número 6, (**Ângela foi a segunda**), pois, não sobrou outra alternativa. Lembre-se que nas linhas anteriores, já afirmamos que a Denise tinha chegado em terceiro lugar.

Então, ficou assim:

Primeiro lugar: **Heloísa**

Segundo lugar: **Ângela**

Terceiro lugar: **Denise**

Ultimo lugar: **Letícia**

A resposta correta é a letra "B"

EXERCÍCIO Nº 73: (AFCE) Se é verdade que "alguns escritores são poetas" e que "nenhum músico é poeta", então também é necessariamente verdade que:

a) nenhum músico é escritor;
b) algum escritor é músico;
c) algum músico é escritor;
d) algum escritor não é músico;
e) nenhum escritor é músico.

Resolução comentada do exercício nº 73

Para resolver esta questão se faz necessário ilustrar com figuras, as sentenças abaixo:

Primeira sentença: **"nenhum músico é poeta"**

Segunda sentença: **"alguns escritores são poetas"**

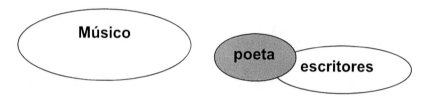

Através da análise das figuras acima, podemos concluir que, se existe algum escritor que é poeta, consequentemente, também, este escritor não será músico. Portanto, podemos afirmar que algum escritor não é músico.

A resposta correta é a letra "D"

EXERCÍCIO Nº 74: (Prominp) Se a › b, então c › d. Se c › d, então f › a. Ora, a › b. Logo:

a) a › d;
b) a › c;
c) f › b;
d) b › c;
e) b › d;

Resolução comentada do exercício nº 74

Para resolver esta questão se faz necessário ilustrar com figuras, as sentenças abaixo:

Primeira sentença: **"A maior que B" (Verdade).**

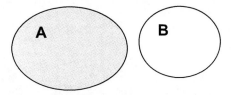

Então, a segunda sentença fica assim: **"C maior que D"**.

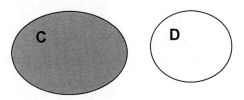

De modo que a segunda sentença foi considerada verdadeira, vamos então ver como ficará a terceira sentença: **"F maior que A"**.

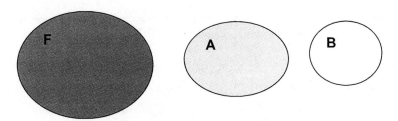

Resumindo, podemos dizer que se "F" é maior que "A", consequentemente, também, será maior que "B". Então, **F é maior que B**. Para simplificar o entendimento deste exercício, vamos supor que cada letra representa altura de algum aluno de escola pública. Como Alexandre (A) é mais alto que Bruno(B), ele foi

112   Raciocínio Lógico Descomplicado

considerado pelas mulheres da sala, o maior aluno da turma. Porém, entrou um novato na turma, que se chama Fernando(F) e foi considerado pelas mulheres da turma, bem mais alto que o Alexandre (A). Logo, também será mais alto que o Bruno. Assim, fica simples de entender a questão. Por isso, chamei este livro de raciocínio lógico descomplicado.

A resposta correta é a letra "C"

EXERCÍCIO Nº 75: (Prominp) Ana, Bia e Clara têm, cada uma delas, um único animal de estimação. Sabe-se que:

– esses animais são um mico, um gato e um cachorro;
– Ana não é dona do gato;
– o mico pertence a Clara.

De acordo com essas informações, pode-se afirmar que:

a) Clara é dona do gato;
b) Bia é dona do mico;
c) Bia é dona do cachorro;
d) Ana é dona do gato;
e) Ana é dona do cachorro.

Resolução comentada do exercício nº 75

Vamos resolver esta questão de maneira simples. O exercício afirma que: "**o mico pertence a Clara**". Já sabemos que uma das meninas tem como animal de estimação, o mico. Agora, vamos descobrir os animais das outras duas meninas. O exercício afirma também que, "**a Ana não é dona do gato**". Então, ela somente pode ser dona do cachorro. Lembre-se que o mico já tinha dona certa: a Clara. Restou, então, a Bia ser conhecida como a dona do gato. Portanto, ficou assim:

PRIMEIRA PARTE: EXERCÍCIOS COM RESPOSTAS COMENTADAS **113**

Ana – é dona do cachorro.

Bia – é dona do gato.

Clara – é dona do mico.

A resposta correta é a letra "E"

EXERCÍCIO Nº 76: (IBGE) Observe a sequência lógica a seguir:

A A B A B C A B C D A B C D E A B C D E F A...
Os sete próximos elementos dessa sequência são:
a) B C D E F A C;
b) A B C D E F G;
c) B C B C A D F;
d) B C D E F G A;
e) C D E A B C D.

Resolução comentada do exercício nº 76

Vamos resolver esta questão de maneira lógica. Repare logo abaixo que existe uma sequência que se repete de forma proposital:

A A **B A B C A B** C **D A B** C D **E A B** C D E **F A...**

Primeira sequência: BAB - CAB – DAB – EAB – FAB

Vamos notar que temos outra sequência interessante, logo abaixo:

A A B A B **C** A B **C D** A B **C D E** A B **C D E F** A...

Segunda sequência: C – CD – CDE – CDEF - **CDEFG**

Então, a sequência lógica final ficará assim: **BCDEFG.**

Como se pode observar no exercício, somente existe uma alternativa que possui as iniciais "**BCDEFG..**" Por isso, estamos seguros para afirmar, a opinião que segue abaixo:

A resposta correta é a letra "D"

EXERCÍCIO Nº 77: (TJ-PE) Há cinco objetos alinhados numa estante: um violino, um grampeador, um vaso, um relógio e um tinteiro. Conhecemos as seguintes informações, quanto à ordem dos objetos:

- O grampeador está entre o tinteiro e o relógio.
- O violino não é o primeiro objeto e o relógio não é o último.
- O vaso está separado do relógio por dois outros objetos.

Qual a posição do violino?
a) Sexta posição.
b) Quinta posição.
c) Quarta posição.
d) Terceira posição.
e) Segunda posição.

Resolução comentada do exercício nº 77

Para resolver esta questão se faz necessário ilustrar com figuras, as sentenças abaixo:

Primeira sentença: "**O grampeador está entre o tinteiro e o relógio**".

Segunda sentença:" **O vaso está separado do relógio por dois outros objetos**".

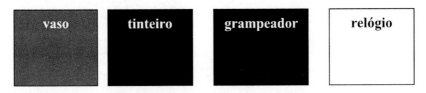

Observação: Os objetos que separam o vaso do relógio estão em negrito.

Terceira sentença:" **O violino não é o primeiro objeto e o relógio não é o último**".

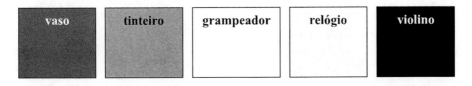

Através da análise das figuras acima, podemos concluir que **o violino fica na quinta posição**. Afinal, sabemos que se o relógio não é o último objeto, somente nos resta acreditar que o violino seja o último. Sabe-se que esta sequência acima é a única que obedece à ordem lógica natural das sentenças.

A resposta correta é a letra "B"

EXERCÍCIO Nº 78: (Prominp) Aldo, Bruno e Caio são irmãos e os seguintes fatos a respeito deles, são verdadeiros:

– **Bruno é o mais velho dos três.**
– **Caio não é o mais jovem deles.**

A ordem correta do mais velho para o mais novo é:
a) Aldo, Bruno e Caio;

b) Aldo, Caio e Bruno;

c) Bruno, Aldo e Caio;

d) Bruno, Caio e Aldo;

e) Caio, Aldo e Bruno.

Resolução comentada do exercício nº 78

Vamos resolver esta questão de maneira simples. O exercício afirma que: "**o Bruno é o mais velho dos três**". Já sabemos que o Bruno é o mais velho! Agora, vamos descobrir qual dos irmãos restantes é o mais novo. O exercício afirma também que, "**a Caio não é o mais jovem deles**". Então, ele somente pode ser o irmão do meio. Lembre-se que o Bruno já era o mais velho. Restou, então, ao Aldo ser conhecido como o irmão caçula, ou seja, o mais novo da família. Portanto, ficou assim:

Bruno – é o irmão mais velho.

Caio – é o irmão do meio.

Aldo – é o irmão mais novo.

A resposta correta é a letra "D"

EXERCÍCIO Nº 79: (Eletronorte) Todo mundo que vai daqui para lá volta, mas quem vem de lá para cá não volta. Se todo mundo, lá ou cá, algum dia vai ou vem, então:

a) algum dia lá não fica ninguém;

b) cá tem tantas pessoas quanto lá;

c) algum dia aqui não fica ninguém;

d) sempre há mais gente cá do que lá;

e) no início, há mais gente lá do que cá.

Resolução comentada do exercício nº 79

Para fins de um melhor aprendizado na matéria lógica, vamos supor que existem duas cidades vizinhas, onde os funcionários moram numa cidade, mas trabalham em outra. A primeira é aqui (Vitória-ES) e a segunda é lá (Vila Velha-ES). Então, agora vamos modificar a sentença abaixo, e incluir estes novos nomes de cidades:

Primeira sentença: "Todo mundo que vai **daqui** para **lá** volta" (antes)
"Todo mundo que vai de **vitória** para **vila velha** volta". (depois)

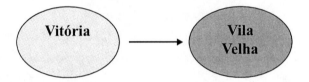

Então, pode-se dizer que toda pessoa que sai de vitória para ir à vila velha sempre volta!

Segunda sentença: "quem vem de **lá** para **cá** não volta" (antes)
"quem vem de **vila velha** para **vitória** não volta". (depois)

Então, pode-se dizer que toda pessoa que sai de vila velha pra vitória nunca volta!

Terceira sentença: "todo mundo, **lá** ou **cá**, algum dia vai ou vem" (antes)

<u>"todo mundo de **vila velha** ou **vitória**, algum dia vai ou vem". (depois)</u>

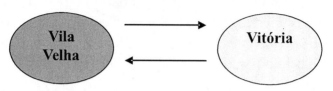

Portanto, pode-se afirmar que todo dia tem transito de vila velha pra vitória e vice-versa.

Resumindo, **podemos dizer que algum dia lá (Vila Velha) não fica ninguém**, pois, se todo dia sai gente de vila velha e não volta mais, isso vai acabar gerando um déficit populacional na cidade. Vitória acabará absorvendo toda população de Vila Velha, caso esse ritmo de movimentação continue ocorrendo. A única forma de compensar esse decréscimo populacional, seria se o povo de Vitória fosse a Vila Velha e nunca mais voltasse de lá. Porém, o exercício não oferece essa possibilidade. Perceba leitor que, assim, fica fácil de entender a questão. Por isso, este livro será referência na área de raciocínio lógico.

A resposta correta é a letra "A"

EXERCÍCIO Nº 80: (TRT) O avesso de uma blusa preta é branco. O avesso de uma calça preta é azul. O avesso de uma bermuda preta é branco. O avesso do avesso das três peças de roupa é:

a) branco e azul;
b) branco ou azul;
c) branco;
d) azul;
e) preto.

Resolução comentada do exercício nº 80

Vamos organizar as informações do exercício:

- **Avesso da blusa preta** = cor branca
- **Avesso da calça preta** = cor azul
- **Avesso da bermuda preta** = cor branca

Então, vamos descobrir agora, o avesso das cores selecionadas acima:

- **Avesso da cor branca** = preto
- **Avesso da cor azul** = preto
- **Avesso da cor branca** = preto

Portanto, chegamos à conclusão de que o **avesso do avesso das três peças de roupas é preto.**

A resposta correta é a letra "E"

EXERCÍCIO Nº 81: (Prominp) Alguém declara: "Se uma pessoa é gaúcha, então bebe chimarrão". Para provar que essa declaração é falsa, basta encontrar uma pessoa que:

a) não seja gaúcha e beba chimarrão;
b) não seja gaúcha e não beba chimarrão;
c) seja gaúcha e beba chimarrão;
d) seja gaúcha e não beba chimarrão;
e) ou seja gaúcha ou beba chimarrão.

120 RACIOCÍNIO LÓGICO DESCOMPLICADO

Resolução comentada do exercício nº 81

Vamos resolver de forma simples este exercício. Para isto acontecer, precisamos citar a sentença que segue: **"Se uma pessoa é gaúcha, então bebe chimarrão"**.

Para esta declaração acima, ser considerada falsa, basta somente que se encontre alguma pessoa que seja gaúcha e não beba chimarrão. Com certeza, ficará fácil provar que para a regra vista, acima, tem pelo menos, alguma exceção, e sendo assim, não podemos afirmar que todo aquele que se diz gaúcho, consequentemente, bebe chimarrão.

A resposta correta e a letra "D"

EXERCÍCIO Nº 82: (Nossa Caixa - SP) Todo matemático é estudioso. Existem músicos que são estudiosos. Pedro é matemático e Ivo é estudioso. Pode-se concluir que:

a) Pedro é estudioso e Ivo é matemático;
b) Pedro é estudioso e Ivo é músico;
c) Pedro é também músico e Ivo é matemático;
d) Pedro é estudioso e Ivo pode não ser matemático nem músico;
e) Pedro é também músico e Ivo pode não ser matemático nem músico.

Resolução comentada do exercício nº 82

Para resolver esta questão se faz necessário ilustrar com figuras, as sentenças a seguir:

Primeira sentença: **"Todo matemático é estudioso"**.

Segunda sentença: **"Existem músicos que são estudiosos"**.

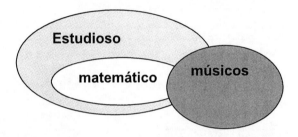

Resumindo, podemos dizer que se **Pedro é matemático**, logo também poderá ser considerado estudioso. Porém, se o **Ivo é estudioso** não podemos afirmar que também seja matemático e muito menos, que venha a ser músico. Diante das informações dispostas no exercício, somente se pode chegar à conclusão que Pedro, além de matemático, também é estudioso.

A resposta correta é a letra "D"

EXERCÍCIO Nº 83: (Bacen) Cinco times – Antares, Bilbao, Cascais, Deli e Elite – disputam um campeonato de basquete e, no momento, ocupam as cinco primeiras posições na classificação geral. Sabe-se que:

- **Antares está em primeiro lugar e Bilbao está em quinto;**
- **Cascais está na posição intermediária entre Antares e Bilbao;**

- **Deli está à frente do Bilbao, enquanto que o Elite está imediatamente atrás do Cascais.**

Nessas condições, é correto afirmar que:
a) Cascais está em segundo lugar;
b) Deli está em quarto lugar;
c) Deli está em segundo lugar;
d) Elite está em segundo lugar;
e) Elite está em terceiro lugar.

Resolução comentada do exercício nº 83

Para resolver esta questão se faz necessário ilustrar com figuras, as sentenças abaixo:

Primeira sentença: **"Antares está em primeiro lugar e Bilbao está em quinto".**

Segunda sentença: **"Deli está à frente do Bilbao, enquanto que o Elite está imediatamente atrás do Cascais".**

Terceira sentença: **"Cascais está na posição intermediária entre Antares e Bilbao".**

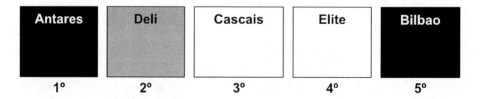

Através da análise das figuras acima, podemos concluir que **o Deli está em segundo lugar**, no campeonato de basquete. Afi-

PRIMEIRA PARTE: EXERCÍCIOS COM RESPOSTAS COMENTADAS **123**

nal, sabe-se que o time do Deli não pode estar em primeiro, nem em último. Sabe-se também que o time de Cascais já ocupa o meio da tabela de classificação, ou seja, a posição intermediária. Só restou ao time de Deli, o segundo lugar, pois, já foi informado pelos organizadores do campeonato, que o time do Elite, está uma posição atrás do time de Cascais. Só nos resta acreditar que o time de Deli foi o segundo colocado.

A resposta correta é a letra "C"

EXERCÍCIO Nº 84: (TCE-MG) Considere como verdadeiras as seguintes premissas:

Se Alfeu não arquivar os processos, então Benito fará a expedição de documentos.

Se Alfeu arquivar os processos, então Carminha não atenderá o público.

Carminha atenderá o público.

Logo, é correto concluir que:
a) Alfeu arquivará os processos;
b) Alfeu arquivará os processos ou Carminha não atenderá o público;
c) Benito fará a expedição de documentos;
d) Alfeu arquivará os processos e Carminha atenderá o público;
e) Alfeu não arquivará os processos e Benito não fará a expedição de documentos.

Resolução comentada do exercício nº 84

Interessante notar que esse exercício é um labirinto lógico e para sairmos desta situação vamos precisar de uma chave lógica. Esta chave se encontra na seguinte afirmação: **"Carminha**

atenderá o público". A partir desta chave podemos abrir uma porta lógica. Vamos então testar a primeira chave lógica: **Carminha atenderá o público.**

Porta 1

"Se Alfeu arquivar os processos, então Carminha não atenderá o público"

Sabe-se que Carminha atenderá o público (primeira chave lógica) e por isso, podemos afirmar também que o Alfeu não arquivou os processos. Ao abrir essa porta, conseguimos mais uma chave lógica nova (**o Alfeu não arquivou os processos**). Com esta nova chave, podemos abrir a segunda porta lógica:

Porta 2

"Se Alfeu não arquivar os processos, então Benito fará a expedição de documentos".

Sabe-se que o Alfeu não arquivou os processos (segunda chave lógica) e por isso, podemos afirmar também que Benito fará a expedição de documentos. Ao abrir essa porta, conseguimos encontrar a solução completa do exercício: **"Benito fará a expedição de documentos".**

A resposta correta é a letra "C"

PRIMEIRA PARTE: EXERCÍCIOS COM RESPOSTAS COMENTADAS **125**

EXERCÍCIO Nº 85: (Petrobras) Considere verdadeira a declaração: "Se alguém é brasileiro, então não desiste nunca". Com base na declaração, é correto concluir que:

a) Se alguém desiste, então não é brasileiro;
b) Se alguém não desiste nunca, então é brasileiro;
c) Se alguém não desiste nunca, então não é brasileiro;
d) Se alguém não é brasileiro, então desiste;
e) Se alguém não é brasileiro, então não desiste nunca.

Resolução comentada do exercício nº 85

Vamos resolver de forma simples este exercício. Para isto acontecer, precisamos citar a sentença que segue: **"Se alguém é brasileiro, então não desiste nunca"**.

Considerando que a declaração, acima, é verdadeira, **basta somente que se encontre alguma pessoa que desista, para se chegar à conclusão: não é brasileiro**. Então, segundo a sentença já citada, se o leitor conhece alguém, que desista fácil dos objetivos, pode ter certeza que não é brasileiro. Afinal, o jeito brasileiro é de lutar para realizar seus sonhos; claro, desde que sejam sonhos bons e justos!

A resposta correta e a letra "A"

EXERCÍCIO Nº 86: (Prominp) Se não é verdade que todos os cariocas sejam flamenguistas, é correto concluir que:

a) o conjunto dos cariocas contém o conjunto dos flamenguistas;
b) o conjunto dos flamenguistas contém o conjunto dos cariocas;
c) todos os flamenguistas são cariocas;
d) algum carioca não é flamenguista;
e) nenhum carioca é flamenguista.

Resolução comentada do exercício nº 86

Para resolver esta questão se faz necessário ilustrar com figuras, a sentença abaixo:

Primeira sentença: **"todos os cariocas são flamenguistas"**.

Se não é verdade que "todos os cariocas são flamenguistas", então, pode-se afirmar que existe algum carioca que torce por outro time. Isto representa dizer que algum carioca, não é flamenguista, conforme figura abaixo:

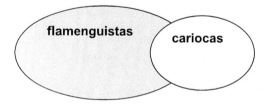

Resumindo, podemos dizer que **algum carioca não é flamenguista**.

A resposta correta é a letra "D"

EXERCÍCIO Nº 87: (ESAF) – Considere a sentença: "Paulo passará no exame, pois é aluno estudioso, e alunos estudiosos passam no exame." A conclusão do argumento expresso por esta sentença é:

a) Paulo é estudioso.
b) Existem alunos estudiosos.

c) Paulo passará no exame.
d) Alunos estudiosos passam no exame.
e) Paulo é estudioso ou existem alunos estudiosos.

Resolução comentada do exercício nº 87

O exercício afirma que: "**Paulo passará no exame, pois é aluno estudioso, e alunos estudiosos passam no exame**". Para facilitar o aprendizado, será necessário organizar as principais informações do exercício:

1 – Todo <u>aluno estudioso</u> passa no exame;

2 – Paulo é um <u>aluno estudioso</u>;

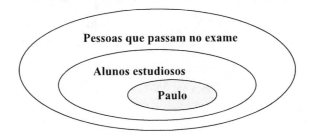

Através do desenho acima, conseguimos perceber que o Paulo é um dos alunos estudiosos que existem no mundo, e que por isso, está apto a passar no exame. Sabe-se que todo aluno estudioso, passa no exame; mesmo sendo o Paulo, que normalmente presta pouca atenção na aula. Neste problema, basta ser estudioso, para que consiga passar no exame. É o único critério para obter a aprovação no exame, e o Paulo preenche corretamente este requisito. Por isso, **Paulo passará no exame!**

A resposta correta é a letra "C"

EXERCÍCIO Nº 88: (ESAF) – Se Ana não é advogada, então Sandra é secretária. Se Ana é advogada, então Paula não é professora. Ora Paula é professora. Portanto:

a) Ana é advogada.
b) Sandra é secretária.
c) Ana é advogada, ou Paula não é professora.
d) Ana é advogada e Paula é professora.
e) Ana não é advogada e Sandra é secretária.

Resolução comentada do exercício nº 88

Interessante notar que esse exercício é um labirinto lógico e para sairmos desta situação vamos precisar de uma chave lógica. Esta chave se encontra na seguinte afirmação: "**Paula é professora**". A partir desta chave podemos abrir uma porta lógica. Vamos então testar a primeira chave lógica: **Paula é professora.**

Porta 1

"**Se Ana é advogada, então Paula não é professora**"

Sabe-se que Paula é professora (primeira chave lógica) e por isso, podemos afirmar também que a Ana não é advogada. Ao abrir essa porta, conseguimos mais uma chave lógica nova (**Ana não é advogada**). Com esta nova chave, podemos abrir a segunda porta lógica:

Porta 2

"Se Ana não é advogada, então Sandra é secretária".

Sabe-se que a Ana não é advogada (segunda chave lógica) e por isso, podemos afirmar também que a Sandra é secretária. Ao abrir essa porta, conseguimos encontrar a solução completa do exercício: "**Sandra é secretária**".

A resposta correta é a letra "B"

EXERCÍCIO Nº 89: (FGV) – Em seu livro Principles of Political Economy and Taxation, David Ricardo expressa o seguinte argumento:

Quando o elevado preço do trigo for o resultado de uma procura crescente, será sempre precedido de um aumento de salários, pois a procura não poderá crescer sem um correspondente aumento dos meios de pagamento, entre o povo, para pagar por aquilo que deseja. A conclusão do argumento é que:

a) Um aumento na procura por trigo produz um aumento em seu preço;
b) O preço do trigo é elevado.
c) O aumento do preço do trigo, em razão de uma procura crescente é sempre precedido de um aumento dos salários;
d) NDA.

130 RACIOCÍNIO LÓGICO DESCOMPLICADO

Resolução comentada do exercício nº 89

Para solucionar esta questão, se faz necessário colacionar as principais frases do exercício:

Quando o elevado preço do trigo for o resultado de uma procura crescente, será sempre precedido de um aumento de salários.

Vamos transformar a frase acima, numa sentença lógica válida:

Todo aumento do preço do trigo, que for resultado de uma procura crescente; **Conclusão:** Será sempre precedido de um aumento de salários.

Então, podemos concluir que, toda vez que aumentar o preço do trigo, em função da procura crescente, teremos como consequência, um aumento antecipado dos salários.

A resposta correta é a letra "C"

EXERCÍCIO Nº 90: (Petrobras) Ana, Bruna e Carla têm, cada uma, um único bicho de estimação. Uma delas tem um cachorro, outra tem um gato e a terceira, um jabuti. Sabe-se que:

- **Ana não é a dona do gato;**
- **Carla não é a dona do cachorro;**
- **O jabuti não pertence a Bruna;**
- **O gato não pertence a Carla.**

Com base nas informações acima, é correto afirmar que:

a) Ana é dona do gato;

b) Ana é dona do jabuti;

c) Bruna é dona do cachorro;

d) Carla é dona do jabuti;

e) Carla é dona do gato.

PRIMEIRA PARTE: EXERCÍCIOS COM RESPOSTAS COMENTADAS **131**

Resolução comentada do exercício nº 90

Vamos resolver esta questão de maneira simples. O exercício afirma que, a Carla não é dona do gato e nem do cachorro. Portanto, já podemos afirmar que a <u>Carla é a dona do jabuti</u>, que foi o único animal de estimação restante.

O exercício afirma também que, **"a Ana não é dona do gato"**. Então, a <u>Ana somente pode ser dona do cachorro</u>. Lembre-se que o jabuti já tinha dona certa: a Carla. Restou, então, a <u>Bruna ser conhecida como a dona do gato</u>. Portanto, ficou assim:

Ana – é dona do cachorro.

Bruna – é dona do gato.

<u>**Carla** – é dona do jabuti.</u>

A resposta correta é a letra "D"

EXERCÍCIO Nº 91: (ESAF) – Das premissas:

A: "Nenhum herói é covarde".
B: "Alguns soldados são covardes".
Pode-se corretamente concluir que:
a) alguns heróis são soldados.
b) nenhum soldado é herói.
c) nenhum herói é soldado.
d) alguns soldados não são heróis.

Resolução comentada do exercício nº 91

Para facilitar o aprendizado, será necessário organizar as principais informações do exercício:

1 – Nenhum herói é covarde;

2 – Alguns soldados são covardes;

Através do desenho acima, conseguimos perceber que se nenhum herói pertence ao conjunto dos covardes; logo, temos que afirmar que algum soldado, que for covarde, não poderá pertencer ao conjunto dos Heróis. Por isso, **alguns soldados não são heróis!**

A resposta correta é a letra "D"

EXERCÍCIO Nº 92: (IBGE) Na Consoantelândia, fala-se o consoantês. Nessa língua, existem 10 letras: 6 do tipo I e 4 do tipo II.

As letras do tipo I são: b, d, h, k, l, t.
As letras do tipo II são: g, p, q, y.
Nessa língua, só há uma regra de acentuação: uma palavra só será acentuada se tiver uma letra do tipo II precedendo uma letra tipo I. Pode-se afirmar que:

a) dhtby é acentuada;
b) pyg é acentuada;
c) kpth não é acentuada;
d) Kydd é acentuada;
e) btdh é acentuada.

PRIMEIRA PARTE: EXERCÍCIOS COM RESPOSTAS COMENTADAS **133**

Resolução comentada do exercício n° 92

Para facilitar o aprendizado, será necessário citar a principal sentença do exercício:

"uma palavra só será acentuada se tiver uma letra do tipo II precedendo uma letra tipo I ".

Logo abaixo segue, de forma organizada, o conjunto das letras tipo I e II:

As letras do tipo I são: b, d, h, k, l, t.

As letras do tipo II são: g, p, q, y.

Vamos analisar, agora, a sequência de letras, sugeridas como uma das soluções do exercício: Kydd

Como podemos perceber existe uma letra tipo II (letra y), precedendo uma letra tipo I (letra d). Logo, será necessário acentuar, esta palavra.

A resposta correta é a letra "D"

EXERCÍCIO N° 93: (AFTN) Os carros de Artur, Bernardo e César são, não necessariamente nesta ordem, uma Brasília, um Parati e um Santana. Um dos carros é cinza, um outro é verde e o outro é azul. O carro de Artur é cinza; o carro de César é o Santana; o carro de Bernardo não é verde e não é a Brasília. As cores da Brasília, do Parati e do Santana são, respectivamente:

a) cinza, verde e azul;

b) azul, cinza e verde;

c) azul, verde e cinza;

d) cinza, azul e verde;

e) verde, azul e cinza.

134 Raciocínio Lógico Descomplicado

Resolução comentada do exercício n° 93

Vamos resolver esta questão de maneira simples. O exercício afirma que, o carro de Artur é cinza e que o carro de Bernardo não é verde. Portanto, já podemos afirmar que o Bernardo tem um carro azul, pois, foi à única cor restante. Através destes últimos acontecimentos, sabe-se também que, o César tem a possibilidade de escolher, apenas, a cor verde. Veja o quadro esquematizado, logo abaixo:

Artur – **carro** cor cinza;

Bernardo – **carro** cor azul;

César – **carro** cor verde.

Depois que já descobrimos as cores dos carros; temos, ainda, que perceber qual o nome de cada carro e encontrar seu respectivo dono. O exercício afirma que, **o carro de César é o Santana** e que o carro de Bernardo não é a Brasília. Portanto, já podemos afirmar que o **Bernardo tem uma Parati**, pois, foi o único modelo de carro restante. Através destes últimos acontecimentos, sabe-se também que, **o Artur tem a possibilidade de escolher, apenas, a Brasília**. Veja o quadro esquematizado, logo abaixo:

Artur – **Brasília** cor cinza;

Bernardo – **Parati** cor azul;

César – **Santana** cor verde.

A resposta correta é a letra "D"

EXERCÍCIO Nº 94: (AFTN) Se Nestor disse a verdade, Júlia e Raul mentiram. Se Raul mentiu, Lauro falou a verdade. Se Lauro falou a verdade, há um leão feroz nesta sala. Ora, não há um leão feroz nesta sala. Logo:

a) Nestor e Júlia disseram a verdade;
b) Nestor e Lauro mentiram;
c) Raul e Lauro mentiram;
d) Raul mentiu ou Lauro disse a verdade;
e) Raul e Júlia mentiram.

Resolução comentada do exercício nº 94

Interessante notar que esse exercício é um labirinto lógico e para sairmos desta situação vamos precisar de uma chave lógica. Esta chave se encontra na seguinte sentença: "**não há um leão feroz nesta sala**". A partir desta chave podemos abrir uma porta lógica. Vamos então testar a primeira chave lógica: **não há um leão feroz nesta sala.**

Porta 1

"**Se Lauro falou a verdade, há um leão feroz nesta sala**".

Sabe-se que não há um leão feroz nesta sala (primeira chave lógica) e por isso, podemos afirmar também que o Lauro não falou a verdade. Ao abrir essa porta, conseguimos mais uma chave lógica nova (**Lauro não falou a verdade**). Com esta nova chave, podemos abrir a segunda porta lógica:

Porta 2

"Se Raul mentiu, Lauro falou a verdade".

Sabe-se que a Lauro não falou a verdade (segunda chave lógica) e por isso, podemos afirmar também que o Raul não mentiu. Ao abrir essa porta, conseguimos mais uma chave lógica nova (**Raul não mentiu**). Com esta nova chave, podemos abrir a terceira porta lógica:

Porta 3

"Se Nestor disse a verdade, Júlia e Raul mentiram".

Sabe-se que o Raul não mentiu (terceira chave lógica) e por isso, podemos afirmar também que **o Nestor não disse a verdade**. Ao abrir essa porta, conseguimos encontrar a solução completa do exercício: Tanto o Nestor, quanto o Lauro não falaram a verdade, ou seja, apelaram para a mentira.

A resposta correta é a letra "B"

PRIMEIRA PARTE: EXERCÍCIOS COM RESPOSTAS COMENTADAS **137**

EXERCÍCIO Nº 95: (Arquivo Nacional) Entre Alberto, Carlos e Eduardo temos um estatístico, um geógrafo e um matemático, cada um com exatamente uma dessas três profissões. Considere as afirmativas a seguir:

I – Alberto é geógrafo.
II – Carlos não é estatístico.
III – Eduardo não é geógrafo.
Sabendo que APENAS uma das três afirmativas acima é verdadeira, assinale a alternativa correta:

a) Alberto é matemático, Carlos é geógrafo e Eduardo é estatístico;
b) Alberto é matemático, Carlos é estatístico e Eduardo é geógrafo;
c) Alberto é estatístico, Carlos é matemático e Eduardo é geógrafo;
d) Alberto é estatístico, Carlos é geógrafo e Eduardo é matemático;
e) Alberto é geógrafo, Carlos é estatístico e Eduardo é matemático.

Resolução comentada do exercício nº 95

Vamos resolver esta questão de maneira simples. Vamos supor que, a sentença: "o Carlos não é estatístico" seja verdadeira. Logo, temos que as outras duas sentenças serão falsas automaticamente, pois o exercício assevera que, apenas, uma das três afirmativas é verdadeira. Então, fica assim:

I – Alberto é geógrafo. (Mentira)

II – Carlos não é estatístico. (Verdade)

III – Eduardo não é geógrafo. (Mentira)

Logo, podemos chegar a conclusão que, o Alberto não é geógrafo; o Carlos não é estatístico; e ainda que, o Eduardo é o geógrafo. Vamos agora, refazer o quadro esquematizado, com estas informações novas:

I – Alberto não é geógrafo.

138 RACIOCÍNIO LÓGICO DESCOMPLICADO

II – Carlos não é estatístico.

III – Eduardo é geógrafo.

Vamos resolver esta questão de maneira simples. O quadro esquemático acima, afirma que, o Eduardo é geógrafo e que o Carlos não é estatístico. Então, podemos afirmar que o Carlos é matemático, pois, foi à única profissão restante.

O exercício afirma também que, "o Alberto não é geógrafo", então, só lhe restou o ofício de estatístico. Lembre-se que o Eduardo e o Carlos já tinham profissão definida. Restou, então, ao Alberto ter a profissão de Estatístico. Então, ficou assim:

Alberto – profissão de estatístico.

Carlos – profissão de matemático.

Eduardo – profissão de geógrafo.

A resposta correta é a letra "C"

EXERCÍCIO Nº 96: (Arquivo Nacional) Em um grupo de amigos (Joana, Victor, Maria e Breno), sabe-se que:

– **existem homens que não gostam de dançar;**
– **toda mulher tem computador.**

Leia com atenção as sentenças abaixo:

1 – Joana gosta de dançar e tem computador.

2 – Victor gosta de dançar e tem computador.

3 – Maria não gosta de dançar e não tem computador.

4 – Breno não gosta de dançar e não tem computador.

A(s) única(s) afirmativa(s) que garantimos que seja(m) falsa(s) é (são):

a) 2;

b) 2 e 3;

c) 3;

d) 1 e 4;

e) 4.

Resolução comentada do exercício nº 96

Para facilitar o aprendizado, será necessário organizar as principais informações do exercício:

1. existem homens que não gostam de dançar;
2. toda mulher tem computador.

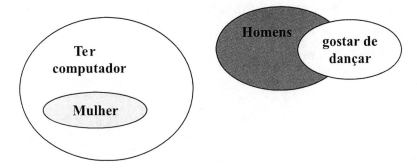

Através do desenho acima, conseguimos perceber que não existe mulher que não tenha um computador. Então, a terceira sentença é falsa, pois afirma que uma mulher (Maria) não tem computador. Um absurdo! Afinal, sabemos que no enunciado do exercício é revelado que, "toda mulher tem computador".

A resposta correta é a letra "C"

EXERCÍCIO Nº 97: (Vunesp) Utilizando-se de um conjunto de hipóteses, um cientista deduz uma predição sobre a ocorrência de um certo eclipse solar. Todavia, sua predição mostra-se falsa. O cientista deve, logicamente, concluir que:

a) todas as hipóteses desse conjunto são falsas;
b) a maioria das hipóteses desse conjunto é falsa;
c) pelo menos uma hipótese desse conjunto é falsa;

d) pelo menos uma hipótese desse conjunto é verdadeira;
e) a maioria das hipóteses desse conjunto é verdadeira.

Resolução comentada do exercício nº 97

Para facilitar o aprendizado, será necessário ilustrar com figuras, para melhor entendimento da solução proposta:

1. **"um cientista deduz uma predição sobre a ocorrência de um certo eclipse solar".**
2. **"Todavia, sua predição mostra-se falsa".**

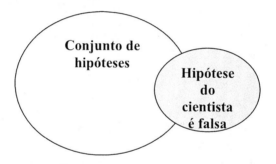

Através do desenho acima, conseguimos perceber ainda que, não temos como afirmar que todas as hipóteses dos cientistas vão ser falsas, pois, não sabemos ainda, o resultado completo de seu estudo. Porém, uma coisa se pode afirmar: "**pelo menos uma hipótese desse conjunto é falsa**". Isto representa dizer que, não existe mais a possibilidade, deste conjunto de hipóteses, ser todo verdadeiro. Afinal, a primeira hipótese testada, mostrou-se falsa.

A resposta correta é a letra "C"

EXERCÍCIO Nº 98: (Nossa Caixa – SP) Em uma cidade, é verdade que "algum físico é desportista" e que "nenhum aposentado é desportista". Portanto, nessa cidade:

a) nenhum aposentado é físico;
b) nenhum físico é aposentado;
c) algum aposentado não é físico;
d) algum físico é aposentado;
e) algum físico não é aposentado.

Resolução comentada do exercício nº 98

Para resolver esta questão se faz necessário ilustrar com figuras, a sentença abaixo:

Primeira sentença: **"nenhum aposentado é desportista"**.

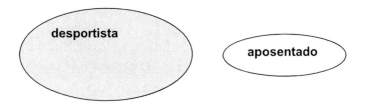

Segunda sentença: **"algum físico é desportista"**

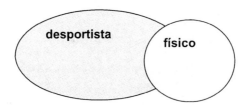

Através do desenho acima, conseguimos perceber que, algum físico não é aposentado. Fica bem claro, que se existe algum físico que seja desportista, logo, por tabela, não poderá ser aposentado. É sabido que não existem desportistas no conjunto de pessoas que se aposentam.

Resumindo, podemos dizer que **algum físico não é aposentado.**

A resposta correta é a letra "E"

EXERCÍCIO Nº 99: (IBGE) Suponha que todos os professores sejam poliglotas e todos os poliglotas sejam religiosos. Pode-se concluir que, se:

a) João é religioso, João é poliglota;
b) Pedro é poliglota, Pedro é professor;
c) Joaquim é religioso, Joaquim é professor;
d) Antônio não é professor, Antônio não é religioso;
e) Cláudio não é religioso, Cláudio não é poliglota.

Resolução comentada do exercício nº 99

Para resolver esta questão se faz necessário ilustrar com figuras, a sentença abaixo:

Primeira sentença: **"todos os professores são poliglotas"**.

Segunda sentença: **"todos os poliglotas são religiosos"**

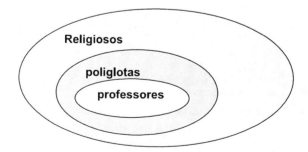

Através do desenho acima, conseguimos perceber que, se todo professor é poliglota, consequentemente, também será religioso. Pense leitor: o conjunto "professores" está contido dentro do conjunto denominado "poliglotas" que também, está contido, dentro do conjunto denominado "religiosos".

Resumindo, podemos dizer que todo professor que é poliglota, também será religioso. Então, se Cláudio não é religioso, também não terá a alcunha de ser nomeado poliglota.

A resposta correta é a letra "E"

EXERCÍCIO Nº 100: (AFR-SP) A proposição "é necessário que todo acontecimento tenha causa" é equivalente a:

a) é possível que algum acontecimento tenha causa;
b) não é possível que algum acontecimento não tenha causa;
c) é necessário que algum acontecimento não tenha causa;
d) não é necessário que todo acontecimento tenha causa;
e) é impossível que algum acontecimento tenha causa.

Resolução comentada do exercício nº 100

Vamos resolver esta questão de maneira simples. O exercício afirma que: **"é necessário que todo acontecimento tenha causa"**.

Então, a única forma de efetuarmos uma proposição equivalente, será negarmos esta possibilidade, ou seja:

"**não é possível que algum acontecimento não tenha causa**"

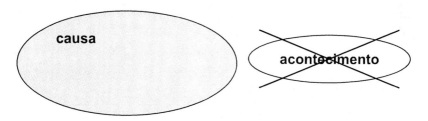

Não existe a possibilidade do conjunto "acontecimento" estar totalmente fora do conjunto "causa". Esta situação acima não é possível, pois, como já sabemos, "todo acontecimento tem causa".

A resposta correta é a letra "B"

EXERCÍCIO Nº 101: (ESAF) Se Carlos é mais velho do que Pedro, então Maria e Julia tem a mesma idade. Se Maria e Julia tem a mesma idade, então João é mais moço do que Pedro. Se João é mais moço do que Pedro, então Carlos é mais velho do que Maria. Ora, Carlos não é mais velho do que Maria. Então:

a) Carlos não é mais velho do que Leila, e João é mais moço do que Pedro.
b) Carlos é mais velho que Pedro, e Maria e Julia tem a mesma idade.
c) Carlos e João são mais moços do que Pedro.
d) Carlos é mais velho do que Pedro, e João é mais moço do que Pedro.
e) Carlos não é mais velho do que Pedro, e Maria e Julia não tem a mesma idade.

Resolução comentada do exercício nº 101

Interessante notar que esse exercício é um labirinto lógico e para sairmos desta situação vamos precisar de uma chave lógica. Esta chave se encontra na seguinte sentença: **"Carlos não é mais velho do que Maria"**. A partir desta chave podemos abrir uma porta lógica. Vamos então testar a primeira chave lógica: **Carlos não é mais velho do que Maria.**

Porta 1

"Se João é mais moço do que Pedro, então Carlos é mais velho do que Maria".

Sabe-se que Carlos não é mais velho do que Maria (primeira chave lógica) e por isso, podemos afirmar também que o João não é mais moço que Pedro. Ao abrir essa porta, conseguimos mais uma chave lógica nova (**João não é mais moço que Pedro**). Com esta nova chave, podemos abrir a segunda porta lógica:

Porta 2

"Se Maria e Julia tem a mesma idade, então João é mais moço do que Pedro".

Sabe-se que João não é mais moço que Pedro (segunda chave lógica) e por isso, podemos afirmar também que Maria e Julia não têm a mesma idade. Ao abrir essa porta, conseguimos mais uma chave lógica nova (**Maria e Julia não têm a mesma idade**). Com esta nova chave, podemos abrir a terceira porta lógica:

Porta 3

"**Se Carlos é mais velho do que Pedro, então Maria e Julia tem a mesma idade**".

Sabe-se que Maria e Julia não têm a mesma idade (terceira chave lógica) e por isso, podemos afirmar também que **Carlos não é mais velho do que Pedro**. Ao abrir essa porta, conseguimos encontrar a solução completa do exercício: **Carlos não é mais velho do que Pedro, e Maria e Julia não tem a mesma idade.**

A resposta correta é a letra "E"

EXERCÍCIO Nº 102: Em uma determinada maternidade estavam num mesmo quarto, cinco mães: Julia, Isabela, Letícia, Carla e Ana, e suas filhas: Patrícia, Roberta, Aline, Sabrina e Bruna, não necessariamente nessa ordem. Os enfermeiros do hospital afirmaram o seguinte:

**I. Se Patrícia é filha de Julia, então Roberta não é filha de Isabela.
II. Roberta é filha de Isabela, ou Aline é filha de Letícia.**

PRIMEIRA PARTE: EXERCÍCIOS COM RESPOSTAS COMENTADAS **147**

III. Se Sabrina não é filha de Carla, então Patrícia é filha de Julia.
IV. Nem Aline é filha de Letícia nem Bruna é filha de Ana.
Com base nessas afirmações, pode-se concluir que:
a) Aline é filha de Letícia, ou Patrícia é filha de Julia.
b) Se Roberta é filha de Isabela, Patrícia é filha de Julia.
c) Sabrina é filha de Carla, e Roberta é filha de Isabela.
d) Sabrina não é filha de Carla, e Roberta é filha de Isabela.
e) Sabrina é filha de Carla, e Patrícia é filha de Julia.

Resolução comentada do exercício nº 102

Vamos supor que a <u>Patrícia não seja filha de Julia</u>. A partir desta constatação podemos chegar a alguma conclusão interessante, se analisarmos a sentença abaixo:

"Se Patrícia é filha de Julia, então Roberta não é filha de Isabela".

Lembre-se leitor quando, afirmamos que a <u>Patrícia não era filha da Julia</u>, então, consequentemente, temos que admitir também que, **<u>a Roberta é filha de Isabela</u>**. Vamos agora, para outra sentença interessante:

"Roberta é filha de Isabela, ou Aline é filha de Letícia".

Lembre-se leitor quando, afirmamos que a <u>Roberta era filha de Isabela</u>, então, consequentemente, temos que admitir também que, <u>a Aline não é filha de Letícia</u>. Afinal, só restou-nos escolher a **opção 1** (Roberta é filha de Isabela). Vamos agora, para outra sentença interessante:

"Se Sabrina não é filha de Carla, então Patrícia é filha de Julia".

Lembre-se leitor quando, afirmamos que a <u>Patrícia não era filha da Julia</u>, então, consequentemente, temos que admitir também que, **<u>a Sabrina é filha da Carla</u>**. Vamos agora, para uma última sentença interessante:

148   RACIOCÍNIO LÓGICO DESCOMPLICADO

"Nem Aline é filha de Letícia nem Bruna é filha de Ana".

Então, fica fácil constatar que nem a Aline pode ser filha de Letícia e, muito menos, a Bruna pode ser a filha de Ana. Logo, abaixo, vamos esquematizar todas as informações que descobrimos, até agora:

a Sabrina é filha da Carla

a Roberta é filha de Isabela

A resposta correta é a letra "C"

EXERCÍCIO Nº 103: Sejam as proposições:

I. Se Ricardo trair a esposa, Juliana ficará magoada.
II. Se Juliana ficar magoada, Ricardo não irá ao jogo.
III. Se Ricardo não for ao jogo, o ingresso não será vendido.
IV. Ora, o ingresso foi vendido.
Portanto, pode-se afirmar que:
a)   Ricardo traiu a esposa e não foi ao jogo.
b)   Ricardo traiu a esposa e foi ao jogo.
c)   Ricardo não traiu a esposa e foi ao jogo.
d)   Ricardo foi ao jogo e Juliana ficou magoada.
e)   Ricardo não foi ao jogo e Juliana não ficou magoada.

Resolução comentada do exercício nº 103

Interessante notar que esse exercício é um labirinto lógico e para sairmos desta situação vamos precisar de uma chave lógica. Esta chave se encontra na seguinte sentença: **"o ingresso foi vendido"**. A partir desta chave podemos abrir uma porta lógica. Vamos então testar a primeira chave lógica: **o ingresso foi vendido.**

Primeira Parte: Exercícios com Respostas Comentadas **149**

Porta 1

"Se Ricardo não for ao jogo, o ingresso não será vendido".

Sabe-se que o ingresso foi vendido (primeira chave lógica) e por isso, podemos afirmar também que o Ricardo foi ao jogo. Ao abrir essa porta, conseguimos mais uma chave lógica nova (**Ricardo foi ao jogo**). Com esta nova chave, podemos abrir a segunda porta lógica:

Porta 2

"Se Juliana ficar magoada, Ricardo não irá ao jogo".

Sabe-se que Ricardo foi ao jogo (segunda chave lógica) e por isso, podemos afirmar também que a Juliana não ficou magoada. Ao abrir essa porta, conseguimos mais uma chave lógica nova (**Juliana não ficou magoada**). Com esta nova chave, podemos abrir a terceira porta lógica:

Porta 3

"Se Ricardo trair a esposa, Juliana ficará magoada".

150 RACIOCÍNIO LÓGICO DESCOMPLICADO

Sabe-se que a Juliana não ficou magoada (terceira chave lógica) e por isso, podemos afirmar também que **o Ricardo não traiu a esposa**. Ao abrir essa porta, conseguimos encontrar a solução completa do exercício: **o Ricardo não traiu a esposa e, ainda, foi ao jogo.**

A resposta correta é a letra "C"

EXERCÍCIO Nº 104: Eduardo, Gustavo, Leonardo e Humberto disputaram uma corrida. Sabe-se que:

I. Leonardo chegou entre Gustavo e Eduardo.
II. Gustavo não chegou numa posição de número par.
III. Humberto foi o primeiro ou o último; se foi o último, chegou logo após Eduardo; e se foi o primeiro, chegou logo à frente de Eduardo.
Com base nessas informações, pode-se concluir que a ordem de chegada, do primeiro para o ultimo, foi:
a) Eduardo, Gustavo, Leonardo e Humberto.
b) Eduardo, Leonardo, Gustavo e Humberto.
c) Humberto, Eduardo, Leonardo e Gustavo.
d) Humberto, Gustavo, Leonardo e Eduardo.
e) Gustavo, Leonardo, Eduardo e Humberto.

Resolução comentada do exercício nº 104

Para resolver esta questão se faz necessário ilustrar com figuras, as sentenças abaixo:

Primeira sentença: **"se Humberto foi o último, chegou logo após Eduardo".**

PRIMEIRA PARTE: EXERCÍCIOS COM RESPOSTAS COMENTADAS   **151**

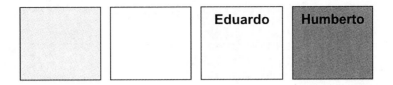

Segunda sentença: **"Leonardo chegou entre Gustavo e Eduardo".**

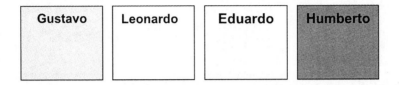

Através da análise das figuras acima, podemos concluir a sequência dos primeiros lugares ficou assim: **1º Gustavo, 2º Leonardo, 3º Eduardo e o ultimo colocado foi o Humberto.**

A resposta correta é a letra "E"

EXERCÍCIO Nº 105: Um supermercado comercializa 4 produtos distintos com prazos de validades diferentes. Sabe-se que:

I. O mel tem 1 mês de validade a mais que o creme de leite;
II. O sorvete tem 1 mês a mais de validade que o mel;
III. O panetone tem 3 meses de validade a mais que o mel.

A ordem dos produtos, de acordo com a expiração do prazo de validade é:
a) creme de leite, sorvete, mel e panetone.
b) creme de leite, mel, sorvete e panetone.
c) sorvete, mel, creme de leite e panetone.
d) mel, creme de leite, panetone e sorvete.
e) panetone, sorvete, mel e creme de leite.

Resolução comentada do exercício nº 105

Para resolver esta questão se faz necessário ilustrar com figuras, as sentenças abaixo:

Primeira sentença: **"O mel (A) tem prazo de validade maior que o creme de leite (B)"**.

A segunda sentença fica assim: **"O panetone (C) tem prazo de validade maior que o mel (A)"**.

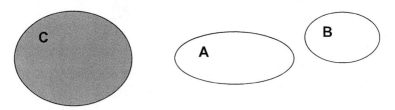

A Terceira sentença fica assim: **"O sorvete (D) tem prazo de validade maior que o mel (A) e menor que o panetone (C)"**.

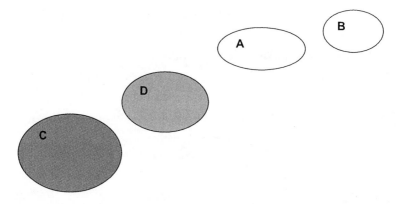

PRIMEIRA PARTE: EXERCÍCIOS COM RESPOSTAS COMENTADAS   **153**

Resumindo, podemos dizer que, se o panetone tem prazo de validade maior que o sorvete, consequentemente, também terá prazo maior que o mel e o creme de leite. Isto tudo é uma sequência de grandezas lógico-matemáticas:

C > D > A > B, ou seja, prazo de validade do panetone(C), maior que o prazo de validade do sorvete (D),...e assim por diante! A ordem dos produtos com expiração de prazo de validade, vai do menor prazo para o maior, será: **creme de leite, mel, sorvete e panetone.**

A resposta correta é a letra "B"

EXERCÍCIO Nº 106: Na cidade de Curitiba-PR chove ou faz sol. Se chove, há enchente; porém se faz sol, há seca. Assim, uma conclusão possível e a de que nessa região:

a) há seca.
b) há enchente.
c) há tempos de seca e de enchente.
d) há tempos de seca ou de enchente.
e) há apenas enchente.

Resolução comentada do exercício nº 106

Uma conclusão muito simples pode-se tirar desta questão: o clima e a temperatura no mundo estão cada vez mais alterados. No exemplo acima, a cidade de Curitiba, sofre com uma terrível complicação no clima urbano:

Quando chove, há enchente.

Quando faz sol, há seca.

Então, pode-se dizer que a cidade sempre está passando por dificuldades climáticas, seja na chuva ou no sol, Curitiba está sempre em apuros: **ou há tempos de seca, ou de enchente**. Sendo assim, o planejamento urbano deve ser mudado, para que a cidade possa sobreviver em tempos de chuva ou sol. Um exemplo hipotético, mas que revela a preocupação, do ora autor, com a preservação do planeta terra, maravilha criada por Deus.

A resposta correta é a letra "D"

EXERCÍCIO Nº 107: Todo político é desonesto. Alguns desonestos são punidos. Portanto, pode-se afirmar que:

a) alguns punidos são desonestos.
b) nenhum político é desonesto.
c) nenhum punido é político.
d) todo político é punido.
e) todo punido é político.

Resolução comentada do exercício nº 107

Para resolver esta questão se faz necessário ilustrar com figuras, a sentença abaixo:

Primeira sentença: **"Todo político é desonesto"**.

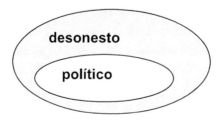

Segunda sentença: **"Alguns desonestos são punidos"**.

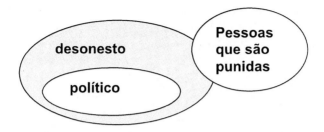

Resumindo, podemos dizer que, todo político pertence à classe dos desonestos, e, consequentemente, alguns destes, também farão parte da classe de pessoas que são punidas. Lembre-se que, **alguns punidos têm que pertencer à classe dos desonestos**! Uma justiça verdadeira, somente acontecerá quando as pessoas que sofrerem punição forem realmente desonestas.

A resposta correta é a letra "A"

EXERCÍCIO Nº 108: A negação da proposição "Todo Homem brasileiro dirige bem"; é:

a) "Existem mulheres brasileiras que dirigem bem".
b) "Existe um Homem brasileiro que dirige bem".
c) "Existe pelo menos um Homem brasileiro que dirige bem".
d) "Existe pelo menos um Homem brasileiro que não dirige bem".
e) "Todas as mulheres brasileiras dirigem bem".

Resolução comentada do exercício nº 108

Para resolver esta questão se faz necessário ilustrar com figuras, a sentença abaixo:

Primeira sentença: **"Todo Homem brasileiro dirige bem"**.

A única forma de negar a sentença acima, é questionar o conteúdo dela. Por exemplo, podem-se colocar dúvidas sobre a afirmação: "Todo Homem brasileiro dirige bem". Para isto, **basta apenas que exista algum Homem, brasileiro, e que não dirija bem.** Veja como fica o esquema abaixo, com esta nova sentença:

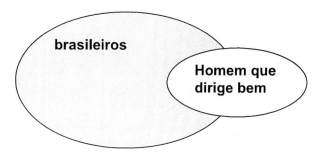

A resposta correta é a letra "D"

EXERCÍCIO Nº 109: Um professor de Lógica percorre uma estrada que liga, em linha reta, as cidades Alfa, Beta e Gama. Em Alfa, ele avista dois sinais com as seguintes indicações: "Beta a 5 km" e "Gama a 7 km". Sabe-se que Beta é um atalho para se chegar até Gama. Isto quer dizer, que se o professor passar pela estrada Beta, economizará tempo e poderá fazer um desconto na Kilometragem. O professor de Lógica pode concluir, portanto, que a verdadeira distância, em quilômetros, entre Beta e Gama será:

a) 6;
b) 5;
c) 4;
d) 3;
e) 2.

Resolução comentada do exercício nº 109

Para fins de um melhor aprendizado na matéria lógica, vamos supor que existem três cidades vizinhas: Vitória (Alfa), Vila Velha (Beta) e Guarapari (Gama). Vamos agora, supor que a afirmação abaixo, é verdadeira:

"Em Alfa, ele avista dois sinais com as seguintes indicações: 'Beta a 5 km' e 'Gama a 7 km'".

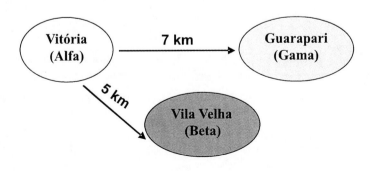

Sabendo que a distancia entra Vitória (Alfa) e Vila Velha (Beta) é de 5 km, podemos descobrir qual a distancia de outros trechos. Por exemplo, como Vila Velha (Beta) é também, um atalho para chegar a Guarapari (Gama), temos que a distancia que falta percorrer é de apenas, 2 (dois) Kilometros, conforme figura abaixo:

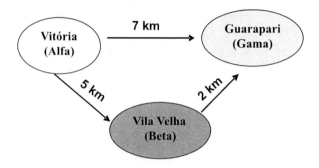

Portanto, as verdadeiras distâncias, em quilômetros, entre Beta e Gama, são, respectivamente: 2 kilometros.

A resposta correta é a letra "E"

EXERCÍCIO Nº 110: (TRF) Se todos os nossos atos têm causa, então não há atos livres. Se não há atos livres, então todos os nossos atos têm causa. Logo:

a) alguns atos não têm causa se não há atos livres;
b) todos os nossos atos têm causa e somente se há atos livres;
c) todos os nossos atos têm causa se e somente se não há atos livres;
d) todos os nossos atos não têm causa se e somente se não há atos livres;
e) alguns atos são livres se e somente se todos os nossos atos têm causa.

Resolução comentada do exercício nº 110

Para resolver esta questão se faz necessário ilustrar com figuras, as sentenças abaixo:

Primeira sentença: **"Se todos os <u>nossos atos(A)</u> têm <u>causa(B)</u>, então não há <u>atos livres(C)</u>".**

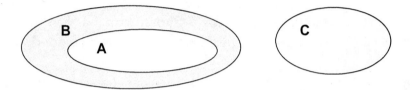

Segunda sentença: **"Se não há <u>atos livres(C)</u>, então todos os <u>nossos atos(A)</u> têm <u>causa(B)</u>".**

Observe que se faz necessário que exista o conjunto de atos livres, para que todos os nossos atos tenham causa. O fato do conjunto "C" existir vem possibilitar, uma comparação lógica mais correta (afirmação de liberdade x negação de liberdade). Ou os atos estão livres (conjunto "C") ou não serão livres e estarão presos dentro do conjunto "B". Então todos os nossos atos têm causa e, somente se existe atos livres (conjunto "C").

A resposta correta é a letra "B"

160   RACIOCÍNIO LÓGICO DESCOMPLICADO

EXERCÍCIO N° 111: (TRT-PE) Uma turma de alunos de um curso de direito reuniu-se em um restaurante para um jantar de confraternização e coube a Francisco receber de cada um a quantia a ser paga pela participação. Desconfiado que Augusto, Berenice e Carlota, não tinham pago as suas respectivas partes, Francisco conversou com os três e obteve os seguintes depoimentos:

Augusto: Não é verdade que Berenice pagou ou Carlota não pagou;

Berenice: Se Carlota pagou, então Augusto também pagou;

Carlota: Eu paguei, mas sei que pelo menos um dos dois outros não pagou.

Considerando que os três falaram a verdade, é correto afirmar que:

a)   apenas Berenice não pagou a sua parte;

b)   apenas Carlota não pagou a sua parte;

c)   Augusto e Carlota não pagaram suas partes;

d)   Berenice e Carlota pagaram suas partes;

e)   os três pagaram suas partes.

Resolução comentada do exercício n° 111

Interessante notar que esse exercício é um labirinto lógico e para sairmos desta situação vamos precisar de uma chave lógica. Esta chave se encontra na seguinte sentença: **"Carlota pagou o jantar"**. A partir desta chave podemos abrir uma porta lógica. Vamos então testar a primeira chave lógica: **Carlota pagou o jantar.**

Porta 1

"**Se Carlota pagou, então Augusto também pagou**".

Sabe-se que Carlota pagou o jantar (primeira chave lógica) e por isso, podemos afirmar também que o Augusto também pagou o jantar. Ao abrir essa porta, conseguimos mais uma chave lógica nova (**Augusto também pagou o jantar**). Com esta nova chave, podemos abrir a segunda porta lógica:

Porta 2

"**pelo menos um dos dois outros(Berenice ou Augusto) não pagou**".

Sabe-se que Augusto pagou o jantar (segunda chave lógica) e por isso, podemos afirmar também que a Berenice não pagou o jantar. Não restou outra opção, pois, já sabíamos que pelo menos uma das três pessoas era culpada. Se não foi o Augusto e nem a Carlota, logo, se conclui que foi a Berenice que não pagou o jantar!

A resposta correta é a letra "A"

EXERCÍCIO Nº 112: (ICMS-SP) Todo A é B, e todo C não é B, portanto:

a) algum A é C;
b) nenhum A é C;
c) nenhum A é B;
d) algum B é C;
e) nenhum B é A.

Resolução comentada do exercício nº 112

Para resolver esta questão se faz necessário ilustrar com figuras, a sentença abaixo:

Primeira sentença: **"Todo A é B"**.

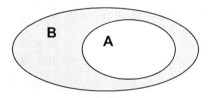

Segunda sentença: **"Todo C não é B"**.

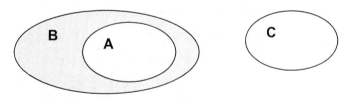

É muito mais fácil resolver este tipo de exercício, através de desenhos, por isso que sempre resolvo ilustrar cada detalhe lógico. Bom, a verdade é que se todo conjunto "A" está dentro do conjunto "B", temos uma ligação padrão. Como o conjunto "C" não está ligado ao "B", por conseguinte, também não estará ligado ao conjunto "A". Portanto, **nenhum "A" é "C"**.

Vamos facilitar o entendimento do exercício, ao comparar o conjunto "A", com um bebê e o conjunto "B" com a barriga de uma mulher gestante. Até que se complete o tempo de gravidez o conjunto "A" (bebê) não vai se separar nunca do conjunto "B"(mãe). O conjunto "C" representa o conjunto de médicos, que espera ansiosamente o nascimento, deste bebê, para cortar o cordão umbilical e poder armazenar as células-tronco do bebê, pensando no seu futuro. Um avanço da ciência, obter através do cordão umbilical, toda célula tronco necessária, para efetuar algum procedimento médico, que beneficie sua saúde física, no futuro.

A resposta correta é a letra "B"

EXERCÍCIO Nº 113: (Nossa Caixa) Todo torcedor do time A é fanático. Existem torcedores do time B que são fanáticos. Marcos torce pelo time A e Paulo é fanático. Pode-se, então, afirmar que:

a) Marcos é fanático e Paulo torce pelo time A;
b) Marcos é fanático e Paulo torce pelo time B;
c) Marcos também torce pelo time B e Paulo torce pelo time A;
d) Marcos também torce pelo time B e o time de Paulo pode não ser A nem B;
e) Marcos é fanático e o time de Paulo pode não ser A nem B.

Resolução comentada do exercício nº 113

Para resolver esta questão se faz necessário ilustrar com figuras, a sentença abaixo:

Primeira sentença: **"Todo torcedor do time A é fanático".**

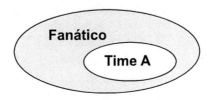

Segunda sentença: **"Existem torcedores do time B que são fanáticos".**

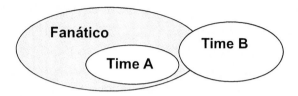

Se Marcos torce pelo time A, então com certeza é fanático. Afinal, sabe-se que todo individuo que torce pelo time A, será considerado fanático. Então, Marcos é fanático!

Se Paulo é fanático, isto não quer dizer nada! Não se pode tirar uma conclusão lógica deste fato. **Na verdade, o Paulo pode não ser time A nem B**. Paulo pode ser fanático e torcer por um time C, por exemplo. Não temos como provar que Paulo é fanático porque torce pelo time A. Esta conclusão seria improvável!

A resposta correta é a letra "E"

EXERCÍCIO Nº 114: (Nossa Caixa) Todos os estudantes de medicina são estudiosos. Alguns estudantes de medicina são corintianos. Baseando-se apenas nessas duas afirmações, pode-se concluir que:

a) Nenhum estudioso é corintiano.
b) Nenhum corintiano é estudioso.
c) Todos os corintianos são estudiosos.
d) Todos os estudantes de medicina são corintianos.
e) Existem estudiosos que são corintianos.

Resolução comentada do exercício nº 114

Para resolver esta questão se faz necessário ilustrar com figuras, a sentença abaixo:

Primeira sentença: **"Todos os estudantes de medicina são estudiosos"**.

Segunda sentença: **"Alguns estudantes de medicina são corintianos"**.

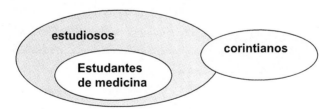

Se alguns corintianos estudam medicina, consequentemente, também serão considerados estudiosos. Afinal, todo estudante de medicina é estudioso, mesmo se for corintiano. **Então existem indivíduos estudiosos que são corintianos.**

A resposta correta é a letra "E"

166 RACIOCÍNIO LÓGICO DESCOMPLICADO

EXERCÍCIO Nº 115: (TRF) Se Lucia é pintora, então ela é feliz. Portanto:

a) Se Lucia não é feliz, então ela não é pintora.
b) Se Lucia é feliz, então ela é pintora.
c) Se Lucia é feliz, então ela não é pintora.
d) Se Lucia não é pintora, então ela é feliz.
e) Se Lucia é pintora, então ela não é feliz.

Resolução comentada do exercício nº 115

Para resolver esta questão basta apenas analisarmos a sentença: **"Se Lucia é pintora, então ela é feliz"**. È muito importante perceber que, a Lucia ser feliz é condição necessária, para que ela tenha a profissão de pintora. Então, se a Lucia não é feliz, consequentemente, esta condição necessária foi quebrada, e por isso, ela também, não terá o ofício de pintora.

A resposta correta é a letra "A"

EXERCÍCIO Nº 116: (TRF) Considere que as sentenças abaixo são verdadeiras. Se a temperatura está abaixo de 5º, há nevoeiro. Se há nevoeiro, os aviões não decolam. Assim sendo, também é verdadeira a sentença:

a) Se não há nevoeiro, os aviões decolam.
b) Se não há nevoeiro, a temperatura está igual ou acima de 5º.
c) Se os aviões não decolam, então há nevoeiro.
d) Se há nevoeiro, então a temperatura está abaixo de 5º.
e) Se a temperatura está igual ou acima de 5º os aviões decolam.

PRIMEIRA PARTE: EXERCÍCIOS COM RESPOSTAS COMENTADAS **167**

Resolução comentada do exercício nº 116

Para resolver esta questão basta apenas analisarmos a sentença: **"Se a temperatura está abaixo de 5º, há nevoeiro". "Se
há nevoeiro, os aviões não decolam".**

É muito importante perceber que o avião não decolar, é uma condição necessária, para ter nevoeiro. Isto representa dizer que se
o avião for autorizado a decolar, é porque não há nevoeiro.

É interessante ressaltar que ter nevoeiro é condição necessária,
para encontrarmos a temperatura abaixo de 5º. Então, quando
não temos nevoeiro, é porque essa condição necessária foi quebrada e sendo assim, a temperatura ficará igual ou acima de 5º.

A resposta correta é a letra "B"

**EXERCÍCIO Nº 117: (TRF) Se Rodolfo é mais alto que Guilherme,
então Heloísa e Flávia têm a mesma altura. Se Heloísa e Flávia têm
a mesma altura, então Alexandre é mais baixo que Guilherme. Se
Alexandre é mais baixo que Guilherme, então Rodolfo é mais alto
que Heloísa. Ora, Rodolfo não é mais alto que Heloísa. Logo:**

a) Rodolfo não é mais alto que Guilherme, e Heloísa e Flávia não tem
a mesma altura.

b) Rodolfo é mais alto que Guilherme, e Heloísa e Flávia têm a mesma altura.

c) Rodolfo não é mais alto que Flávia, e Alexandre é mais baixo que
Guilherme.

d) Rodolfo e Alexandre são mais baixos que Guilherme.

e) Rodolfo é mais alto que Guilherme, e Alexandre é mais baixo que
Heloísa.

Resolução comentada do exercício nº 117

Interessante notar que esse exercício é um labirinto lógico e para sairmos desta situação vamos precisar de uma chave lógica. Esta chave se encontra na seguinte sentença: **"Rodolfo não é mais alto que Heloísa"**. A partir desta chave podemos abrir uma porta lógica. Vamos então testar a primeira chave lógica: **Rodolfo não é mais alto que Heloísa.**

Porta 1

"Se Alexandre é mais baixo que Guilherme, então Rodolfo é mais alto que Heloísa".

Sabe-se Rodolfo não é mais alto que Heloísa (primeira chave lógica) e por isso, podemos afirmar também que o Alexandre não é mais baixo que Guilherme. Ao abrir essa porta, conseguimos mais uma chave lógica nova (**Alexandre não é mais baixo que Guilherme**). Com esta nova chave, podemos abrir a segunda porta lógica:

Porta 2

"Se Heloísa e Flávia têm a mesma altura, então Alexandre é mais baixo que Guilherme".

Sabe-se que Alexandre não é mais baixo que Guilherme (segunda chave lógica) e por isso, podemos afirmar também que Heloísa e Flávia não têm a mesma altura. Ao abrir essa porta, conseguimos mais uma chave lógica nova (**Heloísa e Flávia não têm a mesma altura**). Com esta nova chave, podemos abrir a terceira porta lógica:

Porta 3

"Se Rodolfo é mais alto que Guilherme, então Heloísa e Flávia têm a mesma altura".

Sabe-se que Heloísa e Flávia não têm a mesma altura (terceira chave lógica) e por isso, podemos afirmar também que **o Rodolfo não é mais alto que Guilherme**. Ao abrir essa porta, conseguimos encontrar a solução completa do exercício: **o Ricardo não traiu a esposa e, ainda, foi ao jogo.**

A resposta correta é a letra "A"

EXERCÍCIO Nº 118: (TRF) Algum X é Y. Todo X é Z. Logo:

a) algum Z é Y.
b) algum X é Z.
c) todo Z é X.
d) todo Z é Y.
e) algum X é Y.

Resolução comentada do exercício nº 118

Para resolver esta questão se faz necessário ilustrar com figuras, a sentença abaixo:

Primeira sentença: **"Todo X é Z"**.

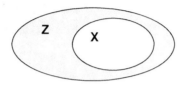

Segunda sentença: **"Algum X é Y"**.

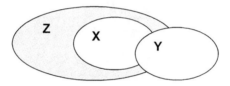

Bom, a verdade é que se todo conjunto "X" está dentro do conjunto "Z", temos uma ligação padrão. Se algum item do conjunto "Y" está ligado ao conjunto "X", consequentemente, estará ligado ao conjunto "Z". **Então, algum Z é Y.**

A resposta correta é a letra "A"

EXERCÍCIO Nº 119: (TRF) **Todos os macerontes são torminodoros. Alguns macerontes são momorrengos. Logo:**

a) Todos os momorrengos são torminodoros.
b) Alguns torminodoros são momorrengos.
c) Todos os torminodoros são macerontes.
d) Alguns momorrengos são pássaros.
e) Todos os momorrengos são macerontes

Resolução comentada do exercício nº 119

Para resolver esta questão se faz necessário ilustrar com figuras, a sentença abaixo:

Primeira sentença: **"Todos os macerontes são torminodoros".**

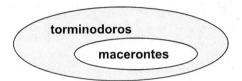

Segunda sentença: **"Alguns macerontes são momorrengos".**

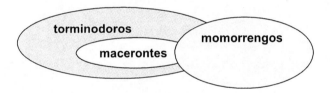

Bom, a verdade é que se todo "macerontes" pertence ao conjunto de "torminodoros", temos uma ligação padrão. Se o conjunto "momorrengos" está ligado ao conjunto de "macerontes", consequentemente estará ligado ao conjunto de "torminodoros". Então, **alguns torminodoros são momorrengos.**

A resposta correta é a letra "B"

EXERCÍCIO Nº 120: (TRF) Se todos os jaguadartes são momorrengos e todos os momorrengos são cronópios. Então, pode-se concluir que:

a) É possível existir um jaguadarte que não seja momorrengo.
b) É possível existir um momorrengo que não seja jaguadarte.

c) Todos os momorrengos são jaguadartes.
d) É possível existir um jaguadarte que não seja cronópio.
e) Todos os cronópios são jaguadartes.

Resolução comentada do exercício nº 120

Para resolver esta questão se faz necessário ilustrar com figuras, a sentença abaixo:

Primeira sentença: **"Todos os jaguadartes são momorrengos"**.

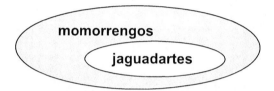

Segunda sentença: **"todos os momorrengos são cronópios"**.

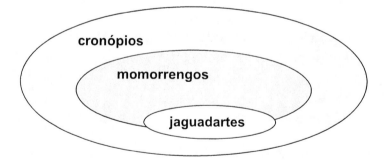

É possível existir um momorrengo que não seja jaguadarte. Porém, não é possível que ocorra o inverso, ou seja, um jaguadarte que não pertença ao grupo dos momorrengos. Afinal, "os jaguadartes" estão totalmente imersos, dentro da enorme classe dos momorrengos.

A resposta correta é a letra "B"

EXERCÍCIO Nº 121: (TRF) Se "alguns poetas são nefelibatas" e "Todos os nefelibatas são melancólicos", então, necessariamente:

a) Todo melancólico é nefelibata.
b) Todo nefelibata é poeta.
c) Algum poeta é melancólico.
d) Nenhum melancólico é poeta.
e) Nenhum poeta não é melancólico.

Resolução comentada do exercício nº 121

Para resolver esta questão se faz necessário ilustrar com figuras, as sentenças abaixo:

Primeira sentença: **"Todos os nefelibatas são melancólicos"**.

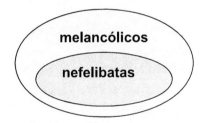

Segunda sentença: **"alguns poetas são nefelibatas"**.

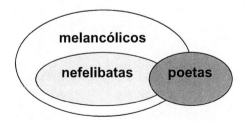

Bom, a verdade é que se todo conjunto "nefelibatas" está dentro do conjunto de "melancólicos", temos uma ligação padrão. Como o conjunto de "poetas", tem algumas pessoas que pertencem ao conjunto de "nefelibatas", consequentemente, também, pertencerá ao conjunto de melancólicos. Então, **algum poeta é melancólico.**

A resposta correta é a letra "C".

EXERCÍCIO Nº 122: (TRF) Partindo das premissas:

(1) Todo advogado é sagaz.
(2) Todo advogado é formado em direito.
(3) Roberval é sagaz.
(4) Sulamita é juíza.
Pode-se concluir que:
a) Há pessoas formadas em direito que são sagazes.
b) Roberval é advogado.
c) Sulamita é sagaz.
d) Roberval é promotor.
e) Sulamita e Roberval são casados.

Resolução comentada do exercício nº 122

Para resolver esta questão se faz necessário ilustrar com figuras, as sentenças abaixo:

Primeira sentença: **"Todo advogado é sagaz".**

Segunda sentença: **"Todo advogado é formado em direito".**

Primeira Parte: Exercícios com Respostas Comentadas

Pode-se concluir que no grupo de pessoas que formaram em direito, temos também advogados. Ora, se existem advogados neste grupo; é lógico que também terão pessoas sagazes. Então **há pessoas formadas em direito que são sagazes.**

A resposta correta é a letra "A".

EXERCÍCIO Nº 123: (TRF) Certo dia, três técnicos distraídos, André, Bruno e Carlos, saíram do trabalho e cada um foi a um local antes de voltar para casa. Mais tarde, ao regressarem para casa, cada um percebeu que havia esquecido um objeto no local que havia estado. Sabe-se que:

- **Um deles esqueceu o guarda-chuva no bar e outro, a agenda na pizzaria;**
- **André esqueceu um objeto na casa da namorada;**
- **Bruno não esqueceu a agenda e nem a chave de casa.**

É verdade que:
a) Carlos foi a um bar.
b) Bruno foi a uma pizzaria.
c) Carlos esqueceu a chave de casa.
d) Bruno esqueceu o guarda chuva.
e) André esqueceu a agenda.

176 Raciocínio Lógico Descomplicado

Resolução comentada do exercício nº 123

Para resolver esta questão, se faz necessário organizar as principais informações fornecidas, até o momento:

Objeto	Lugar onde esqueceu	Quem esqueceu
agenda	pizzaria	**Carlos**
guarda-chuva	bar	**Bruno**
chave	casa da namorada	André

Agora, preste muita atenção na afirmativa que segue: "Bruno não esqueceu a agenda e nem a chave de casa". Através desta informação podemos concluir que a única opção que restou, foi o **Bruno** ter esquecido o guarda-chuva. Ao André também, não restou alternativa, pois, se a agenda não foi esquecida por ele, e nem o guarda-chuva, sobrou para o André, então, ter esquecido a **chave**. Este é o único objeto que ele pode ter esquecido.

Para completar o quadro esquematizado, é preciso ainda, incluir o nome do **Carlos**. Este feito acontecerá por eliminação. Afinal, não restou mais possibilidade lógica, para preencher o quadro esquematizado.

A resposta correta é a letra "D"

PRIMEIRA PARTE: EXERCÍCIOS COM RESPOSTAS COMENTADAS **177**

EXERCÍCIO Nº 124: (TRF) Três irmãos, Huguinho, Zezinho e Luizinho, estão sentados lado a lado em um cinema. Luizinho nunca fala a verdade, Zezinho às vezes fala a verdade e Huguinho sempre fala a verdade. Quem está sentado à direita diz: "Luizinho está sentado no meio". Quem está sentado no meio diz: "Eu sou Zezinho". Por fim, quem está sentado à esquerda diz: "Huguinho está sentado no meio". Quem está sentado à direita, quem está sentado no meio e quem está sentado à esquerda são, respectivamente:

a) Zezinho, Huguinho e Luizinho.
b) Luizinho, Zezinho e Huguinho.
c) Huguinho, Luizinho e Zezinho.
d) Luizinho, Huguinho e Zezinho.
e) Zezinho, Luizinho e Huguinho.

Resolução comentada do exercício nº 124

Vamos iniciar a compreensão do exercício, através de uma lógica simples:

Huguinho: Sempre diz a Verdade

Luizinho: Sempre Mente

Zezinho: Às vezes mente e às vezes diz a verdade

Vamos agora analisar as três afirmações, para identificar quem estará mentindo:

Quem está sentado à esquerda diz: **"Huguinho está sentado no meio"**:

Quem está sentado à direita diz: **"Luizinho está sentado no meio"**

Quem está sentado no meio diz: **"Eu sou Zezinho".**

Como podemos observar, existe um conflito de opiniões. Todos os três irmãos afirmam com convicção que sabem, quem está

178   RACIOCÍNIO LÓGICO DESCOMPLICADO

ocupando a posição do meio. Se todas as opiniões são destoantes, chaga-se a conclusão lógica, que somente um dos três, está realmente falando a verdade.

Vamos supor ser verdade que, "**Luizinho está sentado no meio**". Com base nesta afirmação, pode-se chegar à conclusão de que quem está sentado à direita disse a verdade. Àquele que sempre diz a verdade, só pode ser o **Huguinho**, e por isso, está **sentado à direita**. Àqueles que estão sentados à esquerda e no meio são mentirosos, pois, suas opiniões estão erradas. Afinal, nem o Zezinho e nem o Huguinho estão sentados no meio. É verdade que, àquele que está sentado à esquerda se refere em terceira pessoa, quando se dirige ao seu irmão, e sendo assim, só pode ser o Zezinho. Sabe-se que ninguém pode falar sobre si mesmo, na terceira pessoa do singular. Então, temos que:

Huguinho – diz a verdade – está sentado à direita.

Luizinho – diz uma mentira – está sentado no meio.

Zezinho – diz uma mentira – está sentado à esquerda.

A resposta correta é a letra "C"

EXERCÍCIO Nº 125: (TRF) Considere a sequência (C, E, G, F, H, J, I, L, N, M, O, Q, ...) foi formada a partir de certo critério. Se o alfabeto é o oficial, que tem 23 letras, então, de acordo com esse critério, a próxima letra dessa sequência deve ser:

a) P.
b) R.
c) S.
d) T.
e) U.

Resolução comentada do exercício nº 125

Para facilitar o aprendizado, será necessário citar, a sequência de letras, proposta pelo exercício:

(C, **E, G,** F, H, J, I, **L, N, M,** O, Q, ...)

Vamos analisar, agora, o <u>trio</u> sequencial de letras, sugerido como uma das soluções do exercício:

<u>EGF</u> – as duas ultimas letras estão trocadas.

H<u>JI</u> – as duas ultimas letras estão trocadas.

L<u>NM</u> – as duas ultimas letras estão trocadas.

O<u>**QP**</u> **– as duas ultimas letras estão trocadas.**

Como podemos perceber, têm duas letras trocadas no fim de cada trio sequencial. Por exemplo, a primeira sequência: <u>EGF</u> deveria ser escrita de forma correta, ou seja, **EFG.** Este tipo de erro de escrita se repete nas sequenciais posteriores: **HJI, LNM, OQP.**

<u>Observação:</u> O trabalho do autor é transportar o aprendizado teórico, para a vida social de cada aluno. Então, para facilitar o aprendizado, será interessante imaginar que um teclado de computador está velho, e por isso, algumas letras saem trocadas, no momento de digitação. Este tipo de exemplo, é uma forma de entender que o raciocínio lógico, pode ser utilizado, em vários momentos na vida.

A resposta correta é a letra "A"

EXERCÍCIO Nº 126: (TRF) Assinale a alternativa que completa a série seguinte: C3, 6G, L10, ...

a) C4.
b) 13M.
c) 9I.
d) 15R.
e) 6Y.

Resolução comentada do exercício nº 126

Para facilitar o aprendizado, será necessário citar, a sequência de letras, proposta pelo exercício:

(C3, 6G, L10, ...)

Vamos analisar, agora, a sequência de letras, como se fosse um jogo de tabuleiro, onde as "letras" e os "números" são duas peças, que andam de casa em casa, até chegar ao fim do tabuleiro e ganhar o jogo:

Posição inicial: C3 — as letras andam quatro casas, ou seja, vai do "C" até o "G".
— os números andam três casas, ou seja, vai do "3" até o "6".

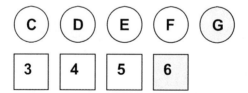

Posição final: 6G

Posição inicial: 6G — as letras andam cinco casas, ou seja, vai do "G" até o "L".
— os números andam quatro casas, ou seja, vai do "6" até o "10".

PRIMEIRA PARTE: EXERCÍCIOS COM RESPOSTAS COMENTADAS   **181**

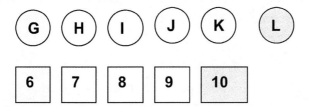

Posição final: L10

Posição inicial: L10 – as letras andam seis casas, ou seja, vai do "L" até o "R".
– os números andam cinco casas, ou seja, vai do "10" até o "15".

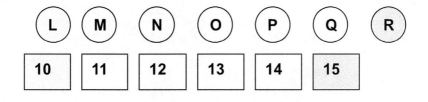

Posição final: 15R

Como se pode perceber, as "letras" e os "números" não aumentam na mesma proporção. Se fosse num jogo de tabuleiro, poderíamos afirmar que o grupo das "letras", andam sempre uma casa a mais que o grupo dos números. Conforme, exemplo abaixo:

(C3, 6G, L10, **15R**, Y21...)

A resposta correta é a letra "D"

182 RACIOCÍNIO LÓGICO DESCOMPLICADO

EXERCÍCIO Nº 127: (TRF) Segundo um determinado critério, foi construída a sucessão seguinte em cada termo é composto de um número seguido de uma letra:

A1 – E2 – B3 – F4 – C5 – G6 – ...
Considerando que no alfabeto usado são excluídas as letras K, Y e W, então, de acordo com o critério estabelecido, a letra que deverá anteceder o número 12 é:

a) J.
b) L.
c) M.
d) N.
e) O.

Resolução comentada do exercício nº 127

Pode-se afirmar que, a sequência de números nunca muda, ou seja, começa no 1, e vai até o 12, conforme pedido no exercício. Para facilitar o aprendizado, será necessário citar, a sequência de letras, proposta pelo exercício:

A1 – **E2** – **B3** – F4 – **C5** – **G6** – ...

Agora, peço ao leitor que possa perceber que, as letras obedecem dois tipos de sequências lógicas: a primeira se inicia com a letra "A" e a segunda sequência lógica se inicia com a letra "E". Veja exemplo, abaixo:

<u>**Primeira sequência lógica:**</u>

A1 – E2 – **B**3 – F4 – **C**5 – G6 – ...

<u>Segunda sequência lógica:</u>

A1 – **E**2 – B3 – **F**4 – C5 – **G**6 – ...

Primeira Parte: Exercícios com Respostas Comentadas **183**

Sabendo como funciona o sistema lógico do exercício, vamos, então, completar o resto da sequência, até que possa chegar ao número 12:

A1 – **E**2 – B3 – **F**4 – C5 – **G**6 – D7 – **H**8 – E9 – I10 – F11 – **J**12 ...

Pode-se concluir que a letra que deverá anteceder o número 12 é "**J**".

A resposta correta é a letra "A"

EXERCÍCIO Nº 128: (TRF) Assinale a alternativa que completa a série seguinte: 9, 16, 25, 36...

a) 45

b) 49

c) 61

d) 63

e) 72

Resolução comentada do exercício nº 128

Pode-se afirmar que, a sequência de números nunca muda, ou seja, sempre teremos, um número elevado ao quadrado:

$$9, 16, 25, 36$$
$$ou$$
$$3^2, 4^2, 5^2, 6^2$$

Pode-se perceber que para completar a sequência acima basta dar continuidade, ao raciocínio lógico-matemático:

$3^2, 4^2, 5^2, 6^2, 7^2$

Então, o número que completa a série é (7^2), ou seja, 49.

A resposta correta é a letra "B"

184 RACIOCÍNIO LÓGICO DESCOMPLICADO

EXERCÍCIO Nº 129: (TRF) Regina e Roberto viajaram recentemente e voltaram três dias antes do dia depois do dia de antes de amanhã. Hoje é terça-feira. Em que dia Regina e Roberto voltaram?

a) quarta-feira
b) quinta-feira
c) sexta-feira
d) sábado
e) domingo

Resolução comentada do exercício nº 129

Vamos resolver este exercício, analisando e dividindo algumas partes, da sentença que vem a seguir: **"voltaram três dias antes do dia depois do dia de antes de amanhã. Hoje é terça-feira".**
Sentença1: hoje é terça-feira

> **TERÇA**

Sentença2: antes de amanhã = antes de quarta = terça-feira

> **TERÇA**

Sentença3: depois do dia de antes de amanhã = depois de terça = quarta-feira.

> **QUARTA**

PRIMEIRA PARTE: EXERCÍCIOS COM RESPOSTAS COMENTADAS **185**

Sentença4: <u>três dias antes do dia depois do dia de antes de amanhã</u> = três dias antes de quarta = **Domingo.**

DOMINGO

Em resumo, pode-se afirmar que Regina e Roberto voltaram no domingo.

A resposta correta é a letra "E"

EXERCÍCIO Nº 130: (TRT) Considere a sequência: (16, 18, 9, 12, 4, 8, 2, X).

Se os termos dessa sequência obedecem a uma lei de formação, o termo X deve ser igual a:
a) 12;
b) 10;
c) 9;
d) 7;
e) 5.

Resolução comentada do exercício nº 130

Para facilitar o aprendizado, será necessário citar, a sequência de números, proposta pelo exercício:

$$(16, 18, 9, 12, 4, 8, 2, X)$$

Vamos analisar, novamente, a sequência de números, dividida em duplas, para encontrar a melhor solução para o exercício:

$$(16, 18,.. 9, 12,... 4, 8,... 2, X...)$$

186   RACIOCÍNIO LÓGICO DESCOMPLICADO

Vamos fazer uma conta simples, para facilitar o entendimento do leitor:

a)   18-16 = 2
b)   12-9 = 3
c)   8-4 = 4

Percebe-se que segue uma sequência lógica, no resultado de cada conta, que se inicia pelo número 2 e prossegue no mesmo ritmo lógico-matemático (2,3,4,5...).

d)   x-2 = 5, Lembre-se que para que a sequência lógica não seja quebrada, se faz necessário, que o resultado desta equação seja, sempre igual a 5. Sabe-se que 7 é o único número que, quando subtraído de 02 unidades, fica igual a 5. Então, x = 7.

A resposta correta é a letra "D"

EXERCÍCIO Nº 131: (TRF) Considere os seguintes pares de números:

(3, 10) (1, 8) (5, 12) (2, 9) (4, 10)
Observe que quatro desses pares têm uma característica comum.
O único par que não apresenta tal característica é:
a)   (3, 10)
b)   (1, 8)
c)   (5, 12)
d)   (2, 9)
e)   (4, 10)

Resolução comentada do exercício nº 131

Para facilitar o aprendizado, será necessário citar, a sequência de números, proposta pelo exercício:

PRIMEIRA PARTE: EXERCÍCIOS COM RESPOSTAS COMENTADAS **187**

$$(3, 10) (1, 8) (5, 12) (2, 9) (4, 10)$$

Vamos analisar, novamente, a sequência de números, dividida em duplas, para encontrar a melhor solução para o exercício:

$$(3, 10) (1, 8) (5, 12) (2, 9) (4, 10)$$

Vamos fazer uma conta simples, para facilitar o entendimento do leitor:

a) 10-3 = 7

b) 8-1 = 7

c) 12-5 = 7

d) 9-2 = 7

e) 10–4 = 6; Este foi o único resultado que foi diferente, das outras duplas de números lógicos. (4, 10) foi o único par que apresentou uma característica diferente dos outros, ou seja, teve um resultado igual a 6.

A resposta correta é a letra "E"

EXERCÍCIO Nº 132: (TCE-PB) Segundo um determinado critério, foi construída a sucessão seguinte em que cada termo é composto de uma letra seguida de um número: (A1 – C2 – F3 – J4 – ?5)

Considerando que na ordem alfabética usada são excluídas as letras K, Y e W; então, de acordo com esse critério, a letra que deverá substituir o ponto de interrogação é:

a) M;

b) N;

c) O;

d) P;

e) Q.

188 Raciocínio Lógico Descomplicado

Resolução comentada do exercício nº 132

Para facilitar o aprendizado, será necessário citar, a sequência lógica, proposta pelo exercício:

A1 – C2 – F3 – J4 – ?5

Agora, peço ao leitor que possa perceber que, as letras obedecem a apenas um tipo de sequência lógica:

"A" pula uma letra e vai para "C"

"C" pula duas letras e vai para "F"

"F" pula três letras e vai para "J"

(...)

"J" pula quatro letras e vai para "P"

Portanto, para se chegar à letra que substitui a interrogação, basta apenas que, se continue a executar a mesma sequência lógica, do exemplo acima. O resultado final do exercício, então, ficou assim:

A1 – C2 – F3 – J4 – **P5**

A resposta correta é a letra "D"

EXERCÍCIO Nº 133: (TCE-PB) Dos grupos de letras apresentados nas alternativas abaixo, apenas quatro apresentam uma característica comum. Considerando que a ordem alfabética usada, exclui as letras K, W e Y, então o único grupo que não tem a característica dos outros é o:

a) Z T U V;

b) T P Q R;

c) Q M N O;

d) L G H I;

e) F C D E.

Resolução comentada do exercício nº 133

Para facilitar o aprendizado, será necessário citar, a sequência lógica, proposta pelo exercício:

(Z T U V) (T P Q R) (Q M N O) (L G H I) (F C D E)

Agora, peço ao leitor que possa perceber que, as letras obedecem a dois tipos de sequência lógica:

a)Sequência paralela de três letras do alfabeto.

b)A quarta letra sempre será pulada:

Item	**Sequência paralela de três letras do alfabeto e pulo da quarta letra**	
(ZTUV)	= TUV...Z	(pulou a letra "X")
(TPQR)	= PQR...T	(pulou a letra "S")
(QMNO)	= MNO...Q	(pulou a letra "P")
(LGHI)	= GHI...L	(pulou a letra "J")

Como se pode observar acima, todas as letras seguem a lógica do alfabeto, só que pulam uma letra, no momento de fechar a sequência. O exemplo abaixo, é o único que não obedece à sequência lógica já descrita, pois acaba por não pular uma letra:

(FCDE) = CDE...F (não se pula nenhuma letra)

Para que mantivéssemos a mesma sequência lógica, o certo seria se escrever assim: (GCDE) = CDE...G, pois, assim pularia a letra "F" e poderíamos manter o mesmo padrão lógico.

A resposta correta é a letra "E"

EXERCÍCIO Nº 134: (TJ-PE) Considere a sequência das figuras abaixo.

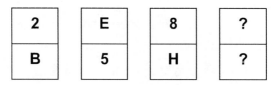

A figura que substitui corretamente as interrogações é:

a) | J |
   |---|
   | 3 |

b) | L |
   |---|
   | 9 |

c) | K |
   |---|
   | 11 |

d) | 6 |
   |---|
   | 22 |

e) | 9 |
   |---|
   | L |

Resolução comentada do exercício nº 134

Para facilitar o aprendizado, será necessário citar, o alfabeto inteiro, com sua numeração correta:

A, B, C, D, E, F, G, H, I, J, K, L, M, N, O, P, Q, R, S, T, U, V, W, X, Y, Z
1 2 3 4 5 6 7 8 9 10 11   26

Agora, peço ao leitor que possa perceber que, a segunda letra do alfabeto é "B" (2B), note ainda que, a quinta letra do alfabeto é "E"(E5) e que a oitava letra é "H"(8H).

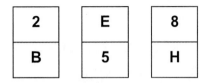

Temos então, que essas figuras, estão obedecendo ao raciocínio lógico, das sequências de letras do alfabeto, inclusive, com sua numeração própria. Pode-se concluir também que, a décima primeira letra do alfabeto é "K". Se formos seguir esta lógica, podemos afirmar que a figura, que substitui corretamente as interrogações é:

A resposta correta é a letra "C"

EXERCÍCIO Nº 135: (TFC) Continuando a sequência 47, 42, 37, 33, 29, 26,..., temos:

a) 21;
b) 22;
c) 23;
d) 24;
e) 25.

Resolução comentada do exercício nº 135

Para facilitar o aprendizado, será necessário citar, a sequência de números, proposta pelo exercício:

$$(47, 42, 37, 33, 29, 26,....,)$$

Vamos fazer uma conta simples, para facilitar o entendimento do leitor:

a) $47 - 42 = 5$

b) $42 - 37 = 5$

c) $37 - 33 = 4$

d) $33 - 29 = 4$

e) $29 - 26 = 3$

Se continuarmos no mesmo raciocínio lógico, pode-se verificar que:

f) $26 - x = 3$, ou seja, o resultado tem que ser igual a 3, pois, todas as sequências de contas acima, repetiam o resultado, por duas vezes seguidas. Sendo assim, vamos resolver a conta proposta e chegar ao resultado do exercício:

$26 - x = 3$

$- \quad x = 3 - 26$

$- \quad x = -23$ [(-1)]

x = 23

Então, o número 23 é o único que pode dar continuidade a sequência lógica.

A resposta correta é a letra "C"

PRIMEIRA PARTE: EXERCÍCIOS COM RESPOSTAS COMENTADAS **193**

EXERCÍCIO Nº 136: (IBGE) Na sequência (1, 2, 4, 7, 11, 16, 22,...) o número que sucede 22 é:

a) 28;
b) 29;
c) 30;
d) 31;
e) 32.

Resolução comentada do exercício nº 136

Para facilitar o aprendizado, será necessário citar, a sequência lógica, proposta pelo exercício:

$$(1, 2, 4, 7, 11, 16, 22,...)$$

Agora, peço ao leitor que possa perceber que, os números obedecem a apenas um tipo de sequência lógica:

"1" pula **uma casa** e vai para "2"

"2" pula **duas casas** e vai para "4"

"4" pula **três casas** e vai para "7"

"7" pula **quatro casas** e vai para "11"

"11" pula **cinco casas** e vai para "16"

"16" pula **seis casas** e vai para "22"

(...)

"22" pula **sete casas** e vai para "29"

Portanto, para se chegar ao número que sucede 22, basta apenas que, se continue a executar a mesma sequência lógica, do exemplo acima. O resultado final do exercício, então, ficou assim:

$$(1, 2, 4, 7, 11, 16, 22,\mathbf{29}...)$$

A resposta correta é a letra "B"

194   RACIOCÍNIO LÓGICO DESCOMPLICADO

EXERCÍCIO Nº 137: (MPPED) Considere que a sequência de pares de letras (A, C), (F, D), (G, I), (M, J),... obedece a uma lei de formação. Se o alfabeto oficial da Língua Portuguesa exclui as letras K, W e Y, o quinto par de letras da sequência é:

a) (P, N);
b) (N, P);
c) (O, Q);
d) (Q, O);
e) (R, P).

Resolução comentada do exercício nº 137

Agora, peço ao leitor que possa perceber que, as letras obedecem a apenas um tipo de sequência lógica:

(A, C), (F, D), **(G, I),** (M, J)

Pode-se afirmar que as duas sequências em negrito, fazem à opção de pular a letra do meio.

Então fica assim: (AC) – pulou a letra "B"
                    (GI) – pulou a letra "H"

Por isso, temos a certeza que a próxima sequência será (N, P). Lembre-se que nesta nova formação também, se tem o costume de pular uma letra, no caso aqui, a letra "O". Veja como ficou, a sequência completa:

(A, C), (F, D), **(G, I),** (M, J), **(N, P)**

Para entender melhor a resolução, consulte o alfabeto abaixo:

A, B, C, D, E, F, G, H ,I, J, L, M, N, O, P, Q, R, S, T, U, V, X , Z.

A resposta correta é a letra "B"

PRIMEIRA PARTE: EXERCÍCIOS COM RESPOSTAS COMENTADAS **195**

EXERCÍCIO Nº 138: (TCE – SP) Observe que, no esquema abaixo, há uma relação entre as duas primeiras palavras.

AUSÊNCIA – PRESENÇA:: GENEROSIDADE – ?
A mesma relação deve existir entre a terceira palavra e a quarta, que está faltando. Esta quarta palavra é:
a) bondade;
b) infinito;
c) largueza;
d) qualidade;
e) mesquinhez.

Resolução comentada do exercício nº 138

Agora, peço ao leitor que possa perceber que, as letras obedecem a apenas um tipo de sequência lógica:

AUSÊNCIA – PRESENÇA:: GENEROSIDADE – ?

Ausência é o antônimo de presença. Logo, para se achar a palavra que ocupa a posição, onde está a interrogação; teremos que saber qual palavra é o antônimo de generosidade. Veja alguns exemplos abaixo:

Palavra	–	Antônimo
alto	–	**baixo**
bonita	–	**feia**
bom	–	**mau**
amor	–	**ódio**
generosidade	–	**mesquinhez**

A resposta correta é a letra "E"

196 RACIOCÍNIO LÓGICO DESCOMPLICADO

EXERCÍCIO Nº 139 (CEAL): Na figura abaixo, tem-se um triângulo composto por algumas letras do alfabeto e por alguns espaços vazios, nos quais algumas letras deixam de ser colocadas.

```
        Z
      P   X
    ___ Q   V
    ___ N  R  U
    ___ ?  M  S  T
```

Considerando que a ordem alfabética adotada exclui as letras K, W e Y, então, se as letras foram dispostas obedecendo a determinação critério, a letra que deveria estar no lugar do ponto de interrogação é:

a) H;

b) L;

c) J;

d) U;

e) Z;

Resolução comentada do exercício nº 139

Agora, peço ao leitor que possa perceber que, as letras obedecem dois tipos de sequência lógica:

```
        Z
      P   X
    ___ Q   V
    ___ N  R  U
    ___ ?  M  S  T
```

Primeira sequência lógica: letras do alfabeto dispostas de forma crescente, e de maneira que parece que está subindo a pirâmide, como por exemplo, as letras: T, U, V, X, Z.

Segunda sequência lógica: letras do alfabeto dispostas de forma crescente, e de maneira que parece que está descendo a pirâmide, como por exemplo, as letras: P, Q, R, S.

PRIMEIRA PARTE: EXERCÍCIOS COM RESPOSTAS COMENTADAS **197**

Resolução do exercício (completando os espaços):

Sendo assim, a próxima sequência de letras será em forma crescente, e de maneira que parece que está subindo a pirâmide. As letras da terceira sequência são M, N, O.

```
        Z
      P   X
    O   Q   V
  ___   N   R   U
  ___   ?   M   S   T
```

Continuando assim, a próxima sequência de letras será em forma crescente, e de maneira que parece que está descendo a pirâmide. As letras da terceira sequência são J, L. Sendo assim, a letra que deveria estar no lugar do ponto de interrogação é a "L".

```
        Z
      P   X
    O   Q   V
  J   N   R   U
  ___   L   M   S   T
```

A resposta correta é a letra "B"

EXERCÍCIO Nº 140 (BACEN): Na figura abaixo, as letras foram dispostas em forma de um triângulo, segundo determinado critério.

```
        P
      P   Q
    P   R   S
  Q   R   S   T
  Q   R   ___   ___   ?
```

Considerando que as letras K, W e Y não fazem parte do alfabeto oficial, então, então, de acordo com o critério estabelecido, a letra que deve substituir o ponto de interrogação é:

a) P;   b) Q;   c) R;   d) S;   e) T.

Resolução comentada do exercício nº 140

Agora, peço ao leitor que possa perceber que, as letras obedecem, apenas, um tipo de sequência lógica:

```
        P
      P   Q
    P   R   S
  Q   R   S   T
Q   R  ___ ___  ?
```

As letras estão dispostas sempre na sequência de três. Por exemplo: PPP, QQQ, RRR, e assim deve seguir até o fim do triângulo. Portanto, se temos uma sequência, "SS_", não será difícil encontrar a letra faltante, pois, como sabemos neste exercício, os trios andam sempre em sequência letras iguais, e assim sendo, a sequência correta é "SSS". A próxima sequência é "T_ _" e para completá-la, basta repetir a letra "T", de forma que o trio fique com letras iguais. A sequência correta é "TTT". A letra que deve substituir a interrogação é a letra "T". Veja como ficou o desenho, abaixo:

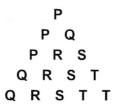

```
        P
      P   Q
    P   R   S
  Q   R   S   T
Q   R   S   T   T
```

A resposta correta é a letra "E"

PRIMEIRA PARTE: EXERCÍCIOS COM RESPOSTAS COMENTADAS **199**

EXERCÍCIO Nº 141: (AFR – SP) Preencha adequadamente os dois espaços, escolhendo, para o primeiro, a palavra a que corresponde um número, e, para o segundo, uma letra.

_____está para pé, assim como cotovelo está para_____

| 1 perna | 2 coxa | 3 joelho | 4 calcanhar |
| A mão | B polegar | C ombro | D dedos |

a) 1A;   d) 4C;

b) 2C;   e) 2D.

c) 3A;

Resolução comentada do exercício nº 141

Para facilitar o aprendizado, será necessário citar, a sequência lógica, proposta pelo exercício:

O joelho está para pé, assim como cotovelo está para mão

O joelho está para o pé, assim como o cotovelo está para a mão. A função é a mesma, qual seja, fazer a conexão dos ossos do corpo. O joelho faz a conexão dos ossos da perna e da coxa, além da rótula. A mesma função também faz o cotovelo, só que com um diferencial, pois, desta vez, realiza a conexão entre o braço e o antebraço.

A resposta correta é a letra "C"

EXERCÍCIO Nº 142: (Petrobras) Qual é a negação de "não há quem não goste de futebol"?

a) Não há quem goste de futebol.

b) Ninguém gosta de futebol.

c) Todos gostam de futebol.

d) Há quem goste de futebol.

e) Há quem não goste de futebol.

200   RACIOCÍNIO LÓGICO DESCOMPLICADO

Resolução comentada do exercício nº 142

Vamos encontrar um sinônimo, para a sentença que segue:

Sentença:	Sinônimo:
"não há quem não	todo mundo gosta
goste de futebol"	de futebol

Para fazer a negação da sentença, acima, é bem simples, basta somente que, exista alguém que não goste de futebol. De certo, que a alternativa que melhor supõe isso, é a que expressa a seguinte conclusão: <u>Há quem não goste de futebol.</u>

A resposta correta é a letra "E"

EXERCÍCIO Nº 143: (TCI – RJ) Dada a proposição: "É falso que existem pelicanos que não comem peixe", a negação é:

a) "não existem pelicanos que comem peixe".
b) "todos os pelicanos comem peixe"
c) "existem pelicanos que não comem peixe"
d) "algum pelicano não come peixe"
e) "todos os pelicanos não comem peixe"

Resolução comentada do exercício nº 143

Vamos analisar a sentença abaixo:

<u>Sentença:</u> **"É falso que existem pelicanos que não comem peixe"**

Para fazer a negação da sentença, acima, é bem simples, basta somente que, seja verdadeiro que existam alguns pelicanos que não comem peixe. De certo, que a alternativa que melhor supõe isso, é a que expressa a seguinte conclusão: <u>Existem pelicanos que não comem peixe.</u>

A resposta correta é a letra "C"

EXERCÍCIO Nº 144: (AFR – SP) Todas as plantas verdes têm clorofila. Algumas plantas que têm clorofila são comestíveis. Logo:

a) algumas plantas verdes são comestíveis;
b) algumas plantas verdes não são comestíveis;
c) algumas plantas comestíveis têm clorofila;
d) todas as plantas que têm clorofila são comestíveis;
e) todas as plantas verdes são comestíveis.

Resolução comentada do exercício nº 144

Para resolver esta questão se faz necessário ilustrar com figuras, a sentença abaixo:

Primeira sentença: **"Todas as plantas verdes têm clorofila".**

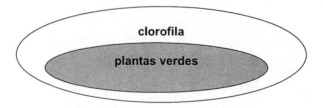

Segunda sentença: **"Algumas plantas que têm clorofila são comestíveis".**

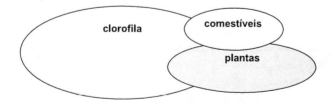

Observando a figura acima, fica simples perceber que se algumas plantas que têm clorofila são comestíveis, por conseguinte, também, algumas plantas comestíveis têm clorofila.

A resposta correta é a letra "C"

202 RACIOCÍNIO LÓGICO DESCOMPLICADO

EXERCÍCIO Nº 145: (AFR – SP_ Adaptada) Todos que conhecem Carlos e Bruna admiram Bruna. Alguns que conhecem Bruna não a admiram. Logo:

a) todos os que conhecem Bruna a admiram;
b) ninguém admira Bruna;
c) alguns que conhecem Bruna não conhecem Carlos;
d) quem conhece Carlos admira Bruna;
e) só quem conhece Carlos e Bruna conhece Bruna.

Resolução comentada do exercício nº 145

Vamos analisar a sentença abaixo:

<u>Sentença:</u> "Todos que conhecem Carlos e Bruna admiram Bruna. **Alguns que conhecem Bruna não a admiram**".

Para entender a sentença, acima, é bem simples, basta somente que, se perceba que: <u>algumas pessoas que conhecem a Bruna, não a admiram</u>. Este fato vem revelar que algumas pessoas **(aquelas que conhecem só a Bruna)**, não conhecem o Carlos. Afinal, se as pessoas também conhecessem o Carlos, o resultado seria diferente, e a Bruna seria totalmente admirada. Porém, não ocorreu dessa forma! Perceba que algumas pessoas conhecidas da Bruna, não a admiram.

A resposta correta é a letra "C"

EXERCÍCIO Nº 146: (ANPAD) Todos os primogênitos da família Bragança têm olhos verdes. Eduardo tem os olhos castanhos. Então, pode-se afirmar que:

a) Eduardo pertence à família Bragança;
b) Eduardo não pertence à família Bragança;

PRIMEIRA PARTE: EXERCÍCIOS COM RESPOSTAS COMENTADAS **203**

c) Eduardo pertence à família Bragança e é o primogênito;
d) Se Eduardo é primogênito, então pertence à família Bragança;
e) Se Eduardo pertence à família Bragança, então não é primogênito.

Resolução comentada do exercício nº 146

Vamos analisar a sentença abaixo:

Sentença: **"Todos os primogênitos da família Bragança têm olhos verdes".**

Para entender a sentença, acima, é bem simples, basta somente que, se perceba que para fazer parte da família Bragança, sendo da linhagem dos primogênitos, só existe uma forma: ter olhos verdes. Portanto, se o Eduardo tem olhos castanhos, ele nunca poderá ser considerado um primogênito, talvez, até seja pertencente da família Bragança. Bom, supondo que o Eduardo pertença, mesmo, à família Bragança temos certeza que, não é o primogênito.

A resposta correta é a letra "E"

EXERCÍCIO Nº 147: (TCI – RJ_ Adaptada) Considere que S seja a sentença: todo político é filiado a algum partido. A sentença equivalente à negação da sentença S acima é:

a) nenhum político é filiado a algum partido;
b) nenhum político não é filiado a algum partido;
c) pelo menos um político é filiado a algum partido;
d) pelo menos um político não é filiado a algum partido;

204 RACIOCÍNIO LÓGICO DESCOMPLICADO

Resolução comentada do exercício nº 147

Vamos analisar a sentença abaixo:

Sentença: "todo político é filiado a algum partido".

Para se fazer uma sentença equivalente, é bem simples, basta somente que, se perceba que não existe nenhum político que não seja filiado a algum partido. Afinal, todo político é filiado a algum partido específico (PMDB, PSDB...) A alternativa que pode melhor representar esta afirmação, é aquela que diz assim: "nenhum político não é filiado a algum partido".

A resposta correta é a letra "B"

EXERCÍCIO Nº 148: (TCM – RJ_ Adaptada) Numa determinada fábrica, um conjunto de máquinas foi submetido a uma inspeção para verificar se apresentavam algum defeito. No laudo de tal avaliação, constava a seguinte afirmação: nem todas as máquinas apresentaram defeito em todos os testes.

A alternativa que apresenta uma sentença equivalente a essa afirmação é:

a) todas as máquinas apresentaram defeito em pelo menos um teste;

b) pelo menos uma máquina apresentou defeito em pelo menos um teste;

c) pelo menos uma máquina não apresentou defeito em todos os testes;

d) pelo menos uma máquina apresentou defeito em todos os testes;

PRIMEIRA PARTE: EXERCÍCIOS COM RESPOSTAS COMENTADAS **205**

Resolução comentada do exercício nº 148

Vamos analisar a sentença abaixo:

Sentença: "nem todas as máquinas apresentaram defeito em todos os testes".

Para se fazer uma sentença equivalente, é bem simples, basta somente que, possa existir, pelo menos uma máquina não tenha apresentado defeito, em todos os testes. A alternativa que pode melhor representar esta afirmação, é aquela que diz assim: "pelo menos uma máquina não apresentou defeito em todos os testes".

A resposta correta é a letra "C"

EXERCÍCIO Nº 149: (TRT) A correta negação da proposição "todos os cargos deste concurso são de analista judiciário" é:

a) alguns cargos deste concurso são de analista judiciário;
b) existem cargos deste concurso que não são de analista judiciário;
c) existem cargos deste concurso que são de analista judiciário;
d) nenhum dos cargos deste concurso não é de analista judiciário;
e) os cargos deste concurso são ou de analista, ou no judiciário.

Resolução comentada do exercício nº 149

Vamos analisar a sentença abaixo:

Sentença: "todos os cargos deste concurso são de analista judiciário".

Para se fazer uma negação desta sentença, é bem simples, basta somente que, possa existir pelo menos um cargo deste concurso, que não seja de analista judiciário. A alternativa que pode melhor representar esta afirmação, é aquela que diz assim: **"existem cargos deste concurso que não são de analista judiciário".**

A resposta correta é a letra "B"

EXERCÍCIO Nº 150: (TC-RO) Considere verdadeira a declaração: "Todo rondoniense conhece a cidade de Porto Velho".

Com base na declaração, é correto concluir que:
a) Ana não conhece Porto Velho, portanto não é rondoniense;
b) Bruna conhece Porto Velho, portanto não é rondoniense;
c) Claudia conhece Porto Velho, portanto é rondoniense;
d) Dora não é rondoniense, portanto não conhece Porto Velho;
e) Elisa não é rondoniense, portanto conhece Porto Velho.

Resolução comentada do exercício nº 150

Vamos analisar a sentença abaixo:

Sentença: "Todo rondoniense conhece a cidade de Porto Velho".

Para saber, se uma pessoa pode ou não ser chamada pelo nome de "rondoniense", será exigido dela, que conheça a cidade de Porto Velho. Portanto, se Ana não conhece Porto Velho, ela não sabe o que está perdendo, pois, nunca poderá ser chamada pelo nome de "rondoniense". A alternativa que pode melhor representar esta afirmação, é aquela que diz assim: **"Ana não conhece Porto Velho, portanto não é rondoniense".**

A resposta correta é a letra "A"

PRIMEIRA PARTE: EXERCÍCIOS COM RESPOSTAS COMENTADAS   **207**

EXERCÍCIO Nº 151: (TC – RO_Adaptada) Considere verdadeira a declaração: "Toda criança gosta de brincar". Com relação à declaração anterior, assinale a alternativa que corresponde a uma argumentação correta.

a) Já que Marcelo não é criança, não gosta de brincar.
b) Já que Marcelo não é criança, gosta de brincar.
c) Já que João não gosta de brincar, então não é criança.
d) Já que João gosta de brincar, então é criança.
e) Já que João gosta de brincar, então não é criança.

Resolução comentada do exercício nº 151

Vamos analisar a sentença abaixo:

<u>Sentença:</u> **"Toda criança gosta de brincar".**

Para saber se uma pessoa é criança, será exigido dela, que o seguinte atributo: <u>gostar de brincar</u>. Portanto, se João não gosta de brincar, ele nunca poderá ser considerado uma criança. A alternativa que pode melhor representar esta afirmação, é aquela que diz assim: **"Já que João não gosta de brincar, então não é criança".**

A resposta correta é a letra "C"

EXERCÍCIO Nº 152: (MP – SC) A população de uma pequena ilha no Pacífico é de 100 habitantes. Nenhum dos habitantes possui mais que 90 anos. Pode-se concluir que:

a) daqui a 90 anos haverá, pelo menos, uma pessoa com menos de 90 anos nessa ilha;
b) certamente existem pessoas com menos de 90 anos nesta ilha;
c) a idade média dos habitantes da ilha é de 45 anos;

d) certamente existem pessoas com a mesma idade nessa ilha;

e) somente por acaso haverá pessoas com a mesma idade nessa ilha.

Resolução comentada do exercício nº 152

Vamos analisar a sentença abaixo:

Sentença: "A população de uma pequena ilha no Pacífico é de 100 habitantes. Nenhum dos habitantes possui mais que 90 anos".

Para saber se uma pessoa é habitante da ilha, será exigido dela, que o seguinte atributo: não ter mais de 90 anos de idade. Portanto, pode-se afirmar também que, os habitantes da ilha tem idade igual ou menor a 90 anos. A alternativa que pode melhor representar esta afirmação, é aquela que diz assim: **"certamente existem pessoas com a mesma idade nessa ilha".**

A resposta correta é a letra "D"

EXERCÍCIO Nº 153: (Serpro) Se não é verdade que "alguma professora universitária não dá aulas interessantes", então é verdade que:

a) todas as professoras universitárias dão aulas interessantes;

b) nenhuma professora universitária dá aulas interessantes;

c) nenhuma aula interessante é dada por alguma professora universitária;

d) nem todas as professoras universitárias dão aulas interessantes;

e) todas as aulas não interessantes são dadas por professores universitárias.

PRIMEIRA PARTE: EXERCÍCIOS COM RESPOSTAS COMENTADAS **209**

Resolução comentada do exercício nº 153

Vamos analisar a sentença abaixo:

<u>Sentença</u>: **"não é verdade que alguma professora universi-tária não dá aulas interessantes".**

Para se fazer uma negação desta sentença, é bem simples, bas-ta somente que, todas as professoras, sejam obrigadas a dar aulas interessantes. A alternativa que pode melhor representar esta afirmação, é aquela que diz assim: **"todas as professoras universitárias dão aulas interessantes".**

A resposta correta é a letra "A"

EXERCÍCIO Nº 154: (Previ-Rio) Uma determinada empresa ofere-ce a seus funcionários cursos de inglês, francês e espanhol. É sabido que: todos os funcionários cursam pelo menos uma das três línguas: nem todos os funcionários que cursam inglês, cur-sam espanhol; e os funcionários que fazem o curso de inglês não fazem o de francês. A partir destas informações, é correto con-cluir que:

a) pelo menos um funcionário faz curso de inglês, francês e espa-nhol;
b) nenhum funcionário que faz curso de inglês faz de espanhol;
c) todo funcionário que faz curso de francês faz curso de inglês;
d) nem todo funcionário faz curso de francês ou espanhol;

Resolução comentada do exercício nº 154

Vamos analisar a sentença abaixo, mas antes, lembre-se que todos os funcionários cursam pelo menos uma das três línguas:

210 RACIOCÍNIO LÓGICO DESCOMPLICADO

Sentença: "nem todos os funcionários que cursam inglês, cursam espanhol; e os funcionários que fazem o curso de inglês não fazem o de francês".

Para se resolver esta questão, é bem simples, basta somente perceber que, se o funcionário faz curso de inglês, logo não poderá estudar francês. Interessante notar também que, alguns funcionários que cursam inglês, não poderão estudar espanhol. Então, pode-se afirmar que, alguns funcionários não poderão fazer curso de francês e outros não poderão fazer curso de espanhol. A alternativa que pode melhor representar esta afirmação, é aquela que diz assim: **"nem todo funcionário faz curso de francês ou espanhol".**

A resposta correta é a letra "D"

EXERCÍCIO Nº 155: (AFR-SP) Assinale a alternativa que apresenta alguma contradição.

a) Todo espião não é vegetariano e algum vegetariano é espião.
b) Todo espião é vegetariano e algum vegetariano não é espião.
c) Nenhum espião é vegetariano e algum espião não é vegetariano.
d) Algum espião é vegetariano e algum espião não é vegetariano.
e) Todo vegetariano é espião e algum espião não é vegetariano.

Resolução comentada do exercício nº 155

Vamos analisar a sentença abaixo, e descobrir, onde está a contradição:

Sentença: **"Todo espião não é vegetariano e algum vegetariano é espião".**

PRIMEIRA PARTE: EXERCÍCIOS COM RESPOSTAS COMENTADAS **211**

Para se resolver esta questão, é bem simples, basta somente perceber que, se toda pessoa que tem a profissão de espião, nunca poderá alimentar-se, somente, de vegetais, então, pode-se concluir que um dos requisitos para ter a profissão de espião é nunca ter o hábito de ser vegetariano. Sendo assim, está errada a afirmação que existe algum vegetariano, pode ter a profissão de espião. Isso é impossível.

A resposta correta é a letra "A"

EXERCÍCIO Nº 156: (TCM-RJ) Numa fábrica, todos os empregados recebem vale-transporte ou vale-refeição. A partir desta informação, é correto concluir que:

a) todos os empregados recebem vale-transporte ou todos os empregados recebem vale-refeição;

b) todo empregado que não recebe vale-transporte recebe vale-refeição;

c) algum empregado recebe vale-transporte e não recebe vale-refeição;

d) algum empregado recebe vale-transporte e vale-refeição;

Resolução comentada do exercício nº 156

Vamos analisar a sentença abaixo:

Sentença: "Numa fábrica, todos os empregados recebem vale-transporte ou vale-refeição".

Para se resolver esta questão, é bem simples, basta somente perceber que, toda pessoa que trabalha numa determinada fábrica, sempre irá receber um benefício, de trabalhador: ou vale-transporte ou vale-refeição. Por exemplo, se os empregados não receberam vale-transporte, pelo dia de trabalho, com certeza, é porque irão receber o vale-refeição. Sendo assim, pode-se dizer que todo empregado que não recebe vale-transporte sempre receberá vale-refeição, para compensar tal fato.

A resposta correta é a letra "B"

EXERCÍCIO Nº 157: (Aneel) Em determinada universidade, foi realizado um estudo para avaliar o grau de satisfação de seus professores e alunos. O estudo mostrou que, naquela universidade, nenhum aluno é completamente feliz e alguns professores são completamente felizes. Uma conclusão logicamente necessária destas informações é que, naquela universidade, objeto da pesquisa:

a) nenhum aluno é professor;
b) alguns professores são alunos;
c) alguns alunos são professores;
d) nenhum professor é aluno;
e) alguns professores não são alunos.

Resolução comentada do exercício nº 157

Para resolver esta questão se faz necessário ilustrar com figuras, a sentença abaixo:

Primeira sentença: **"nenhum aluno é completamente feliz"**.

Segunda sentença: **"alguns professores são completamente felizes"**.

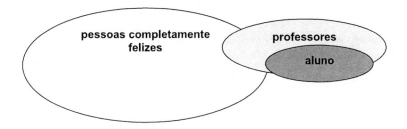

Observando a figura acima, fica simples perceber que, se alguns professores são completamente felizes, consequentemente, eles não poderão ser alunos (Sabe-se que, nenhum aluno pertence, ao conjunto das pessoas que são completamente felizes). Portanto, é mais lógico afirmar que alguns professores não são alunos.

A resposta correta é a letra "E"

EXERCÍCIO Nº 158: (Prominp) Se todo P é Q e algum P é não-R, então:

a) todo P é não-R;
b) algum Q é não-R;
c) todo R é P;
d) todo Q é R;
e) todo não-R é P.

Resolução comentada do exercício nº 158

Vamos representar a resposta deste exercício, através de figuras ilustrativas:

Primeira sentença: "Todo P é Q".

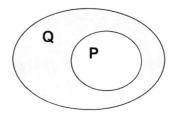

Segunda sentença: "algum P é não-R".

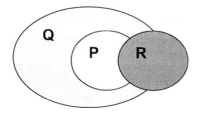

De acordo com a sentença acima, podemos entender que **algum "Q" não é "R"**. Essa afirmação pode ser feita, pois, se todo "P" está contido em "Q", e algum "P" é não é "R", logo, algum "Q" não poderá ser "R" também.

Simplificando: Vamos supor que a letra **"P"** representa o grupo de jogadores do flamengo; a letra **"Q"** representa o campo de futebol do maracanã; A letra **"R"** representa o campo da Granja Comary, onde treina a seleção brasileira.

Então,

a) todo "<u>**P**"(jogadores do flamengo) é "**Q**"(treina no campo do maracanã)</u>.

b) algum "**P**"(jogadores do flamengo) é "**não-R**" (não treina no campo da granja comary)

Conclui-se, que **algum "Q"** (jogador que treina no estádio do maracanã) é <u>**"não-R"**</u> (não treina na granja comary). Isto supõe

PRIMEIRA PARTE: EXERCÍCIOS COM RESPOSTAS COMENTADAS **215**

dizer que, algum jogador, que treina no maracanã, não foi convocado para a seleção brasileira. Lembre-se que os jogadores da seleção brasileira, somente jogam na granja comary. Logo, alguma pessoa que treina no estádio do maracanã; não está treinando também na granja comary **(Algum Q é não-R)**.

A resposta correta é a letra "B"

EXERCÍCIO Nº 159: (Prominp) Sempre que chove, Augusto dorme. Com base nessa informação, pode-se concluir que:

a) se Augusto está dormindo, então está chovendo;
b) se não está chovendo, Augusto está dormindo;
c) se Augusto não está dormindo, então não está chovendo;
d) Se não está chovendo, Augusto não está dormindo;
e) Se Augusto está dormindo, então não está chovendo.

Resolução comentada do exercício nº 159

Vamos analisar a sentença abaixo:

<u>Sentença Principal:</u> **"Sempre que chove, Augusto dorme".**

Para se resolver esta questão, é bem simples, basta somente perceber que, Augusto dormir é **<u>condição necessária</u>**, para que sempre esteja chovendo na cidade.

<u>Alternativa "C":</u> **"se Augusto não está dormindo, então não está chovendo".**

Então, caso o Augusto não durma, consequentemente, não irá mais chover. Isto acontece, porque a **<u>condição necessária</u>** foi quebrada, ou seja, Augusto não está dormindo.

A resposta correta é a letra "C"

216   RACIOCÍNIO LÓGICO DESCOMPLICADO

EXERCÍCIO Nº 160: (Prominp) A negação de "se hoje chove então não haverá jogo" é:

a) hoje não chove e haverá jogo;
b) hoje chove e haverá jogo;
c) hoje chove ou não haverá jogo;
d) hoje não chove ou haverá jogo;
e) se hoje chove então haverá jogo.

Resolução comentada do exercício nº 160

Vamos analisar a sentença abaixo:

Sentença: "se hoje chove então *não haverá jogo".

*Condição necessária

Para se fazer uma negação desta sentença, é bem simples, basta somente que, alguma vez possa chover, e mesmo assim, tenha jogo. A alternativa que pode melhor representar esta afirmação, é aquela que diz assim: **"hoje chove e haverá jogo"**.

Dica do autor: A condição necessária é sempre a conclusão da sentença. É a partir dela, que se pode fazer a negação de uma sentença.

A resposta correta é a letra "B"

EXERCÍCIO Nº 161: (Prominp) A negação de "se hoje chove então fico em casa" é:

a) hoje não chove e fico em casa;
b) hoje chove e não fico em casa;
c) hoje chove ou não fico em casa;
d) hoje não chove ou fico em casa;
e) se hoje chove então não fico em casa.

PRIMEIRA PARTE: EXERCÍCIOS COM RESPOSTAS COMENTADAS **217**

Resolução comentada do exercício n° 161

Vamos analisar a sentença abaixo:

<u>Sentença:</u> **"se hoje chove então fico em casa".**

Para se fazer uma negação desta sentença, é bem simples, basta somente que, alguma vez possa chover e, coincidentemente, eu não fique em casa. A alternativa que pode melhor representar esta afirmação, é aquela que diz assim: **"hoje chove e não fico em casa".**

Dica do autor: "ficar em casa" é <u>condição necessária </u>para hoje chover. A mudança se dará, ao negarmos esta condição necessária, ou seja, **"não ficou em casa"** e mesmo assim "hoje choveu". Lembre-se que toda <u>condição necessária</u>, deve sofrer alteração, no momento de se fazer a negação.

A resposta correta é a letra "B"

EXERCÍCIO N° 162: (TC-PR) A negação da sentença "se você estudou Lógica então você acertará esta questão" é:

a) se você não acertar esta questão, então você não estudou lógica;
b) você não estudou lógica e acertará esta questão;
c) se você estudou lógica, então acertará esta questão;
d) você estudou lógica e não acertará esta questão;
e) você não estudou Lógica e não acertará esta questão.

218 RACIOCÍNIO LÓGICO DESCOMPLICADO

Resolução comentada do exercício nº 162

Vamos analisar a sentença abaixo:

Sentença: "se você estudou Lógica então você acertará esta questão".

*Condição necessária

Para se fazer uma negação desta sentença, é bem simples, basta somente que, alguma vez você estude Lógica e, coincidentemente, não acerte esta questão. A alternativa que pode melhor representar esta afirmação, é aquela que diz assim: **"você estudou lógica e não acertará esta questão"**.

Dica do autor: "acertar a questão" é condição necessária para você estudar lógica. A mudança se dará, ao negarmos esta condição necessária, ou seja, **"não acertou a questão"** e mesmo assim "você estudou lógica". Lembre-se que toda condição necessária, deve sofrer alteração, no momento de se fazer a negação.

A resposta correta é a letra "D"

EXERCÍCIO Nº 163: (FT) A negação da afirmação condicional "se estiver chovendo, eu levo guarda-chuva" é:

a) se não estiver chovendo, eu levo o guarda-chuva;

b) não está chovendo e eu levo o guarda-chuva;

c) não está chovendo e eu não levo o guarda-chuva;

d) se estiver chovendo, eu não levo o guarda-chuva;

e) está chovendo e eu não levo o guarda-chuva.

Resolução comentada do exercício nº 163

Vamos analisar a sentença abaixo:

Sentença: "se estiver chovendo, eu levo guarda-chuva".

*Condição necessária

Para se fazer uma negação desta sentença, é bem simples, basta somente que, alguma vez eu não leve o guarda-chuva e, mesmo assim, esteja chovendo. A alternativa que pode melhor representar esta afirmação, é aquela que diz assim: **"está chovendo e eu não levo o guarda-chuva"**.

Dica do autor: "eu levar o guarda-chuva" é condição necessária para estar chovendo na cidade. A mudança se dará, ao negarmos esta condição necessária, ou seja, **"não levo o guarda-chuva"** e mesmo assim **"está chovendo"**. Lembre-se que toda condição necessária, deve sofrer alteração, no momento de se fazer a negação.

A resposta correta é a letra "E"

EXERCÍCIO Nº 164: (ANPAD) A negação da proposição "Pedro fala inglês e francês" é:

a) "Pedro fala inglês ou fala francês";
b) "Pedro não fala inglês e fala francês"
c) "Pedro não fala inglês ou fala francês";
d) "Pedro não fala inglês e não fala francês";
e) "Pedro não fala inglês ou não fala francês".

220 RACIOCÍNIO LÓGICO DESCOMPLICADO

Resolução comentada do exercício nº 164

Vamos analisar a sentença abaixo:

Sentença: "Pedro fala inglês e francês".

Para se fazer uma negação desta sentença, é bem simples, basta somente que, Pedro não fale uma das duas línguas (inglês ou francês). Se Pedro não fala inglês, logo teremos a negação completa da sentença acima. Vale ressaltar que, o mesmo resultado lógico acontece, caso o Pedro não fale francês. A alternativa que pode melhor representar esta afirmação, é aquela que diz assim: **"Pedro não fala inglês ou não fala francês"**.

A resposta correta é a letra "E"

EXERCÍCIO Nº 165: (ANPAD) Dada a proposição "Se Carla é solteira, então Maria é estudante". Uma proposição equivalente é:

a) "Carla é solteira e Maria é estudante";
b) "Se Maria é estudante, então Carla é solteira";
c) "Se Maria não é estudante, então Carla não é solteira";
d) "Maria é estudante se, e somente se, Carla é solteira";
e) "Se Carla não é solteira, então Maria não é estudante".

Resolução comentada do exercício nº 165

Vamos analisar a sentença abaixo:

Sentença: "Se Carla é solteira, então Maria é estudante".

*Condição necessária

Para entender a sentença, acima, é bem simples, basta somente que, se perceba que a Maria ser estudante é **condição necessária**, para a Carla ser solteira.

PRIMEIRA PARTE: EXERCÍCIOS COM RESPOSTAS COMENTADAS **221**

Dica do autor: "Maria ser estudante" é condição necessária para Carla ser solteira. A mudança se dará, ao negarmos esta condição necessária, ou seja, **"Maria não é estudante"**, por conseguinte, **"Carla não é solteira"**. Lembre-se que toda condição necessária, deve sofrer alteração, no momento de se fazer a negação.

A resposta correta é a letra "C"

EXERCÍCIO Nº 166: (Prominp) Dizer que não é verdade que José é gordo e Carlos é alto é logicamente equivalente a dizer que é verdade que:

a) José não é gordo ou Carlos não é alto;
b) José não é gordo e Carlos não é alto;
c) José é gordo ou Carlos não é alto;
d) Se José não é gordo, então Carlos é alto;
e) Se José não é gordo, então Carlos não é alto.

Resolução comentada do exercício nº 166

Vamos analisar a sentença abaixo:

Sentença: "José é gordo e Carlos é alto".

Para se fazer uma negação desta sentença, é bem simples, basta somente que, José não seja gordo ou que Carlos não seja alto. Se José não é gordo, logo teremos a negação completa da sentença acima. Vale ressaltar que, o mesmo resultado lógico acontece, caso o Carlos não seja alto. A alternativa que pode melhor representar esta afirmação, é aquela que diz assim: **"José não é gordo ou Carlos não é alto".**

A resposta correta é a letra "A"

EXERCÍCIO Nº 167: (TJ-PE) Se Guilherme disse a verdade, Gabriela e Lucas mentiram. Se Lucas mentiu, Bruna falou a verdade. Se Bruna falou a verdade, Maria está dormindo. Ora, Maria não está dormindo. Logo:

a) Guilherme e Bruna mentiram;
b) Guilherme e Gabriela disseram a verdade;
c) Lucas e Bruna mentiram;
d) Lucas mentiu ou Bruna disse a verdade;
e) Lucas e Gabriela mentiram.

Resolução comentada do exercício nº 167

Interessante notar que esse exercício é um labirinto lógico e para sairmos desta situação vamos precisar de uma chave lógica. Esta chave se encontra na seguinte sentença: **"Maria não está dormindo"**. A partir desta chave podemos abrir uma porta lógica. Vamos então testar a primeira chave lógica: **Maria não está dormindo.**

Porta 1

"Se Bruna falou a verdade, Maria está dormindo".

Sabe-se que, Maria não está dormindo (primeira chave lógica) e por isso, podemos afirmar também que a Bruna falou mentira. Ao abrir essa porta, conseguimos mais uma chave lógica nova **(Bruna falou mentira).** Com esta nova chave, podemos abrir a segunda porta lógica:

Porta 2

"Se Lucas mentiu, Bruna falou a verdade".

Sabe-se que a Bruna falou mentira (segunda chave lógica) e por isso, podemos afirmar também que, Lucas disse a verdade. Ao abrir essa porta, conseguimos mais uma chave lógica nova (**Lucas disse a verdade**). Com esta nova chave, podemos abrir a terceira porta lógica:

Porta 3

"Se Guilherme disse a verdade, Gabriela e Lucas mentiram".

Sabe-se que Lucas disse a verdade (terceira chave lógica), sendo assim, podemos afirmar também que, a sequência lógica foi quebrada, e por isso, **o Guilherme mentiu**. Ao abrir essa porta, conseguimos encontrar a solução completa do exercício: **o Guilherme e a Bruna mentiram.**

A resposta correta é a letra "A"

EXERCÍCIO Nº 168: (Prominp) Vejo televisão ou estudo. Ouço música ou não vejo televisão. Jogo futebol ou não estudo. Ora, não jogo futebol. Portanto:

a) não jogo futebol e não ouço música;
b) não ouço música e vejo televisão;
c) estudo e ouço música;
d) estudo e não ouço música;
e) ouço música e vejo televisão.

Resolução comentada do exercício nº 168

Interessante notar que esse exercício é um labirinto lógico e para sairmos desta situação vamos precisar de uma chave lógica. Esta chave se encontra na seguinte sentença: **"não jogo futebol"**. A partir desta chave podemos abrir uma porta lógica. Vamos então testar a primeira chave lógica: **não jogo futebol.**

Porta 1

"**Jogo futebol ou não estudo**".

Sabe-se que, não jogo futebol (primeira chave lógica) e por isso, podemos afirmar também não estudo. Ao abrir essa porta, conseguimos mais uma chave lógica nova **(não estudo)**. Com esta nova chave, podemos abrir a segunda porta lógica:

Porta 2

"Vejo televisão ou estudo".

Sabe-se que não estudo (segunda chave lógica) e por isso, podemos afirmar também que, vejo televisão. Ao abrir essa porta, conseguimos mais uma chave lógica nova (**vejo televisão**). Com esta nova chave, podemos abrir a terceira porta lógica:

Porta 3

"Ouço música ou não vejo televisão".

Sabe-se que vejo televisão (terceira chave lógica), sendo assim, podemos afirmar também que, a sequência lógica foi quebrada, e por isso, **ouço música**. Ao abrir essa porta, conseguimos encontrar a solução completa do exercício: **ouço música e vejo televisão**.

A resposta correta é a letra "E"

EXERCÍCIO Nº 169: (Prominp) Se não estudo, não passo. Se jogo, não estudo. Se faço exercícios, passo. Se é domingo, faço exercícios. Portanto:

a) Se jogo, não é domingo;
b) se não jogo, é domingo;
c) se é domingo, jogo;
d) se é domingo, não estudo;
e) se não é domingo, estudo.

Resolução comentada do exercício nº 168

Interessante notar que esse exercício é um labirinto lógico e para sairmos desta situação vamos precisar de uma chave lógica. Esta chave se encontra na seguinte sentença: **"eu jogo"**. A partir desta chave podemos abrir uma porta lógica. Vamos então testar a primeira chave lógica: **eu jogo**.

Porta 1

"Se jogo, não estudo".

Sabe-se que, eu jogo (primeira chave lógica) e por isso, podemos afirmar também não estudo. Ao abrir essa porta, conseguimos mais uma chave lógica nova **(não estudo)**. Com esta nova chave, podemos abrir a segunda porta lógica:

Primeira Parte: Exercícios com Respostas Comentadas **227**

Porta 2

"Se não estudo, não passo".

Sabe-se que não estudo (segunda chave lógica) e por isso, podemos afirmar também que, não passo. Ao abrir essa porta, conseguimos mais uma chave lógica nova (**não passo**). Com esta nova chave, podemos abrir a terceira porta lógica:

Porta 3

"Se faço exercícios, passo".

Sabe-se que não passo (terceira chave lógica), sendo assim, podemos afirmar também que, a sequência lógica foi quebrada, e por isso, não faço exercícios. Ao abrir essa porta, conseguimos mais uma chave lógica nova (**não faço exercícios**). Com esta nova chave, podemos abrir a quarta porta lógica:

Porta 4

"Se é domingo, faço exercícios".

228   RACIOCÍNIO LÓGICO DESCOMPLICADO

Sabe-se que <u>não faço exercícios</u> (quarta chave lógica), sendo assim, podemos afirmar também que, a sequência lógica foi quebrada, e por isso, **não é domingo**. Ao abrir essa porta, conseguimos encontrar a solução completa do exercício: **Se jogo, não é domingo.**

A resposta correta é a letra "A"

EXERCÍCIO Nº 170: (AFC) Márcia não é magra ou Renata é ruiva. Beatriz é bailarina ou Renata não é ruiva. Renata não é ruiva ou Beatriz não é bailarina. Se Beatriz não é bailarina, então Márcia é magra.

a) Márcia não é magra, Renata não é ruiva, Beatriz é bailarina;
b) Márcia é magra, Renata não é ruiva, Beatriz é bailarina;
c) Márcia á magra, Renata não é ruiva, Beatriz não é bailarina;
d) Márcia não é magra, Renata é ruiva, Beatriz é bailarina;
e) Márcia não é magra, Renata é ruiva, Beatriz não é bailarina.

Resolução comentada do exercício nº 170

Interessante notar que esse exercício é um labirinto lógico e para sairmos desta situação vamos precisar de uma chave lógica. Esta chave se encontra na seguinte sentença: **"<u>Márcia não é magra</u>" (vamos supor que seja verdade)**. A partir desta chave podemos abrir uma porta lógica. Vamos então testar a primeira chave lógica: **Márcia não é magra.**

PRIMEIRA PARTE: EXERCÍCIOS COM RESPOSTAS COMENTADAS   **229**

Porta 1

"Se Beatriz não é bailarina, então Márcia é magra".

Sabe-se que, <u>Márcia não é magra</u> (primeira chave lógica) e por isso, podemos afirmar também que Beatriz é bailarina. Ao abrir essa porta, conseguimos mais uma chave lógica nova **(<u>Beatriz é bailarina</u>)**. Com esta nova chave, podemos abrir a segunda porta lógica:

Porta 2

"Renata não é ruiva ou Beatriz não é bailarina".

Sabe-se que <u>Beatriz é bailarina</u> (segunda chave lógica) e por isso, podemos afirmar também que, Renata não é ruiva. Ao abrir essa porta, conseguimos mais uma chave lógica nova (**<u>Renata não é ruiva</u>**). Com esta nova chave, podemos abrir a terceira porta lógica:

Porta 3

"Márcia não é magra ou Renata é ruiva".

Sabe-se que <u>Renata não é ruiva</u> (terceira chave lógica), sendo assim, podemos afirmar também que, a sequência lógica foi quebrada, e por isso, <u>Márcia não é magra</u>. Ao abrir essa porta, conseguimos mais uma chave lógica nova (**Márcia não é magra**). Ao abrir essa última porta, conseguimos encontrar a solução completa do exercício: **Márcia não é magra, Renata não é ruiva, Beatriz é bailarina.**

A resposta correta é a letra "A"

EXERCÍCIO Nº 171: (AFR-SP) Meu salário cobrirá todas as despesas somente se eu economizar. Segue-se que:

a) meu salário não cobrirá as despesas somente se eu não economizar;
b) meu salário não cobrirá as despesas somente se eu economizar;
c) meu salário cobrirá as despesas se eu não economizar;
d) se eu economizar, meu salário cobrirá as despesas;
e) se eu não economizar, meu salário não cobrirá as despesas.

Resolução comentada do exercício nº 171

Vamos analisar a sentença abaixo:

<u>Sentença:</u> **"Meu salário cobrirá todas as despesas, <u>somente se eu economizar</u>".**

*Condição necessária

Para se entende esta sentença, é bem simples, basta somente que, alguma vez eu não economizar e, para que meu salário, não tenha mais capacidade de cobrir as despesas. A alternativa que pode melhor representar esta afirmação, é aquela que diz assim: **"se eu não economizar, meu salário não cobrirá as despesas".**

Dica do autor: "eu economizar" é <u>condição necessária</u> para meu salário cobrir todas as despesas. A mudança se dará, ao negarmos esta condição necessária, ou seja, **"não economizar".** Então, se eu não economizar, meu salário não cobrirá as despesas.

A resposta correta é a letra "E"

EXERCÍCIO Nº 172: (Engenheiro – ENAP) Dizer que "Ana não é alegre ou Beatriz é feliz" é, do ponto de vista lógico, o mesmo que dizer:

a) se Ana não é alegre, então Beatriz é feliz;
b) se Beatriz é feliz, então Ana é alegre;
c) se Ana é alegre, então Beatriz é feliz;
d) se Ana é alegre, então Beatriz não é feliz;
e) se Ana não é alegre, então Beatriz não é feliz.

232 Raciocínio Lógico Descomplicado

Resolução comentada do exercício nº 172

Vamos analisar a sentença abaixo:

<u>Sentença:</u> **"Ana não é alegre ou Beatriz é feliz".**

Para se fazer uma sentença equivalente, é bem simples, basta somente que, Ana seja alegre, por conseguinte, Beatriz será feliz. Afinal, não é possível que <u>Ana fique triste</u> e <u>Beatriz fique feliz</u> ao mesmo tempo. Por isso, se Ana está alegre, então, Beatriz está feliz.

A resposta correta é a letra "C"

EXERCÍCIO Nº 173: (CVM) Do ponto de vista lógico, se for verdadeira a proposição condicional: "se eu ganhar na loteria, então comprarei uma casa", necessariamente será verdadeira a proposição:

a) se eu não ganhar na loteria, então não comprarei uma casa;
b) se eu não comprar uma casa, então não ganhei na loteria;
c) se eu comprar uma casa, então terei ganho na loteria;
d) só comprarei uma casa se ganhar na loteria;
e) só ganharei na loteria quando decidir comprar uma casa.

Resolução comentada do exercício nº 173

Vamos analisar a sentença abaixo:

<u>Sentença:</u> **"Se eu ganhar na loteria, então <u>comprarei uma casa</u>".**

*Condição necessária

PRIMEIRA PARTE: EXERCÍCIOS COM RESPOSTAS COMENTADAS **233**

Para entender a sentença, acima, é bem simples, basta somente que, se perceba que comprar uma casa é **condição necessária**, para eu ganhar na loteria.

Dica do autor: "comprar uma casa" é condição necessária para eu ganhar na loteria. A mudança se dará, ao negarmos esta condição necessária, ou seja, "**se não comprei uma casa**", consequentemente, pode-se afirmar também que, "**não ganhei na loteria**".

Ao analisar a dica do autor, logo acima, conseguimos encontrar a solução completa do exercício: "**se eu não comprar uma casa, então não ganhei na loteria**".

A resposta correta é a letra "B"

EXERCÍCIO Nº 174: (Aneel) A negação da afirmação condicional "se Ana viajar, Paulo vai viajar" é:

a) Ana não está viajando e Paulo vai viajar;
b) se Ana não viajar, Paulo vai viajar;
c) Ana está viajando e Paulo não vai viajar;
d) Ana não está viajando e Paulo não vai viajar;
e) se Ana estiver viajando, Paulo não vai viajar.

Resolução comentada do exercício nº 174

Vamos analisar a sentença abaixo:

Sentença: "se Ana viajar, Paulo vai viajar".

*Condição necessária

Para entender a sentença, acima, é bem simples, basta somente que, se perceba que Paulo viajar é **condição necessária**, para Ana viajar.

Então, para se negar a sentença, será preciso que **Paulo não decida viajar e mesmo assim, a Ana deseje manter o sonho de viajar.** A única forma de quebrar o raciocínio lógico prisional (pessoa que tem opinião presa a de outra) é quando, existe a contradição: Paulo não vai viajar X Ana vai viajar.

A resposta correta é a letra "C"

EXERCÍCIO Nº 175: (AFC) Ou Lógica é fácil, ou Artur não gosta de Lógica. Por outro lado, se Geografia não é difícil, então Lógica é difícil. Daí segue-se que, se Artur gosta de Lógica, então:

a) se Geografia é difícil, então Lógica é difícil;
b) Lógica é fácil e Geografia é difícil;
c) Lógica é fácil e Geografia é fácil;
d) Lógica é difícil e Geografia é difícil;
e) Lógica é difícil ou Geografia é fácil.

Resolução comentada do exercício nº 175

Interessante notar que esse exercício é um labirinto lógico e para sairmos desta situação vamos precisar de uma chave lógica. Esta chave se encontra na seguinte sentença: "**Artur gosta de Lógica**". A partir desta chave podemos abrir uma porta lógica. Vamos então testar a primeira chave lógica: **Artur gosta de Lógica.**

"**Ou Lógica é fácil, ou Artur não gosta de Lógica**".

Sabe-se que, Artur gosta de Lógica (primeira chave lógica) e por isso, podemos afirmar também que Lógica é fácil. Ao abrir essa porta, conseguimos mais uma chave lógica nova (**Lógica é fácil**). Com esta nova chave, podemos abrir a segunda porta lógica:

Porta 2

"se Geografia não é difícil, então Lógica é difícil".

Sabe-se que Lógica é fácil (segunda chave lógica) e por isso, podemos afirmar também que, Geografia é difícil. Ao abrir essa porta, conseguimos mais uma chave lógica nova (**Geografia é difícil**). Ao abrir essa última porta, conseguimos encontrar a solução completa do exercício: **Lógica é fácil e Geografia é difícil.**

A resposta correta é a letra "B"

EXERCÍCIO Nº 176: (Aneel) Se o anão foge do tigre, então o tigre é feroz. Se o tigre é feroz, então o rei fica no castelo. Se o rei fica no castelo, então a rainha briga com o rei. Ora, a rainha não briga com o rei. Logo:

a) o rei não fica no castelo e o anão não foge do tigre;
b) o rei fica no castelo e o tigre é feroz;
c) o rei não fica no castelo e o tigre é feroz;
d) o tigre é feroz e o anão foge do tigre;
e) o tigre não é feroz e o anão foge do tigre.

Resolução comentada do exercício nº 176

Interessante notar que esse exercício é um labirinto lógico e para sairmos desta situação vamos precisar de uma chave lógica. Esta chave se encontra na seguinte sentença: **"a rainha não briga com o rei"**. A partir desta chave podemos abrir uma porta lógica. Vamos então testar a primeira chave lógica: **a rainha não briga com o rei.**

Porta 1

"Se o rei fica no castelo, então a rainha briga com o rei".

Sabe-se que, a Rainha não briga com o rei (primeira chave lógica) e por isso, podemos afirmar também que o rei não fica no castelo. Ao abrir essa porta, conseguimos mais uma chave lógica nova **(O rei não fica no castelo)**. Com esta nova chave, podemos abrir a segunda porta lógica:

Porta 2

"Se o tigre é feroz, então o rei fica no castelo".

Sabe-se que o rei não fica no castelo (segunda chave lógica) e por isso, podemos afirmar também que, o tigre não é feroz. Ao abrir essa porta, conseguimos mais uma chave lógica nova (**o tigre não é feroz**). Com esta nova chave, podemos abrir a terceira porta lógica:

Porta 3

"**Se o anão foge do tigre, então o tigre é feroz**".

Sabe-se que o tigre não é feroz (terceira chave lógica) e por isso, podemos afirmar também que, o anão não foge do tigre. Ao abrir essa porta, conseguimos mais uma chave lógica nova (o anão não foge do tigre).

Ao abrir essa última porta, conseguimos encontrar a solução completa do exercício: **o rei não fica no castelo e o anão não foge do tigre.**

A resposta correta é a letra "A"

EXERCÍCIO Nº 177: (AFC) Ana é prima de Bia, ou Carlos é filho de Pedro. Se Jorge é irmão de Maria, então Breno não é neto de Beto. Se Carlos é filho de Pedro, então Breno é neto de Beto. Ora, Jorge é irmão de Maria. Logo:

a) Carlos é filho de Pedro ou Breno é neto de Beto;
b) Breno é neto de Beto e Ana é prima de Bia;
c) Ana não é prima de Bia e Carlos é filho de Pedro;
d) Jorge é irmão de Maria e Breno é neto de Beto;
e) Ana é prima de Bia e Carlos não é filho de Pedro.

Resolução comentada do exercício nº 177

Interessante notar que esse exercício é um labirinto lógico e para sairmos desta situação vamos precisar de uma chave lógica. Esta chave se encontra na seguinte sentença: **"Jorge é irmão de Maria"**. A partir desta chave podemos abrir uma porta lógica. Vamos então testar a primeira chave lógica: **Jorge é irmão de Maria.**

Porta 1

"Se Jorge é irmão de Maria, então Breno não é neto de Beto".

Sabe-se que, Jorge é irmão de Maria (primeira chave lógica) e por isso, podemos afirmar também que Breno não é neto de Beto. Ao abrir essa porta, conseguimos mais uma chave lógica nova **(Breno não é neto de Beto)**. Com esta nova chave, podemos abrir a segunda porta lógica:

Porta 2

"Se Carlos é filho de Pedro, então Breno é neto de Beto".

Sabe-se que Breno não é neto de Beto (segunda chave lógica) e por isso, podemos afirmar também que, Carlos não é filho de Pedro. Ao abrir essa porta, conseguimos mais uma chave lógica nova (**Carlos não é filho de Pedro**). Com esta nova chave, podemos abrir a terceira porta lógica:

Porta 3

"Ana é prima de Bia, ou Carlos é filho de Pedro".

Sabe-se que <u>Carlos não é filho de Pedro</u> (terceira chave lógica) e por isso, podemos afirmar também que, **Ana é prima de Bia**. Ao abrir essa última porta, conseguimos encontrar a solução completa do exercício: **Ana é prima de Bia e Carlos não é filho de Pedro.**

A resposta correta é a letra "E"

EXERCÍCIO Nº 178: (AFC) Se Beto briga com Glória, então Glória vai ao cinema. Se Glória vai ao cinema, então Carla fica em casa. Se Carla fica em casa, então Raul briga com Carla. Ora, Raul não briga com Carla. Logo:

a) Carla não fica em casa e Beto não briga com Glória;
b) Carla fica em casa e Glória vai ao cinema;
c) Carla não fica em casa e Glória vai ao cinema;
d) Glória vai ao cinema e Beto briga com Glória;
e) Glória não vai ao cinema e Beto briga com Glória.

Resolução comentada do exercício nº 178

Interessante notar que esse exercício é um labirinto lógico e para sairmos desta situação vamos precisar de uma chave lógica. Esta chave se encontra na seguinte sentença: **"Raul não** briga com Carla". A partir desta chave podemos abrir uma porta lógica. Vamos então testar a primeira chave lógica: **Raul não briga com Carla.**

Porta 1

"Se Carla fica em casa, então Raul briga com Carla".

Sabe-se que, Raul não briga com Carla (primeira chave lógica) e por isso, podemos afirmar também que Carla não fica em casa. Ao abrir essa porta, conseguimos mais uma chave lógica nova **(Carla não fica em casa)**. Com esta nova chave, podemos abrir a segunda porta lógica:

Porta 2

"Se Glória vai ao cinema, então Carla fica em casa".

Sabe-se que Carla não fica em casa (segunda chave lógica) e por isso, podemos afirmar também que, Glória não vai ao cinema. Ao abrir essa porta, conseguimos mais uma chave lógica nova (**Glória não vai ao cinema**). Com esta nova chave, podemos abrir a terceira porta lógica:

Porta 3

"Se Beto briga com Glória, então Glória vai ao cinema".

Sabe-se que <u>Glória não vai ao cinema</u> (terceira chave lógica) e por isso, podemos afirmar também que, **Beto não briga com Glória**. Ao abrir essa última porta, conseguimos encontrar a solução completa do exercício: **Carla não fica em casa e Beto não briga com Glória.**

A resposta correta é a letra "A"

EXERCÍCIO N° 179: (ATM) André é inocente ou Beto é inocente. Se Beto é inocente, então Caio é culpado. Caio é inocente se e somente se Denis é culpado. Ora, Denis é culpado. Logo:

a) Caio e Beto são inocentes;
b) André e Caio são inocentes;
c) André e Beto são inocentes;
d) Caio e Denis são culpados;
e) André e Denis são culpados.

Resolução comentada do exercício n° 179

Interessante notar que esse exercício é um labirinto lógico e para sairmos desta situação vamos precisar de uma chave lógica. Esta chave se encontra na seguinte sentença: **"Denis é**

culpado". A partir desta chave podemos abrir uma porta lógica. Vamos então testar a primeira chave lógica: **Denis é culpado.**

Porta 1

"**Caio é inocente se e somente se Denis é culpado**".

Sabe-se que, Dênis é culpado (primeira chave lógica) e por isso, podemos afirmar também que Caio é inocente. Ao abrir essa porta, conseguimos mais uma chave lógica nova **(Caio é inocente)**. Com esta nova chave, podemos abrir a segunda porta lógica:

Porta 2

"**Se Beto é inocente, então Caio é culpado**".

Sabe-se que Caio é inocente (segunda chave lógica) e por isso, podemos afirmar também que, Beto é culpado. Ao abrir essa porta, conseguimos mais uma chave lógica nova (**Beto é culpado**). Com esta nova chave, podemos abrir a terceira porta lógica:

Porta 3

"**André é inocente ou Beto é inocente**".

Sabe-se que <u>Beto é culpado </u>(terceira chave lógica) e por isso, podemos afirmar também que, <u>**André será considerado inocente**</u>. Ao abrir essa última porta, conseguimos encontrar a solução completa do exercício: **André e Caio são inocentes.**

A resposta correta é a letra "B"

EXERCÍCIO Nº 180: (Aneel) Se não leio, não compreendo. Se jogo, não leio. Se não desisto, compreendo. Se é feriado, não desisto. Então:

a) se jogo, não é feriado;
b) se não jogo, é feriado;
c) se é feriado, não leio;
d) se não é feriado, leio;
e) se é feriado, jogo.

Resolução comentada do exercício nº 180

Interessante notar que esse exercício é um labirinto lógico e para sairmos desta situação vamos precisar de uma chave lógica. Esta chave se encontra na seguinte sentença: "<u>**Hoje não é feriado**</u>" **(vamos supor que seja verdade).** A partir desta chave podemos abrir uma porta lógica. Vamos então testar a primeira chave lógica: **Hoje não é feriado.**

Porta 1

"**Se é feriado, não desisto**".

Sabe-se que, <u>Hoje não é feriado</u> (primeira chave lógica) e por isso, podemos afirmar também que "desisto". Ao abrir essa porta, conseguimos mais uma chave lógica nova **(desisto)**. Com esta nova chave, podemos abrir a segunda porta lógica:

Porta 2

"**Se não desisto, compreendo**".

Sabe-se que <u>desisto</u> (segunda chave lógica) e por isso, podemos afirmar também que, "eu não compreendo". Ao abrir essa porta, conseguimos mais uma chave lógica nova (**eu não compreendo**). Com esta nova chave, podemos abrir a terceira porta lógica:

Porta 3

"Se não leio, não compreendo".

Sabe-se que <u>eu não compreendo</u> (terceira chave lógica) e por isso, podemos afirmar também que, eu não tenho o hábito de ler. Ao abrir essa porta, conseguimos mais uma chave lógica nova (**eu não leio**). Com esta nova chave, podemos abrir a quarta porta lógica:

"Se jogo, não leio".

Sabe-se que <u>eu não leio</u> (quarta chave lógica) e por isso, podemos afirmar também que, **eu jogo** Ao abrir essa última porta, conseguimos encontrar a solução completa do exercício: **Se jogo, não é feriado.** Isto quer dizer que a única forma de eu jogar, será quando não for feriado. Não existe outra opção lógica.

A resposta correta é a letra "A"

246   Raciocínio Lógico Descomplicado

EXERCÍCIO Nº 181: (TRT) Com relação a três funcionários do Tribunal, sabe-se que:

I. João é mais alto que o recepcionista;
II. Mário é escrivão;
III. Luís não é o mais baixo dos três;
IV. um deles é escrivão, o outro recepcionista e o outro segurança. Sendo verdadeiras as quatro afirmações, é correto dizer que:

a) João é mais baixo que Mário;
b) Luís é segurança;
c) Luís é o mais alto dos três;
d) João é o mais alto dos três;
e) Mário é mais alto que Luís.

Resolução comentada do exercício nº 181

Vamos organizar, logo abaixo, as principais informações do exercício:

Sentença I: João é mais alto que o recepcionista;

Sabe-se, através desta sentença que, o João não é o recepcionista. Pelo contrário, o João disputa em altura com o recepcionista, e ficou provado que João tem maior estatura.

Sentença II: Mário é escrivão;

Com esta afirmação, só podemos concluir que o Luís é o recepcionista. Já que, em linhas anteriores descobrimos que o João não gostava desta profissão (recepcionista). Logo, assim, podemos também através de um raciocínio lógico simples, buscar perceber que não resta outra opção ao João, pois, somente poderá exercer o ofício de segurança.

Então ficou assim,

João – segurança.
Mário – escrivão.
Luís – recepcionista.

Vamos, agora, descobrir quem é o mais alto dos três funcionários:

PRIMEIRA PARTE: EXERCÍCIOS COM RESPOSTAS COMENTADAS

Sentença I: João é mais alto que o recepcionista;

Sentença III: Luís não é o mais baixo dos três;

Sabe-se que João é mais alto que o recepcionista. Ora, descobrimos a pouco, que o recepcionista se chama Luís. Então João é mais alto que o Luís. Como sabemos que o Luís não é o mais baixo dos três, e por isso, temos como certo que, o Mário é o mais baixo. Para simplificar, vamos entender de forma matemática:

Raciocínio matemático:

João › Luís › Mário. (João é mais alto que Luís, que é mais alto que Mário).

Então ficou assim,

João – mais alto.
Luís – altura mediana.
Mário – mais baixo.

Para concluir a resolução da questão, pode-se afirmar que João é o mais alto dos três.

A resposta correta é a letra "D"

EXERCÍCIO Nº 182: (MRE) Se a professora de Matemática foi à reunião, nem a professora de Inglês nem a professora de Francês deram aula. Se a professora de Francês não deu aula, a professora de Português foi à reunião. Se a professora de Português foi à reunião, todos os problemas foram resolvidos. Ora, pelo menos um problema não foi resolvido. Logo:

a) a professora de Matemática não foi à reunião e a professora de francês não deu aula;

b) a professora de Matemática e a professora de Português não foram à reunião;

c) a professora de Francês não deu aula e a professora de Português não foi à reunião;
d) a professora de Francês não deu aula ou a professora de Português foi à reunião;
e) a professora de Inglês e a professora de Francês não deram aula.

Resolução comentada do exercício nº 182

Interessante notar que esse exercício é um labirinto lógico e para sairmos desta situação vamos precisar de uma chave lógica. Esta chave se encontra na seguinte sentença: **"pelo menos um problema não foi resolvido"**. A partir desta chave podemos abrir uma porta lógica. Vamos então testar a primeira chave lógica: **pelo menos um problema não foi resolvido.**

Porta 1

"**Se a professora de Português foi à reunião, todos os problemas foram resolvidos**".

Sabe-se que, pelo menos um problema não foi resolvido (primeira chave lógica) e por isso, podemos afirmar também que a professora de Português não foi à reunião. Ao abrir essa porta, conseguimos mais uma chave lógica nova **(a professora de Português não foi à reunião)**. Com esta nova chave, podemos abrir a segunda porta lógica:

Porta 2

"Se a professora de Francês não deu aula, a professora de Português foi à reunião".

Sabe-se que a professora de Português não foi à reunião (segunda chave lógica) e por isso, podemos afirmar também que, a professora de Francês deu aula. Ao abrir essa porta, conseguimos mais uma chave lógica nova (**a professora de Francês deu aula**). Com esta nova chave, podemos abrir a terceira porta lógica:

Porta 3

"Se a professora de Matemática foi à reunião, nem a professora de Inglês nem a professora de Francês deram aula".

Sabe-se que a professora de Francês deu aula (terceira chave lógica) e por isso, podemos afirmar também que, a sequência lógica foi quebrada e por isso, a **professora de Matemática não foi à reunião**. Ao abrir essa última porta, conseguimos encontrar a solução completa do exercício: **A professora de Matemática e a professora de Português não foram à reunião.**

A resposta correta é a letra "B"

EXERCÍCIO Nº 183: (TCM – RJ) No final de um ano letivo em um colégio, foi possível afirmar, a respeito da turma X:

- nem todos os alunos aprovados em Matemática foram aprovados em Física;
- nenhum aluno reprovado em Física foi aprovado em Química.

A partir dessas afirmações, é correto afirmar que:
a) existe aluno da turma X que foi aprovado em Matemática e aprovado em Química;
b) existe aluno da turma X que foi aprovado em Matemática e reprovado em Química;
c) qualquer aluno da turma X que foi aprovado em Matemática foi reprovado em Química;
d) qualquer aluno da turma X que foi aprovado em Química foi reprovado em Matemática;

Resolução comentada do exercício nº 183

Para resolver esta questão se faz necessário ilustrar com figuras, a sentença abaixo:

Primeira sentença: **"nenhum aluno reprovado em Física foi aprovado em Química".**

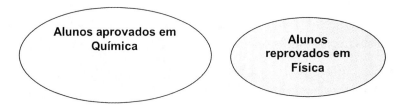

Segunda sentença: **"nem todos os alunos aprovados em Matemática foram aprovados em Física".**

Observando a figura acima, fica simples perceber que existe algum aluno da turma "X" que, foi aprovado em Matemática e, consequentemente, reprovado em física. Sabe-se também que, Nenhum aluno que foi reprovado em Física, será aprovado em Química. Conclui-se, então, que algum aluno aprovado em Matemática, não será aprovado em Química.

A resposta correta é a letra "B"

EXERCÍCIO Nº 184: (TCM – RJ) Se o produto A é mais caro que o produto B e se o produto C é mais barato que o produto A, mas não o mais barato dos três, pode-se concluir que o produto B é o mais barato dos três. Essa conclusão é:

a) necessariamente falsa;
b) verdadeira, mas não necessariamente;
c) necessariamente verdadeira;
d) falsa, mas não necessariamente;
e) indeterminada;

252　　RACIOCÍNIO LÓGICO DESCOMPLICADO

Resolução comentada do exercício nº 184

Vamos analisar a sentença abaixo:

<u>Sentença:</u> **"se o produto A é mais caro que o produto B e se o produto C é mais barato que o produto A, mas não o mais barato dos três, pode-se concluir que o produto B é o mais barato dos três".**

Para entender a sentença, acima, é bem simples, basta somente que, se perceba que se o produto "A" é mais caro que o produto "B" e ainda que o produto "C", logo, se conclui que o produto "A" é o mais caro de todos.

Para descobrir qual é o produto mais barato, não será tão difícil. O produto "A" não pode ser, pois é o mais caro. O produto "C" já se sabe que, não é o mais barato dos três, e por isso, somente restou ao produto "B" ter o título de produto mais barato. Sendo assim, a conclusão que segue: **"o produto B é o mais barato dos três"**, é necessariamente verdadeira.

A resposta correta é a letra "C"

EXERCÍCIO Nº 185: (TC – PR) Se navegar é preciso, então viver não é preciso; se navegar não é preciso, então criar não é preciso. Mas, Fernando Pessoa disse que criar é preciso. Logo:

a) viver é preciso e criar é preciso;

b) navegar é preciso e viver não é preciso;

c) criar é preciso e navegar não é preciso;

d) navegar é preciso e viver é preciso;

e) navegar não é preciso e viver não é preciso;

Resolução comentada do exercício nº 185

Interessante notar que esse exercício é um labirinto lógico e para sairmos desta situação vamos precisar de uma chave lógica. Esta chave se encontra na seguinte sentença: **"criar é preciso"**. A partir desta chave podemos abrir uma porta lógica. Vamos então testar a primeira chave lógica: **criar é preciso.**

Porta 1

"se navegar não é preciso, então criar não é preciso".

Sabe-se que, criar é preciso (primeira chave lógica) e por isso, podemos afirmar também que navegar é preciso. Ao abrir essa porta, conseguimos mais uma chave lógica nova **(navegar é preciso)**. Com esta nova chave, podemos abrir a segunda porta lógica:

Porta 2

"Se navegar é preciso, então viver não é preciso".

Sabe-se que navegar é preciso (segunda chave lógica) e por isso, podemos afirmar também que, **viver não é preciso**. Ao abrir essa última porta, conseguimos encontrar a solução completa do exercício: **navegar é preciso e viver não é preciso.**

A resposta correta é a letra "B"

254   Raciocínio Lógico Descomplicado

EXERCÍCIO Nº 186: (TC – PR) Das alternativas abaixo, assinale aquela que corresponde a uma argumentação correta.

a) Toda pessoa elegante se veste bem. Como João se veste bem, então ele é elegante;

b) Todo cidadão honesto paga seus impostos. Como João não é honesto, então ele não paga seus impostos;

c) Todo cliente satisfeito deixa gorjeta para o garçom. Como João não deixou gorjeta para o garçom, então ele não é um cliente satisfeito.

d) Todo bom empresário tem uma secretária eficiente. Como João não é um bom empresário, então a secretária dele não é eficiente.

e) Todo político responsável promove projetos sociais. Como João não é um político responsável, então ele não promove projetos sociais.

Resolução comentada do exercício nº 186

Vamos analisar a sentença abaixo:

Sentença: "Todo cliente satisfeito deixa gorjeta para o garçom. Como João não deixou gorjeta para o garçom, então ele não é um cliente satisfeito".

Para entender a sentença, acima, é bem simples, basta somente que, se perceba que se para uma pessoa pertencer ao grupo dos clientes satisfeitos, tem que obedecer a um critério específico: deve deixar gorjeta para o garçom. **Por exemplo, caso João não deixe uma gorjeta para o garçom, consequentemente, não poderá pertencer ao restrito grupo, dos clientes satisfeitos.**

A resposta correta é a letra "C"

EXERCÍCIO Nº 187: (AFC) Ana é artista ou Carlos é compositor. Se Mauro gosta de música, então Flávia não é fotógrafa. Se Flávia não é fotógrafa, então Carlos não é compositor. Ana não é artista e Daniela não fuma. Pode-se, então, concluir corretamente que:

a) Ana não é artista e Carlos não é compositor;
b) Carlos é compositor e Flávia é fotógrafa;
c) Mauro gosta de música e Daniela não fuma;
d) Ana não é artista e Mauro gosta de música;
e) Mauro não gosta de música e Flávia não é fotógrafa;

Resolução comentada do exercício nº 187

Interessante notar que esse exercício é um labirinto lógico e para sairmos desta situação vamos precisar de uma chave lógica. Esta chave se encontra na seguinte sentença: **"Ana não é artista"**. A partir desta chave podemos abrir uma porta lógica. Vamos então testar a primeira chave lógica: **Ana não é artista.**

Porta 1

"**Ana é artista ou Carlos é compositor**".

Sabe-se que, <u>Ana não é artista</u> (primeira chave lógica) e por isso, podemos afirmar também que Carlos é compositor. Ao abrir essa porta, conseguimos mais uma chave lógica nova **(Carlos é compositor)**. Com esta nova chave, podemos abrir a segunda porta lógica:

Porta 2

"Se Flávia não é fotógrafa, então Carlos não é compositor".

Sabe-se que o Carlos é compositor (segunda chave lógica) e por isso, podemos afirmar também que, a Flávia é fotógrafa. Ao abrir essa porta, conseguimos mais uma chave lógica nova (**Flávia é fotógrafa**). Com esta nova chave, podemos abrir a terceira porta lógica:

Porta 3

"Se Mauro gosta de música, então Flávia não é fotógrafa".

Sabe-se que Flávia é fotógrafa (terceira chave lógica) e por isso, podemos afirmar também que, a sequência lógica foi quebrada e por isso, a Mauro não gosta de música. Ao abrir essa última porta, conseguimos encontrar a solução completa do exercício: **Carlos é compositor e Flávia é fotógrafa.**

A resposta correta é a letra "B"

PRIMEIRA PARTE: EXERCÍCIOS COM RESPOSTAS COMENTADAS   **257**

EXERCÍCIO Nº 188: (ANPAD) Sejam x, y, z, t e u, números reais. Se x é maior que y, então z é maior que t. Se z é maior do que t, então u é maior do que x. Ora, x é maior do que y. Logo:

a) z é maior que t e u é maior do que y;
b) x é maior do que t e y é maior do que u;
c) y é maior do que t e u é menor do que z;
d) y é maior do que z e u é menor do que x;
e) x é maior do que z e u é menor do que y;

Resolução comentada do exercício nº 188

Interessante notar que esse exercício é um labirinto lógico e para sairmos desta situação vamos precisar de uma chave lógica. Esta chave se encontra na seguinte sentença: **"Ora, x é maior do que y"**. A partir desta chave podemos abrir uma porta lógica. Vamos então testar a primeira chave lógica: **Ora, x é maior do que y.**

Porta 1

"Se x é maior que y, então z é maior que t".

Sabe-se que, <u>x é maior do que y</u> (primeira chave lógica) e por isso, podemos afirmar também que "z é maior que t". Ao abrir essa porta, conseguimos mais uma chave lógica nova **(z é maior que t)**. Com esta nova chave, podemos abrir a segunda porta lógica:

Porta 2

"Se z é maior do que t, então u é maior do que x".

Sabe-se que z é maior que t (segunda chave lógica) e por isso, podemos afirmar também que, "u é maior do que x". Ao abrir essa porta, conseguimos mais uma chave lógica nova (**u é maior do que x**).

Raciocínio matemático:

1) "u é maior do que x"
2) "x é maior do que y"

u > x > y. ("u" é maior que 'x', que é maior que "y",... logo, "u" é maior que "y").

Ao abrir essa última porta, conseguimos encontrar a solução completa do exercício: **z é maior que t e u é maior do que y.**

A resposta correta é a letra "A"

EXERCÍCIO Nº 189: (AGPP-SP) Considere a seguinte afirmação: "Todos os irmãos de André têm mais de 180 cm de altura".

Dessa afirmação, pode-se concluir que:
a) se Bernardo é irmão de André, então a altura de Bernardo é menor que 180 cm;
b) se a altura de Caetano é maior que 180 cm, então ele é irmão de André;

PRIMEIRA PARTE: EXERCÍCIOS COM RESPOSTAS COMENTADAS **259**

c) se a altura de Dario é menor que 180 cm, então ele não é irmão de André;

d) a altura de André é maior que 180 cm;

e) a altura de André é menor que 180 cm.

Resolução comentada do exercício nº 189

Vamos analisar a sentença abaixo:

Sentença: "Todos os irmãos de André têm mais de 180 cm de altura".

Para saber se um indivíduo é irmão de André, será exigido dele, o seguinte atributo: ter mais de 180 cm de altura. Portanto, pode-se afirmar também que, se Dario tem menos que 180 cm de altura, então, ele nunca poderá ser considerado irmão de André. A alternativa que pode melhor representar esta afirmação, é aquela que diz assim: **"se a altura de Dario é menor que 180 cm, então ele não é irmão de André".**

A resposta correta é a letra "C"

EXERCÍCIO Nº 190: (AFC) Se X está contido em Y, então X está contido em Z. Se X está contido em P, então X está contido em T. Se X não está contido em Y, então X está contido em P. Ora, X não está contido em T. Logo:

a) Z está contido em T e Y está contido em X;

b) X está contido em Y e X não está contido em Z;

c) X está contido em Z e Z não está contido em Y;

d) Y está contido em T e X está contido em Z;

e) X não está contido em P e X está contido em Y.

Resolução comentada do exercício nº 190

Interessante notar que esse exercício é um labirinto lógico e para sairmos desta situação vamos precisar de uma chave lógica. Esta chave se encontra na seguinte sentença: **"X não está contido em T"**. A partir desta chave podemos abrir uma porta lógica. Vamos então testar a primeira chave lógica: **X não está contido em T**.

Porta 1

"Se X está contido em P, então X está contido em T".

Sabe-se que, X não está contido em T (primeira chave lógica) e por isso, podemos afirmar também que "X não está contido em P". Ao abrir essa porta, conseguimos mais uma chave lógica nova **(X não está contido em P)**. Com esta nova chave, podemos abrir a segunda porta lógica:

Porta 2

"Se X não está contido em Y, então X está contido em P".

Sabe-se que X não está contido em P (segunda chave lógica) e por isso, podemos afirmar também que, "X está contido em Y". Ao abrir essa porta, conseguimos mais uma chave lógica nova

(**X está contido em Y**). Com esta nova chave, podemos abrir a terceira porta lógica:

Porta 3

"Se X está contido em Y, então X está contido em Z".

Sabe-se que X está contido em Y (terceira chave lógica) e por isso, podemos afirmar também que, a sequência lógica **não** foi quebrada e por isso, a conclusão permanece sem alteração, ou seja, **"X está contido em Z"**. Ao abrir essa última porta, conseguimos encontrar a solução completa do exercício: **X não está contido em P e X está contido em Y.**

A resposta correta é a letra "E"

EXERCÍCIO Nº 191: (Técnico – MIN) Ao se referir a um passageiro que estava falando inglês, o motorista disse que "ele é americano, inglês ou australiano". O motorista teria falado de forma equivalente, se dissesse que:

a) o passageiro não é brasileiro nem português;
b) o passageiro é estrangeiro;
c) se o passageiro não for inglês, então ele é americano;
d) se o passageiro não for americano nem inglês, então ele é australiano;
e) o passageiro é de um país de língua inglesa.

262 RACIOCÍNIO LÓGICO DESCOMPLICADO

Resolução comentada do exercício nº 191

Vamos analisar a sentença abaixo:

Sentença: "Ao se referir a um passageiro que estava falando inglês, o motorista disse que 'ele é americano, inglês ou australiano'".

Lembre-se que o passageiro só tinha a opção de escolher entre três nacionalidades (americano, inglês ou australiano). Para se fazer uma sentença equivalente, é bem simples, basta somente que, **o leitor pense na possibilidade do passageiro, não ser americano e nem inglês, logo, por consequência lógica, temos a certeza de que é australiano**. Afinal, esta era a única nacionalidade restante, que o passageiro poderia escolher.

A resposta correta é a letra "D"

EXERCÍCIO Nº 192: (AFC) Se Carlos é mais velho do que Pedro, então Maria e Julia têm a mesma idade. Se Maria e Júlia têm a mesma idade, então João é mais moço do que Pedro. Se João é mais moço do que Pedro, então Carlos é mais velho do que Maria. Ora, Carlos não é mais velho do que Maria. Então:

a) Carlos não é mais velho do que Julia, e João é mais moço do que Pedro;

b) Carlos é mais velho do que Pedro, e Maria e Júlia têm a mesma idade;

c) Carlos e João são mais moços do que Pedro;

d) Carlos é mais velho do que Pedro, e João é mais moço do que Pedro;

e) Carlos não é mais velho do que Pedro, e Maria e Júlia não têm a mesma idade.

Resolução comentada do exercício nº 192

Interessante notar que esse exercício é um labirinto lógico e para sairmos desta situação vamos precisar de uma chave lógica. Esta chave se encontra na seguinte sentença: **"Carlos não é o mais velho do que Maria"**. A partir desta chave podemos abrir uma porta lógica. Vamos então testar a primeira chave lógica: **Carlos não é o mais velho do que Maria.**

Porta 1

"Se João é mais moço do que Pedro, então Carlos é mais velho do que Maria".

Sabe-se que, Carlos não é mais velho do que Maria (primeira chave lógica) e por isso, podemos afirmar também que "João não é mais moço do que Pedro". Ao abrir essa porta, conseguimos mais uma chave lógica nova **(João não é mais moço do que Pedro)**. Com esta nova chave, podemos abrir a segunda porta lógica:

Porta 2

"Se Maria e Júlia têm a mesma idade, então João é mais moço do que Pedro.".

Sabe-se que João não é mais moço do que Pedro (segunda chave lógica) e por isso, podemos afirmar também que, a "Maria e Júlia não têm a mesma idade". Ao abrir essa porta, conseguimos mais uma chave lógica nova (**Maria e Júlia não têm a mesma idade**). Com esta nova chave, podemos abrir a terceira porta lógica:

Porta 3

"Se Carlos é mais velho do que Pedro, então Maria e Julia têm a mesma idade".

Sabe-se que Maria e Júlia não têm a mesma idade (terceira chave lógica) e por isso, podemos afirmar também que, **Carlos é não mais velho do que Pedro**. Ao abrir essa última porta, conseguimos encontrar a solução completa do exercício: **Carlos não é mais velho do que Pedro, e Maria e Júlia não têm a mesma idade.**

A resposta correta é a letra "E"

EXERCÍCIO Nº 193: (AFC) Ou Celso compra um carro, ou Ana vai à África, ou Rui vai a Roma. Se Ana vai à África, então Luiz compra um livro. Se Luiz compra um livro, então Rui vai a Roma. Ora, Rui não vai a Roma. Logo:

a) Celso compra um carro e Ana não vai à África;
b) Celso não compra um carro e Luiz não compra um livro;
c) Ana não vai à África e Luiz compra um livro;

d) Ana vai à África ou Luiz compra um livro;
e) Ana vai à África e Rui não vai a Roma.

Resolução comentada do exercício nº 193

Interessante notar que esse exercício é um labirinto lógico e para sairmos desta situação vamos precisar de uma chave lógica. Esta chave se encontra na seguinte sentença: **"Rui não vai a Roma"**. A partir desta chave podemos abrir uma porta lógica. Vamos então testar a primeira chave lógica: **Rui não vai a Roma.**

Porta 1

"**Se Luiz compra um livro, então Rui vai a Roma**".

Sabe-se que, <u>Rui não vai a Roma</u> (primeira chave lógica) e por isso, podemos afirmar também que, o raciocínio lógico foi quebrado, e sendo assim, "Luiz não compra um livro". Ao abrir essa porta, conseguimos mais uma chave lógica nova **(Luiz não compra um livro)**. Com esta nova chave, podemos abrir a segunda porta lógica:

Porta 2

"**Se Ana vai à África, então Luiz compra um livro**".

Sabe-se que Luiz não compra um livro (segunda chave lógica) e por isso, podemos afirmar também que, a "Ana não vai à África". Ao abrir essa porta, conseguimos mais uma chave lógica nova (**Ana não vai à África**). Com esta nova chave, podemos abrir a terceira porta lógica:

Porta 3

"Ou Celso compra um carro, ou Ana vai à África, ou Rui vai a Roma".

Sabe-se que Rui não vai a Roma e Ana não vai à África (terceira chave lógica) e por isso, podemos afirmar também que, só restou a primeira opção, ou seja, **Celso compra um carro**. Ao abrir essa última porta, conseguimos encontrar a solução completa do exercício: **Celso compra um carro e Ana não vai à África**.

A resposta correta é a letra "A"

EXERCÍCIO Nº 194: (AFCE) Se Beraldo briga com Beatriz, então Beatriz briga com Bia. Se Beatriz briga com Bia, então Bia vai ao bar. Se Bia vai ao bar, então Beto briga com Bia. Ora, Beto, não briga com Bia. Logo:

a) Bia não vai ao bar e Beatriz briga com Bia;
b) Bia vai ao bar e Beatriz briga com Bia;
c) Beatriz não briga com Bia e Beraldo não briga com Beatriz;
d) Beatriz briga com Bia e Beraldo briga com Beatriz;
e) Beatriz não briga com Bia e Beraldo briga com Beatriz.

Resolução comentada do exercício nº 194

Interessante notar que esse exercício é um labirinto lógico e para sairmos desta situação vamos precisar de uma chave lógica. Esta chave se encontra na seguinte sentença: **"Beto, não briga com Bia"**. A partir desta chave podemos abrir uma porta lógica. Vamos então testar a primeira chave lógica: **Beto, não briga com Bia.**

Porta 1

"Se Bia vai ao bar, então Beto briga com Bia".

Sabe-se que, Beto não briga com Bia (primeira chave lógica) e por isso, podemos afirmar também que, o raciocínio lógico foi quebrado, e sendo assim, "Bia não vai ao bar". Ao abrir essa porta, conseguimos mais uma chave lógica nova **(Bia não vai ao bar)**. Com esta nova chave, podemos abrir a segunda porta lógica:

Porta 2

"Se Beatriz briga com Bia, então Bia vai ao bar".

Sabe-se que Bia não vai ao bar (segunda chave lógica) e por isso, podemos afirmar também que, a "Beatriz não briga com

Bia". Ao abrir essa porta, conseguimos mais uma chave lógica nova (**Beatriz não briga com Bia**). Com esta nova chave, podemos abrir a terceira porta lógica:

Porta 3

"Se Beraldo briga com Beatriz, então Beatriz briga com Bia".

Sabe-se que Beatriz não briga com Bia (terceira chave lógica) e por isso, podemos afirmar também que, **Beraldo não briga com Beatriz**. Ao abrir essa última porta, conseguimos encontrar a solução completa do exercício: **Beatriz não briga com Bia e Beraldo não briga com Beatriz**.

A resposta correta é a letra "C"

EXERCÍCIO Nº 195: (AFR-SP) Se Francisco desviou dinheiro da campanha assistencial, então ele cometeu um grave delito. Mas, Francisco não desviou dinheiro da campanha assistencial. Logo:

a) Francisco desviou dinheiro da campanha assistencial;
b) Francisco não cometeu um grave delito;
c) Francisco cometeu um grave delito;
d) alguém desviou dinheiro da campanha assistencial;
e) alguém não desviou dinheiro da campanha assistencial.

PRIMEIRA PARTE: EXERCÍCIOS COM RESPOSTAS COMENTADAS **269**

Resolução comentada do exercício nº 195

Vamos analisar as sentenças abaixo:

Sentença 1: "Se Francisco desviou dinheiro da campanha assistencial, então ele cometeu um grave delito".

Lembre-se que o a única opção do Francisco pertencer ao grupo de pessoas que desviaram dinheiro da campanha eleitoral é a seguinte: **cometer um grave delito.**

Sentença 2: "Francisco não desviou dinheiro da campanha assistencial".

Isto não quer dizer, que o Francisco não cometeu um grave delito. Porém, sabemos que o grave delito, relacionado (<u>desvio de dinheiro da campanha assistencial</u>), não foi o Francisco que fez. Então, resume-se que:

Alguém (**Francisco**) não desviou dinheiro da campanha assistencial.

A resposta correta é a letra "E"

EXERCÍCIO Nº 196: (MPU) Sabe-se que João estar feliz é condição necessária para Maria sorrir e condição suficiente para Daniela abraçar Paulo. Sabe-se, também, que Daniela abraçar Paulo é condição necessária e suficiente para Sandra abraçar Sérgio. Assim, quando Sandra não abraça Sérgio:

a) João está feliz, Maria não sorri, e Daniela abraça Paulo;
b) João não está feliz, Maria sorri, e Daniela não abraça Paulo;
c) João está feliz, Maria sorri, e Daniela não abraça Paulo;
d) João não está feliz, Maria não sorri, e Daniela não abraça Paulo;
e) João não está feliz, Maria sorri, e Daniela abraça Paulo.

Resolução comentada do exercício nº 196

Interessante notar que esse exercício é um labirinto lógico e para sairmos desta situação vamos precisar de uma chave lógica. Esta chave se encontra na seguinte sentença: **"Sandra não abraça Sérgio"**. A partir desta chave podemos abrir uma porta lógica. Vamos então testar a primeira chave lógica: **Sandra não abraça Sérgio.**

Porta 1

"Daniela abraçar Paulo é condição necessária e suficiente para Sandra abraçar Sérgio".

Sabe-se que, Sandra não abraça Sérgio (primeira chave lógica) e por isso, podemos afirmar também que, o raciocínio lógico foi quebrado, e sendo assim, "Daniela não abraça Paulo". Ao abrir essa porta, conseguimos mais uma chave lógica nova **(Daniela não abraça Paulo)**. Com esta nova chave, podemos abrir a segunda porta lógica:

Porta 2

"João estar feliz é condição necessária para Maria sorrir e condição suficiente para Daniela abraçar Paulo".

PRIMEIRA PARTE: EXERCÍCIOS COM RESPOSTAS COMENTADAS **271**

Sabe-se que <u>Daniela não abraça Paulo</u> (segunda chave lógica) e por isso, podemos afirmar também que, o raciocino lógico foi quebrado, e sendo assim, a "Maria não sorri" e o "João não está feliz". Ao abrir essa porta, conseguimos mais uma chave lógica nova (**<u>Maria não sorri</u>** e **<u>João não está feliz</u>**). Ao abrir essa última porta, conseguimos encontrar a solução completa do exercício: **João não está feliz, Maria não sorri e Daniela não abraça Paulo.**

A resposta correta é a letra "D"

EXERCÍCIO Nº 197: (ACE) O rei ir à caça é condição necessária para o duque sair do castelo, e é condição suficiente para a duquesa ir ao jardim. Por outro lado, o conde encontrar a princesa é condição necessária e suficiente para o barão sorrir e é condição necessária para a duquesa ir ao jardim. O barão não sorriu. Logo:

a) a duquesa foi ao jardim ou o conde encontrou a princesa;

b) se o duque não saiu do castelo, então o conde encontrou a princesa;

c) o rei não foi à caça e o conde não encontrou a princesa;

d) o rei foi à caça e a duquesa não foi ao jardim;

e) o duque saiu do castelo e o rei não foi à caça.

Resolução comentada do exercício nº 197

Interessante notar que esse exercício é um labirinto lógico e para sairmos desta situação vamos precisar de uma chave lógica. Esta chave se encontra na seguinte sentença: **"O barão não sorriu".** A partir desta chave podemos abrir uma porta lógica. Vamos então testar a primeira chave lógica: **O barão não sorriu.**

Porta 1

"O conde encontrar a princesa é condição necessária e suficiente para o barão sorrir e é condição necessária para a duquesa ir ao jardim".

Sabe-se que, O barão não sorriu (primeira chave lógica) e por isso, podemos afirmar também que, "O conde não encontrou a princesa" e "a duquesa não foi ao jardim". Ao abrir essa porta, conseguimos mais uma chave lógica nova **(O conde não encontrou a princesa e a duquesa não foi ao jardim)**. Com esta nova chave, podemos abrir a segunda porta lógica:

Porta 2

"O rei ir à caça é condição necessária para o duque sair do castelo, e é condição suficiente para a duquesa ir ao jardim".

Sabe-se que a duquesa não foi ao jardim (segunda chave lógica) e por isso, podemos afirmar também que, o raciocínio lógico foi quebrado, e sendo assim, "**o rei não foi à caça e o duque não saiu do castelo**". Ao abrir essa última porta, conseguimos encontrar a solução completa do exercício: **o rei não foi à caça e o conde não encontrou a princesa**.

A resposta correta é a letra "C"

PRIMEIRA PARTE: EXERCÍCIOS COM RESPOSTAS COMENTADAS **273**

EXERCÍCIO Nº 198: (TCE-PI) O manual de garantia de qualidade de uma empresa diz que, se um cliente faz uma reclamação formal, então é aberto um processo interno e o departamento de qualidade é acionado. De acordo com essa afirmação, é correto concluir que:

a) a existência de uma reclamação formal de um cliente é uma condição necessária para que o departamento de qualidade seja acionado;
b) a existência de uma reclamação formal de um cliente é uma condição suficiente para que o departamento de qualidade seja acionado;
c) a abertura de um processo interno é uma condição necessária e suficiente para que o departamento de qualidade seja acionado;
d) se um processo interno foi aberto, então um cliente fez uma reclamação formal;
e) não existindo qualquer reclamação formal feita por um cliente, nenhum processo interno poderá ser aberto.

Resolução comentada do exercício nº 198

Vamos analisar a sentença abaixo:

<u>Sentença:</u> **"se um cliente faz uma reclamação formal, então é aberto um processo interno e o departamento de qualidade é acionado".**

Lembre-se que só o fato de existir uma reclamação formal, já desencadeia uma sequência de ações lógicas, como por exemplo:

1 – abertura de processo interno;
1.1 – faz com que o departamento de qualidade será acionado.

Então, a existência de uma reclamação formal de um cliente, já é uma condição suficiente, para que sejam tomadas algumas providências, dentre elas, vale destacar: <u>o acionamento do departamento de qualidade</u>.

A resposta correta é a letra "B"

EXERCÍCIO Nº 199: (Prominp) Se a › b, então c › d, então f › a. Ora, f ≤ a. Logo:

a) a ≤ b;
b) a › c;
c) a › d;
d) b ≤ c;
e) b › d.

Resolução comentada do exercício nº 199

Interessante notar que esse exercício é um labirinto lógico e para sairmos desta situação vamos precisar de uma chave lógica. Esta chave se encontra na seguinte sentença: "'F' é menor ou igual a 'A'". Uma sentença equivalente seria dizer: **"F nunca poderá ser maior que A"**. A partir desta chave podemos abrir uma porta lógica. Vamos então testar a primeira chave lógica: **"f" não é maior que "a"**.

Porta 1

"Se 'c' maior que 'd', então 'f' maior que 'a'".

Sabe-se que, f não é maior que a (primeira chave lógica) e por isso, podemos afirmar também que, o raciocínio lógico foi quebrado, e sendo assim, "c não é maior que d". Ao abrir essa porta, conseguimos mais uma chave lógica nova **(c não é maior que d)**. Com esta nova chave, podemos abrir a segunda porta lógica:

Porta 2

"Se 'a' maior que 'b', então 'c' maior que 'd'".

Sabe-se que <u>c não é maior que d</u> (segunda chave lógica) e por isso, podemos afirmar também que, "a não é maior que b". Ao abrir essa porta, conseguimos mais uma chave lógica nova (**a não é maior que b**). Ao abrir essa última porta, conseguimos encontrar a solução completa do exercício: **A não é maior que B, ou seja, só poderá ser menor ou igual a B**.

A resposta correta é a letra "A"

EXERCÍCIO Nº 200: (TCE-SP) As afirmações de três funcionários de uma empresa são registradas a seguir:
- Augusto: "Beatriz e Carlos não faltaram ao serviço ontem".
- Beatriz: "Se Carlos faltou ao serviço ontem, então Augusto também faltou".
- Carlos: "Eu não faltei ao serviço ontem, mas Augusto ou Beatriz faltaram".

Se as três afirmações são verdadeiras, é correto afirmar que, ontem, apenas:
a) Augusto faltou ao serviço;
b) Beatriz faltou ao serviço;
c) Carlos faltou ao serviço;
d) Augusto e Beatriz faltaram ao serviço;
e) Beatriz e Carlos faltaram ao serviço.

276   RACIOCÍNIO LÓGICO DESCOMPLICADO

Resolução comentada do exercício nº 200

Vamos organizar as informações do exercício:

1. **Beatriz e Carlos não faltaram ao serviço ontem.**

2. Se Carlos faltou ao serviço ontem, então Augusto também faltou.

3. Eu não faltei ao serviço ontem, mas Augusto ou Beatriz faltaram.

Sabe-se que as três afirmações acima são verdadeiras, e por isso, basta analisar a primeira sentença para encontrar à resposta correta do exercício. Ora, se nem Beatriz, nem Carlos faltaram ao serviço ontem, só resta uma pessoa para ter cometido este procedimento faltoso: <u>Augusto</u>. Desta vez, foi fácil encontrar a solução do exercício. Bom, para o leitor, que deve estar cansado de tantos problemas difíceis, envolvendo lógica.

A resposta correta é a letra "A"

EXERCÍCIO Nº 201: (FT) Sabe-se que a ocorrência de B é condição necessária para a ocorrência de C e condição suficiente para a ocorrência de D. Sabe-se, também que a ocorrência de D é condição necessária e suficiente para a ocorrência de A. Assim, quando C ocorre:

a) D ocorre e B não ocorre;

b) D não ocorre ou A não ocorre;

c) B e A ocorrem;

d) nem B nem D ocorrem;

e) B não ocorre ou A não ocorre.

Resolução comentada do exercício nº 201

Interessante notar que esse exercício é um labirinto lógico e para sairmos desta situação vamos precisar de uma chave lógica. Esta chave se encontra na seguinte sentença: **"C vai ocorrer"**. A partir desta chave podemos abrir uma porta lógica. Vamos então testar a primeira chave lógica: **C vai ocorrer.**

Porta 1

"a ocorrência de B é condição necessária para a ocorrência de C e condição suficiente para a ocorrência de D".

Sabe-se que, C vai ocorrer (primeira chave lógica) e por isso, podemos afirmar também que, o raciocínio lógico é mantido, e sendo assim, tanto B quanto D devem ocorrer também. Ao abrir essa porta, conseguimos mais uma chave lógica nova **(tanto B quanto D devem ocorrer)**. Com esta nova chave, podemos abrir a segunda porta lógica:

Porta 2

"a ocorrência de D é condição necessária e suficiente para a ocorrência de A".

278   Raciocínio Lógico Descomplicado

Sabe-se que <u>D vai ocorrer</u> (segunda chave lógica) e por isso, podemos afirmar também que, **"<u>A vai ocorrer</u>"**. Ao abrir essa última porta, conseguimos encontrar a solução completa do exercício: **Tanto B quanto A ocorrem.**

A resposta correta é a letra "C"

EXERCÍCIO Nº 202: (TCI – RJ) Ana, Cláudio e Davi fizeram as seguintes declarações:

Ana: "Cláudio estava acordado na hora do crime".

Cláudio: "Eu estava dormindo na hora do crime".

Davi: "Se Ana estava acordada na hora do crime, então Cláudio estava dormindo na hora do crime".

A partir de tais informações, é correto concluir que:

a) a declaração de Cláudio é consequência lógica da declaração de Davi;

b) a declaração de Davi é consequência lógica da declaração de Cláudio;

c) a declaração de Davi é consequência lógica da declaração de Ana;

d) a declaração de Ana é consequência lógica da declaração de Davi;

Resolução comentada do exercício nº 202

Vamos organizar as informações do exercício:

Declaração de Cláudio: <u>Eu (Cláudio) estava dormindo na hora do crime.</u>

X

Declaração de Davi: Se Ana estava acordada na hora do crime, então <u>Cláudio estava dormindo na hora do crime.</u>

Primeira Parte: Exercícios com Respostas Comentadas **279**

Sabe-se que "o Cláudio estar dormindo na hora do crime" é condição necessária para "a Ana ficar acordada na hora do crime". Percebe-se que, a declaração de Davi está inteiramente dependente, dos fatos que acontecem, na declaração de Cláudio. Sendo assim, **a declaração de Davi é consequência lógica da declaração de Cláudio.**

A resposta correta é a letra "B"

EXERCÍCIO Nº 203: (TCI – RJ) Laura tem três filhos, cujos nomes são André, Bruno e Carlos. André e Bruno são gêmeos e têm quatro anos, e Carlos tem seis anos. Jane, a irmã de Laura, também tem três filhos, cujos nomes são Mário, Nilson e Oswaldo. Mário é o filho caçula de Jane, Nilson é mais velho que Bruno e Oswaldo é mais novo que André. A partir destas informações, é correto concluir que:

a) se Nilson e Oswaldo têm a mesma idade, então Mário é mais novo que André;

b) se Nilson é mais velho que Mário, então Nilson e Oswaldo têm a mesma idade;

c) se Oswaldo é mais novo que André, então Nilson e Oswaldo têm a mesma idade;

d) se Nilson e Oswaldo não têm a mesma idade, então Nilson é mais novo que Oswaldo;

Resolução comentada do exercício nº 203

Vamos organizar as informações do exercício:

1 – Mário é o filho caçula de Jane.

2 – Nilson é mais velho que Bruno

280　　Raciocínio Lógico Descomplicado

Portanto, se Nilson é mais velho que Bruno (<u>lembre-se que o Bruno tem 04 anos</u>), por conseguinte, **Nilson terá idade igual ou maior a 04 anos de idade**.

3 – Oswaldo é mais novo que André.

Portanto, se Oswaldo é mais novo que André (<u>lembre-se que o André tem 04 anos</u>), por conseguinte, **Oswaldo terá idade menor ou igual a 04 anos de idade**.

Então, pelo raciocínio matemático, chegamos à conclusão:

Nilson ≥ Oswaldo › Mário (lembre-se que o Mário é o mais novo dos três)

Então, **se fizermos à suposição que o Nilson e Oswaldo têm a mesma idade, também poderíamos afirmar que Mário é mais novo que André**. É fácil perceber que, caso o Oswaldo e o Nilson tenham a mesma idade (sejam gêmeos), o Mario, ainda assim, continuará triste por ser o caçula da família. Lembre-se que os filhos mais novos da família da Laura têm no mínimo 04 anos de idade. Sabe-se que a única maneira de Nilson e Oswaldo possuírem a mesma idade, será quando tiverem 04 anos de idade. Mário não poderá nunca ter idade igual dos irmãos Oswaldo e Nilson, isto é, sua idade sempre será menor que a deles. Então, o Mário será mais novo que qualquer integrante da família da Laura, inclusive, seu filho André.

A resposta correta é a letra "A"

EXERCÍCIO Nº 204: (TCE – RN) As seguintes afirmações, todas elas verdadeiras, foram feitas sobre a ordem de chegada dos convidados a uma festa.

a) **Gustavo chegou antes de Alberto e depois de Danilo.**

b) Gustavo chegou antes de Beto e Beto chegou antes de Alberto se e somente se Alberto chegou depois de Danilo.
c) Carlos não chegou junto com Beto, se e somente Alberto chegou junto com Gustavo.

Logo:
a) Carlos chegou antes de Alberto e depois de Danilo;
b) Gustavo chegou junto com Carlos;
c) Alberto chegou junto com Carlos e depois de Beto;
d) Alberto chegou depois de Beto e junto com Gustavo;
e) Beto chegou antes de Alberto e junto com Danilo.

Resolução comentada do exercício nº 204

Interessante notar que esse exercício é um labirinto lógico e para sairmos desta situação vamos precisar de uma chave lógica. Esta chave se encontra na seguinte sentença: **"Gustavo chegou antes de Alberto"**. A partir desta chave podemos abrir uma porta lógica. Vamos então testar a primeira chave lógica: **Gustavo chegou antes de Alberto.**

Porta 1

"Carlos não chegou junto com Beto, se e somente Alberto chegou junto com Gustavo".

Sabe-se que, **Gustavo chegou antes de Alberto** (primeira chave lógica) e por isso, podemos afirmar também que, o raciocínio lógico foi quebrado, e sendo assim, "Carlos chegou junto com Beto".

Vamos analisar a sentença: Gustavo chegou antes de Alberto e depois de Danilo.

Ao analisar a sentença acima, podemos perceber que o Gustavo chegou primeiro que Alberto. Sendo assim, pode-se concluir que se o Gustavo chega depois de Danilo, consequentemente, o Alberto também o faz. Pode-se afirmar que o Alberto chega depois de Danilo. Então, vamos então testar a segunda chave lógica: **"Alberto chega depois de Danilo"**.

Porta 2

"Gustavo chegou antes de Beto e Beto chegou antes de Alberto se e somente se Alberto chegou depois de Danilo".

Sabe-se que Alberto chega depois de Danilo (segunda chave lógica) e por isso, podemos afirmar também que, a **"Gustavo chegou antes de Beto e Beto chegou antes de Alberto"**. Se o Beto chegou antes de Alberto, e o Carlos chegou junto com Beto, por conseguinte, **Carlos chegou antes de Alberto.** Se o Alberto chega depois de Danilo, e sabe-se que o Carlos chega antes de Alberto, por conseguinte, **Carlos chega também, depois de Danilo.** Ao abrir essa última porta, conseguimos encontrar a solução completa do exercício: **Carlos chegou antes de Alberto e depois de Danilo.**

A resposta correta é a letra "A"

EXERCÍCIO Nº 205: **(ENAP — Questão Adaptada)** Ana, Beatriz e Carla desempenham diferentes papéis em uma peça de teatro. Uma delas faz o papel de idosa; a outra, o de professora; e a outra, o de princesa. Sabe-se que: ou Ana é idosa, ou Carla é idosa; ou Ana é professora, ou Beatriz é princesa; ou Carla é princesa, ou Beatriz é princesa; ou Beatriz é professora, ou Carla é professora. Com essas informações, conclui-se que os papéis desempenhados por Ana e Carla são, respectivamente:

a) idosa e professora;
b) idosa e princesa;
c) professora e idosa;
d) princesa e professora;
e) professora e princesa;

Resolução comentada do exercício nº 205

Para resolver este tipo de exercício vale lembrar que devemos fazer a opção por um caminho, dentro duas possibilidades possíveis. Caro leitor, imagine que são duas portas, e que a todo momento você terá que escolher uma, até que consiga sair do labirinto lógico. Por isso, muito cuidado, para não escolher o caminho errado e ficar demorando a resolver o problema pedido.

Primeira afirmação: **"ou Ana é idosa, ou Carla é idosa"**.

Ana é idosa

Carla é idosa

Eu prefiro escolher a porta 1 e acreditar que **a Ana é idosa**. Ao escolher a porta 1, consequentemente estou eliminando a porta 2 e afirmando que a Carla não é idosa.

Segunda afirmação: **"ou Ana é professora, ou Beatriz é princesa"**.

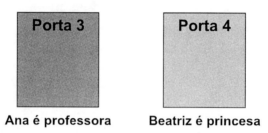

Ana é professora   Beatriz é princesa

Agora, não temos opção de escolher a porta 4, pois, anteriormente já escolhemos que a Ana tinha o papel de "idosa" na peça de teatro. Logo, nos restou acreditar que **a Beatriz é princesa**.

Terceira afirmação: **"ou Carla é princesa, ou Beatriz é princesa;"**.

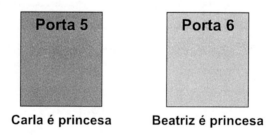

Carla é princesa   Beatriz é princesa

A porta que vamos escolher, agora, é a número 5, pois, não sobrou outra alternativa. Lembre-se que nas linhas anteriores, já afirmamos que a **Beatriz era princesa**.

Quarta afirmação: **"ou Beatriz é professora, ou Carla é professora"**.

Beatriz é professora   Carla é professora

Bom, chegou a hora de sair deste labirinto lógico, e para resolver de maneira simples a questão, basta lembrar que em linhas anteriores, escolhemos para a Beatriz para o papel de princesa. Então, goste ou não, a **Carla terá que se acostumar a fazer o papel de professora, na peça**. Sim, a porta para sair deste labirinto lógico é a número 8.

A resposta correta é a letra "A"

EXERCÍCIO Nº 206: (MPOG – Questão Adaptada) As seguintes afirmações, todas elas verdadeiras, foram feitas sobre a ordem de chegada dos participantes de uma prova de ciclismo.

1. Rafael chegou antes de Bruno e depois de Manoel.
2. Rafael chegou antes de Eduardo e Eduardo chegou antes de Bruno, se e somente se Bruno chegou antes de Manoel.
3. Igor não chegou junto com Eduardo, se e somente se Bruno chegou junto com Rafael.

a) Igor chegou antes de Bruno, depois de Manoel e junto com Eduardo;
b) Rafael chegou antes de Igor, depois de Manoel e junto com Bruno;
c) Bruno chegou antes de Manoel, depois de Eduardo e antes de Rafael;
d) Bruno chegou depois de Eduardo, depois de Igor e junto de Manoel;
e) Eduardo chegou antes de Manoel, depois de Rafael e junto de Igor;

286   RACIOCÍNIO LÓGICO DESCOMPLICADO

Resolução comentada do exercício nº 206

Para resolver esta questão se faz necessário ilustrar com figuras, as sentenças abaixo:

Primeira sentença: **"Rafael chegou antes de Bruno e depois de Manoel".**

1º	2º Manoel	3º Rafael	4º Bruno

Resolução: É possível perceber no desenho acima (mesmo que de forma provisória) que o <u>Bruno não chegou antes de Manoel</u>.

Segunda sentença: **"Rafael chegou antes de Eduardo e Eduardo chegou antes de Bruno, se e somente se Bruno chegou antes de Manoel".**

Resolução: Sabe-se que o **Bruno não chegou antes de Manoel**, já descrito na sentença anterior, logo, pode-se concluir que, <u>Rafael não chegou antes de Eduardo</u>; e <u>Eduardo não chegou antes de Bruno</u>. Logo, se conclui que Rafael chegou depois que Eduardo, que por sua vez, chegou depois de Bruno. Sendo assim, chegamos a uma conclusão mais abrangente: **<u>Rafael chegou depois de Bruno</u>**.

Terceira sentença: **"Igor não chegou junto com Eduardo, se e somente se Bruno chegou junto com Rafael".**

Resolução final: Sabe-se que o **Rafael chegou depois de Bruno**, como já descrito na sentença anterior, logo, pode-se concluir também que, **<u>Igor chegou junto com Eduardo.</u>** O Tempo de Eduardo é igual ao tempo de Igor! Sendo assim, se Eduardo chegou antes de Bruno, consequentemente, Igor também o fez. Logo, **<u>Igor chegou antes de Bruno</u>**.

Através da análise de todas as opções do exercício, podemos perceber que a única que mostra a verdade, é aquela que relata que: **o Igor chegou junto com Eduardo (no mesmo tempo) e antes de Bruno**.

A resposta correta é a letra "A"

EXERCÍCIO Nº 207: (MPOG) Na formatura de Hélcio, todos os que foram à solenidade de colação de grau estiveram, antes, no casamento de Hélio. Como nem todos os amigos de Hélcio estiveram no casamento de Hélio, conclui-se que, dos amigos de Hélcio:

a) todos foram à solenidade de colação de grau de Hélcio e alguns não foram ao casamento de Hélio.

b) pelo menos um não foi à solenidade de colação de grau de Hélcio.

c) alguns foram à solenidade de colação de grau de Hélcio, mas não foram ao casamento de Hélio.

d) alguns foram à solenidade de colação de grau de Hélcio e nenhum foi ao casamento de Hélio.

e) todos foram à solenidade de colação de grau de Hélcio e nenhum foi ao casamento de Hélio.

Resolução comentada do exercício nº 207

Para simplificar este exercício será válido considerar as frases abaixo, com suas respectivas demonstrações gráficas:

a) "Todas as pessoas que foram à formatura de Hélio, também foram ao casamento". Na figura abaixo, podemos perceber que todas as pessoas da formatura estão dentro do conjunto de pessoas que foram ao casamento. Isto quer dizer que, não existe pessoa que foi a formatura e não foi ao casamento.

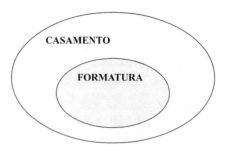

b) "Nem todos amigos de Hélio foram ao casamento". Na figura abaixo, podemos perceber que todas pessoas da formatura estão dentro do conjunto de pessoas que foram ao casamento. Porém, o conjunto denominado "amigos de Hélcio" alguns foram ao casamento e outros não. Isto supõe dizer que os amigos do Hélcio que foram à formatura, logicamente, também foram ao casamento. E também podemos afirmar que alguns amigos do Hélcio não foram à formatura, mas foram sim ao casamento. E claro que existe outros que não foram nem a formatura e nem ao casamento.

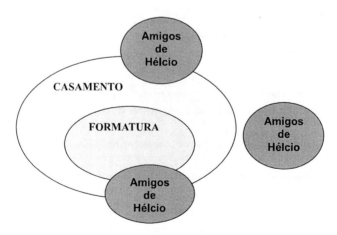

A resposta correta é a letra "B".

PRIMEIRA PARTE: EXERCÍCIOS COM RESPOSTAS COMENTADAS **289**

EXERCÍCIO Nº 208: (TTN) Quatro amigos, André, Beto, Caio e Dênis, obtiveram os quatro primeiros lugares em um concurso de oratória julgado por uma comissão de três juízes. Ao comunicarem a classificação final, cada juiz anunciou duas colocações, sendo uma delas verdadeira e a outra falsa:

Juiz 1: "André foi o primeiro; Beto foi o segundo"
Juiz 2: "André foi o segundo; Dênis foi o terceiro"
Juiz 3: "Caio foi o segundo; Dênis foi o quarto"
Sabendo que não houve empates, o primeiro, o segundo, o terceiro e o quarto colocados foram, respectivamente:

a) André, Caio, Beto, Denis
b) André, Caio, Dênis, Beto
c) Beto, André, Dênis, Caio
d) Beto, André, Caio, Dênis
e) Caio, Beto, Dênis, André

Resolução comentada do exercício nº 208

Para simplificar este exercício será válido fazer a comparação da opinião dos 3 juízes:

Juiz 1	Juiz 2	Juiz 3
1º André		
2º Beto	2º André	2º Caio
	3º Dênis	
		4º Dênis

Primeiro passo é saber quem dos três juízes diz a verdade com relação ao segundo lugar. Somente pode haver uma opinião verdadeira! Quem será que ganhou o segundo lugar: Beto, André ou Caio? Vamos fazer algumas suposições lógicas:

a) **Se o Juiz 1 diz a verdade e afirma que Beto ficou com o segundo lugar. Logo, temos a seguinte sequência lógica:**

Beto é o segundo lugar; Dênis é o terceiro lugar; Dênis é o quarto lugar...(solução errada)

290 RACIOCÍNIO LÓGICO DESCOMPLICADO

b) Se o Juiz 2 diz a verdade e afirma que André ficou com o segundo lugar. Logo, temos a seguinte sequência lógica:

André é o segundo lugar; Dênis é o quarto lugar; André é o primeiro lugar...(solução errada)

c) Se o Juiz 3 diz a verdade e afirma que Caio ficou com o segundo lugar. Logo, temos a seguinte sequência lógica:

Caio é o segundo lugar; Dênis é o terceiro lugar; André é o primeiro lugar e Beto é o quarto lugar.(solução correta)

A resposta correta é a letra "B".

EXERCÍCIO Nº 209: (MPU) Uma empresa produz andróides de dois tipos: os de tipo V, que sempre dizem a verdade, e os de tipo M, que sempre mentem. Dr. Turing, um especialista em Inteligência Artificial, está examinando um grupo de cinco andróides – rotulados de Alfa, Beta, Gama, Delta e Épsilon –, fabricados por essa empresa, para determinar quantos entre os cinco são do tipo V. Ele pergunta a Alfa: "Você é do tipo M?" Alfa responde, mas, Dr. Turing, distraído, não ouve a resposta. Os andróides restantes fazem, então, as seguintes declarações:

Beta: "Alfa respondeu que sim".
Gama: "Beta está mentindo".
Delta: "Gama está mentindo".
Épsilon: "Alfa é do tipo M".
Mesmo sem ter prestado atenção à resposta de Alfa, Dr. Turing pôde, então, concluir corretamente que o número de andróides do tipo V, naquele grupo, era igual a:

a) 1.

b) 2.

c) 3.

d). 4

e) 5.

Resolução comentada do exercício nº 209

Interessante notar que neste exercício existe certa preocupação em rotular pessoas que dizem a verdade sempre como andróides. Um verdadeiro absurdo! Uma forma de afastar o ser humano na busca da sinceridade diária. Porém como não tenho interesse em comentar mais sobre este fato, pois, não merece crédito de minha parte, vou explicar o exercício:

Primeiro passo: devemos analisar duas opiniões contraditórias dos andróides:

Beta   X   Gama

O Alfa respondeu que sim   O Beta está mentindo

Pode-se perceber que um dos andróides está falando a verdade. Supomos que é o Beta, pois veja abaixo a opinião de outro andróide:

Delta

O Gama está mentindo

Sendo assim, temos como certo que o Beta e o Delta dizem a verdade; o Gama está mentindo;

E se o gama está mentindo, pode-se afirmar que o Beta disse a verdade. A verdade é que o Alfa é um mentiroso. Se o Alfa respondeu que é um mentiroso e ele está sempre a mentir, podemos dizer que não da pra confiar na opinião dele. Devemos partir para outra lógica. Conforme segue abaixo:

Segundo passo: devemos analisar duas opiniões contraditórias dos andróides:

Beta   X   Gama

O Alfa respondeu que sim   O Beta está mentindo

Pode-se perceber que um dos andróides está falando a verdade. Supomos que é o Gama, pois veja abaixo a opinião de outro andróide:

292 RACIOCÍNIO LÓGICO DESCOMPLICADO

Delta
O Gama está mentindo

Sendo assim, temos como certo que o Gama está falando a verdade; O Delta e o Beta estão mentindo.

E se o gama está dizendo a verdade, pode-se afirmar que o Beta está mentindo e que na prática, o Alfa respondeu "Não", quando perguntado pelo Dr. Turing se era mentiroso. Diante do disposto, fica claro que o andróide Alfa é verdadeiro, ou seja, é do tipo V.

No total temos somente 02 robôs verdadeiros, já que até mesmo o "Épisilon" está mentindo. Os únicos robôs que dizem a verdade são: "Gama" e o "Alfa".

A resposta correta é a letra "B".

EXERCÍCIO Nº 210: (MPU) Você está à frente de duas portas. Uma delas conduz a um tesouro; a outra, a uma sala vazia. Cosme guarda uma das portas, enquanto Damião guarda a outra. Cada um dos guardas sempre diz a verdade ou sempre mente, ou seja, ambos os guardas podem sempre mentir, ambos podem sempre dizer a verdade, ou um sempre dizer a verdade e o outro sempre mentir. Você não sabe se ambos são mentirosos, se ambos são verazes, ou se um é veraz e o outro é mentiroso. Mas, para descobrir qual das portas conduz ao tesouro, você pode fazer três (e apenas três) perguntas aos guardas, escolhendo-as da seguinte relação:

P1: O outro guarda é da mesma natureza que você (isto é, se você é mentiroso ele também o é, e se você é veraz ele também o é)?
P2: Você é o guarda da porta que leva ao tesouro?
P3: O outro guarda é mentiroso?
P4: Você é veraz?

Então, uma possível sequência de três perguntas que é logicamente suficiente para assegurar, seja qual for a natureza dos guardas, que você identifique corretamente a porta que leva ao tesouro, é:

a) P2 a Cosme, P2 a Damião, P3 a Damião.
b) P3 a Damião, P2 a Cosme, P3 a Cosme.
c) P3 a Cosme, P2 a Damião, P4 a Cosme.
d) P1 a Cosme, P1 a Damião, P2 a Cosme.
e) P4 a Cosme, P1 a Cosme, P2 a Damião.

Resolução comentada do exercício nº 210

Amigo leitor, este problema de lógica é bem interessante de resolver e, certamente, pode revelar o quanto valeu a pena ter adquirido esta obra. Vamos descobrir qual porta leva ao tesouro:

É bom lembrar: **Cada um dos guardas sempre diz a verdade ou sempre mente, ou seja, ambos os guardas podem sempre mentir, ambos podem sempre dizer a verdade, ou um sempre dizer a verdade e o outro sempre mentir.**

Ou seja, caro leitor, você tem o dever de saber ambos os guardas são mentirosos, se ambos são verdadeiros, ou se um é verdadeiro e o outro é mentiroso. Difícil missão?

Como temos dois guardas (Cosme e Damião), e não sabemos se mentem ou se dizem a verdade, então devemos estabelecer **quatro hipóteses** possíveis mostradas a seguir:

1ª) Cosme veraz e Damião veraz.

2ª) Cosme veraz e Damião mente.

3ª) Cosme mente e Damião veraz.

4ª) Cosme mente e Damião mente.

Agora vamos escolher qual pergunta será descartada. Por exemplo, a P4 é totalmente desnecessária, pois se você perguntar a uma pessoa que mente ou que diz a verdade se ela é verdadeira a resposta sempre será SIM.

Já que a pergunta 4 (P4) não será escolhida temos que descartar como solução correta as letras "C" e "E". Isto supõe dizer que para dar continuidade ao exercício teremos que testar as letras restantes (A, B. D). Acredito que será mais tranquilo, escolher a letra "D", para fazer o esperado teste:

Vamos analisar a pergunta(P1) a Cosme e (P1) a Damião

Hipótese	Cosme	Damião
Cosme V e Damião V	SIM	SIM
Cosme V e Damião M	NÃO	SIM
Cosme M e Damião V	SIM	NÃO
Cosme M e Damião M	NÃO	NÃO

Vale observar que todas as respostas acima, ajudam o leitor na hora de saber qual guarda mente e qual diz a verdade, ou ainda, se os dois guardas mentem ao mesmo tempo ou se dizem a verdade ao mesmo tempo. Esta tabela acima ajuda na identificação destes guardas. Vale lembrar que sempre quando existe uma contradição de opiniões, tem alguém mentindo.

Agora, vamos analisar a pergunta(P2) a Cosme

Caso a resposta à pergunta (P1) feita ao Cosme seja "SIM" e a resposta à pergunta (P1) feita ao Damião seja "SIM", sabemos que os dois falam a verdade. E fazendo a pergunta (P2) ao Cosme, em qualquer resposta que ele der (SIM ou NÃO); poderemos descobrir quem é o guarda da porta que leva ao tesouro. Então a melhor alternativa que pode ajudar a encontrar o tesouro é fazer as perguntas P1 ao Cosme e Damião e P2 ao Cosme, ou seja:

A alternativa correta é a letra "D".

PRIMEIRA PARTE: EXERCÍCIOS COM RESPOSTAS COMENTADAS **295**

EXERCÍCIO Nº 211: (CVM) Cinco colegas foram a um parque de diversões e um deles entrou sem pagar. Apanhados por um funcionário do parque, que queria saber qual deles entrou sem pagar, eles informaram:

"não fui eu e nem o Manuel", disse Marcos;
"Foi o Manuel ou a Maria", disse Mário;
"Foi a Mara", disse Manuel;
"O Mário está mentindo", disse Mara;
"Foi a Mara ou o Marcos", disse Maria.
Sabendo que um e somente um dos cinco colegas mentiu, conclui-se logicamente que quem entrou sem pagar foi:
a) Mário
b) Marcos
c) Mara
d) Manuel
e) Maria

Resolução comentada do exercício nº 211

Vamos direto aos comentários mais importantes:

– sabemos que somente um dos cinco colegas mentiu;

– sabemos que somente um dos cinco colegas entrou sem pagar;

Fica claro, a partir deste comentário que 04 opiniões são verdadeiras e 01 é falsa. O nosso objetivo, então, vai ser descobrir qual é o colega mentiroso?

Mara afirma: *"O Mário está mentindo"* Ora, somente pode haver um mentiroso na história, então, podemos afirmar que se a Mara estiver certa, quem está mentindo é o Mario.

Vamos testar as declarações:

296   Raciocínio Lógico Descomplicado

Primeira declaração: Se o Marcos diz a verdade, podemos dizer que não foi o Marcos e nem o Manuel que entrou sem pagar;

Segunda declaração: Se o Mário está mentindo, conforme a Mara afirmou, então, podemos concluir que não foi a Maria e nem o Manuel que entrou sem pagar;

Terceira declaração: Se o Manuel está dizendo a verdade, então, está confirmado que foi a Mara que entrou sem pagar;

Quarta declaração: Se o Mário está mentindo, conforme diz a Mara, então, chegamos a mesma conclusão da segunda declaração;

Quinta declaração: Se a Maria está falando a verdade, temos a certeza que foi a Mara que entrou sem pagar; já que o Marcos não foi, conforme já visto na primeira declaração.

Portanto, o Mário é o mentiroso e a Mara é a pessoa que entrou sem pagar.

A resposta correta é a letra "C"

EXERCÍCIO Nº 212: (AFC) Se Iara não fala italiano, então Ana fala alemão. Se Iara fala italiano, então ou Ching fala chinês ou Débora fala dinamarquês. Se Débora fala dinamarquês, Elton fala espanhol. Mas Elton fala espanhol se e somente se não for verdade que Francisco não fala francês. Ora, Francisco não fala francês e Ching não fala chinês. Logo:

a) Iara não fala italiano e Débora não fala dinamarquês.
b) Ching não fala chinês e Débora fala dinamarquês.
c) Francisco não fala francês e Elton fala espanhol.
d) Ana não fala alemão ou Iara fala italiano.
e) Ana fala alemão e Débora fala dinamarquês.

Resolução comentada do exercício nº 212

Para resolver este tipo de exercício é sempre importante que, iniciemos com uma afirmação lógica importante:

"Francisco não fala francês e Ching não fala chinês".

Através da afirmação lógica acima, vamos descobrir que esse tipo de pensamento está ligado por uma cadeia de pensamentos, onde, uma afirmação se liga a outra. Confira a frase abaixo:

"Mas Elton fala espanhol se e somente se não for verdade que Francisco não fala francês".

É verdade que o Francisco não fala francês, então, **o Elton não fala espanhol**.

"Se Débora fala dinamarquês, Elton fala espanhol".

O Elton não fala espanhol e isto supôs dizer que a **Débora também não fala dinamarquês**.

"Se Iara fala italiano, então ou Ching fala chinês ou Débora fala dinamarquês".

Nem Ching fala Chinês, nem Débora fala dinamarquês. Logo podemos concluir que **Iara não fala italiano**.

"Se Iara não fala italiano, então Ana fala alemão".

De acordo com o andamento do exercício, tivemos a certeza que Iara não fala italiano, então, podemos admitir que a Ana fala alemão. Isso pode ser considerado uma verdade lógica.

A resposta correta é a letra "A"

298 Raciocínio Lógico Descomplicado

EXERCÍCIO Nº 213: (AFC _ Adaptada) Cinco amigos foram trazidos à presença de um velho rei, acusados de haver roubado laranjas do pomar real. Abelim, o primeiro a falar, falou tão baixo que o rei que era um pouco surdo não ouviu o que ele disse. Os outros quatro acusados disseram:

Bebelim: Cebelim é inocente .

Cebelim: Dedelim é inocente .

Dedelim: Ebelim é culpado .

Ebelim: Abelim é culpado .

Merlim, o dono do padaria, que vira o roubo das laranjas e ouvira as declarações dos cinco acusados, disse então ao rei: Majestade, apenas um dos cinco acusados é culpado, e ele disse a verdade; os outros quatro são inocentes e todos os quatro mentiram. O velho rei, que embora um pouco surdo era muito sábio, logo concluiu corretamente que o culpado era:

a) Abelim

b) Bebelim

c) Cebelim

d) Dedelim

e) Ebelim

Resolução comentada do exercício nº 213

Para resolver este tipo de exercício é sempre importante que, iniciemos com uma afirmação lógica importante:

"apenas um dos cinco acusados é culpado e ele disse a verdade".

Segundo a afirmação acima, quem é culpado diz a verdade, então, o único jeito de isto acontecer é o culpado admitir a própria culpa, ou ainda, falar que um amigo seu é inocente.

Bebelim: Cebelim é inocente .

PRIMEIRA PARTE: EXERCÍCIOS COM RESPOSTAS COMENTADAS

Cebelim: Dedelim é inocente .

Dedelim: Ebelim é culpado .

Ebelim: Abelim é culpado

A conclusão está disposta logo abaixo:

Bebelim: é inocente, pois está mentindo ao afirmar que Cebelim é inocente.

Cebelim: é o culpado, pois diz a verdade quando afirma que Dedelim é inocente.

Dedelim é inocente, pois está mentindo, ao afirmar que Ebelim é o culpado.

Ebelim inocente, pois está mentindo ao afirmar que Abelim é o culpado.

Observação: Abelim é inocente e certamente mentiu, mesmo que o rei não tenha ouvido. Outra situação curiosa é que o inocente é o mentiroso, que coisa mais triste, para a moral de nosso Brasil; ter um exercício preparado pela ESAF para concurso público e que exalta a lógica da mentira. O exercício premia o individuo mentiroso, com o título de inocente e numa lógica ainda mais triste, premia o individuo verdadeiro, com o título de culpado. Um verdadeiro absurdo moral!

A resposta correta é a letra "C"

EXERCÍCIO Nº 214: (MPU) Ricardo, Rogério e Renato são irmãos. Um deles é médico, outro é professor, e o outro é músico. Sabe-se que: 1) ou Ricardo é médico, ou Renato é médico, 2) ou Ricardo é professor, ou Rogério é músico; 3) ou Renato é músico, ou Rogério é músico, 4) ou Rogério é professor, ou Renato é professor. Portanto, as profissões de Ricardo, Rogério e Renato são, respectivamente:

a) professor, médico, músico.
b) médico, professor, músico.
c) professor, músico, médico.
d) músico, médico, professor.
e) médico, músico, professor.

Resolução comentada do exercício nº 214

Para resolver este tipo de exercício vale lembrar que devemos fazer a opção por um caminho, dentro duas possibilidades possíveis. Caro leitor, imagine que são duas portas, e que a todo momento você terá que escolher uma, até que consiga sair do labirinto lógico. Por isso, muito cuidado, para não escolher o caminho errado e ficar demorando a resolver o problema pedido.

Primeira afirmação: "**ou Ricardo é médico, ou Renato é médico**".

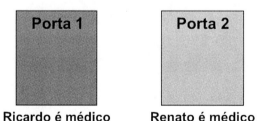

Ricardo é médico Renato é Médico

Eu prefiro escolher a porta 1 e acreditar que **o Ricardo é Médico**. Ao escolher a porta 1, consequentemente estou eliminando a porta 2 e afirmando que o Renato não é médico.

Segunda afirmação: **"ou Ricardo é professor, ou Rogério é músico"**.

Ricardo é professor   Rogério é músico

Agora, não temos opção de escolher a porta 3, pois, anteriormente já escolhemos que a profissão do Ricardo é a medicina. Logo, nos restou acreditar que **o Rogério é músico**.

Terceira afirmação: **"ou Renato é músico, ou Rogério é músico"**.

Renato é músico   Rogério é músico

A porta que vamos escolher, agora, é a número 6, pois, não sobrou outra alternativa. Lembre-se que nas linhas anteriores, já afirmamos que o **Rogério era músico**.

Quarta afirmação: **"ou Rogério é professor, ou Renato é professor"**.

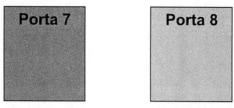

Rogério é professor   Renato é professor

Bom, chegou a hora de sair deste labirinto lógico, e para resolver de maneira simples a questão, basta lembrar que em linhas anteriores, escolhemos para o Rogério, a profissão de músico. Então, goste ou não, o **Renato é o professor**. Sim, apesar de ultimamente os salários estarem em baixa, o Renato terá o privilégio de ser chamado de professor.

A resposta correta é a letra "E"

EXERCÍCIO N° 215: (Fiscal Trabalho) Maria tem três carros: um Gol, um Corsa e um Fiesta. Um dos carros é branco, o outro é preto, e o outro é azul. Sabe-se que: 1) ou o Gol é branco, ou o Fiesta é branco, 2) ou o Gol é preto, ou o Corsa é azul, 3) ou o Fiesta é azul, ou o Corsa é azul, 4) ou o Corsa é preto, ou o Fiesta é preto. Portanto, as cores do Gol, do Corsa e do Fiesta são, respectivamente:

a) branco, preto, azul
b) preto, azul, branco
c) azul, branco, preto
d) preto, branco, azul
e) branco, azul, preto

Resolução comentada do exercício nº 215

Para resolver este tipo de exercício vale lembrar que devemos fazer a opção por um caminho, dentro duas possibilidades possíveis. Caro leitor, imagine que são duas portas, e que a todo momento você terá que escolher uma, até que consiga sair do labirinto lógico. Por isso, muito cuidado, para não escolher o caminho errado e ficar demorando a resolver o problema pedido.

Primeira afirmação: **"ou o Gol é branco, ou o Fiesta é branco"**.

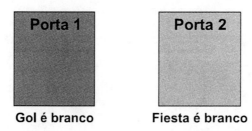

Eu prefiro escolher a porta 1 e acreditar que **o Gol é branco**. Ao escolher a porta 1, consequentemente estou eliminando a porta 2 e afirmando que o Fiesta não é branco.

Segunda afirmação: **"ou o Gol é preto, ou o Corsa é azul"**.

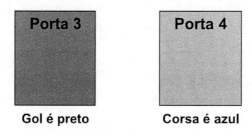

Agora, não temos opção de escolher a porta 4, pois, anteriormente já escolhemos que a cor do Gol é branca. Logo, nos restou acreditar que **o Corsa é azul**.

Terceira afirmação: **"ou o Fiesta é azul, ou o Corsa é azul"**.

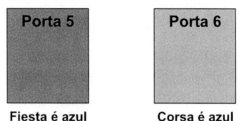

A porta que vamos escolher, agora, é a número 6, pois, não sobrou outra alternativa. Lembre-se que nas linhas anteriores, já afirmamos que o **Corsa era azul**.

Quarta afirmação: **"ou o Corsa é preto, ou o Fiesta é preto"**.

Bom, chegou a hora de sair deste labirinto lógico, e para resolver de maneira simples a questão, basta lembrar que em linhas anteriores, escolhemos para o Corsa, a cor azul. Então, goste ou não, o **Fiesta é preto**. Sim, a porta para sair deste labirinto lógico é a número 8.

A resposta correta é a letra "E"

EXERCÍCIO Nº 216: (ANEEL – Adaptada) Surfo ou estudo. Danço ou não surfo. Velejo ou não estudo. Ora, não velejo. Assim:

a) estudo e danço.
b) não danço e surfo.
c) não velejo e não danço.
d) estudo e não danço.
e) danço e surfo

Resolução comentada do exercício nº 216

É interessante notar que o exercício nos mostra a seguinte conclusão: **"Ora, não velejo"**.

A partir desta sentença acima, vamos conseguir encontrar o caminho mais simples para a resolução do exercício.

Ao analisar a segunda sentença (**Velejo ou não estudo**) podemos perceber que ou o individuo veleja ou não estuda. Isto supõe dizer que se o individuo não velejar, consequentemente, ele não estudará também.

Ao estudarmos a terceira sentença, poderemos perceber alguns detalhes importantes: **"Surfo ou estudo"**. Através desta sentença poderemos saber se o individuo vai surfar ou estudar, qual caminho escolherá para trilhar, tudo isso se descobre com lógica. Ou seja, como anteriormente vimos que ele não estuda, logo, chegamos à conclusão que seu grande talento é surfar.

A última sentença a ser analisada (**danço ou não surfo**) merece grande atenção por parte dos leitores. Fato é que conseguimos descobrir que o individuo deste exercício gosta de surfar e sendo, assim, ele também poderá dançar. Afinal, pode existir a opção de dançar e surfar ao mesmo tempo. Sendo assim, descobrimos que este cidadão:

– não veleja;
– não estuda;
– **pode surfar**
– **pode dançar**

A resposta correta é a letra "E"

306   RACIOCÍNIO LÓGICO DESCOMPLICADO

**EXERCÍCIO Nº 217: (AFC) Vera viajou, nem Camile nem Carla fo-
ram ao casamento. Se Carla não foi ao casamento, Vanderléia
viajou. Se Vanderléia viajou, o navio afundou. Ora, o navio não
afundou. Logo:**

a) Vera não viajou e Carla não foi ao casamento
b) Camile e Carla não foram ao casamento
c) Carla não foi ao casamento e Vanderléia não viajou
d) Carla não foi ao casamento ou Vanderléia viajou
e) Vera e Vanderléia não viajaram

Resolução comentada do exercício nº 217

É interessante notar que o exercício nos mostra a seguinte conclusão: **"Ora, o navio não afundou"**.

A partir desta sentença acima, vamos conseguir encontrar o caminho mais simples para a resolução do exercício.

Ao analisar a segunda sentença (**Se Vanderléia viajou, o navio
afundou**) podemos perceber que se o navio afundou, é porque
a Vanderléia viajou. E, como o navio não afundou, temos como
certo que a Vanderléia não viajou.

Ao estudarmos a terceira sentença, poderemos perceber alguns
detalhes importantes: **"Se Carla não foi ao casamento, Vanderléia viajou"**. Através desta sentença poderemos saber se a
Carla foi ou não ao casamento e tudo vai depender de a Vanderléia ter viajado ou não. Uma lógica simples, e clara, para que o
leitor entenda. A Carla e a Vanderléia tem opiniões antagônicas,
ou seja, se uma diz "sim" a outra dirá "não" e vice e versa. Por
isso, se a Vanderléia não viajou, podemos afirmar que a Carla
foi ao casamento.

A última sentença a ser analisada (**Vera viajou, nem Camile
nem Carla foram ao casamento**) merece grande atenção por

PRIMEIRA PARTE: EXERCÍCIOS COM RESPOSTAS COMENTADAS **307**

parte dos leitores. Fato é que as duas opiniões acima têm forte laço de amizade lógica, isto quer dizer que as duas amigas (Camile e Carla) sempre têm a mesma decisão. Se uma foi ao casamento à outra também foi e vice-versa. Portanto, como sabemos que a Carla foi ao casamento, logo, Camile também fez companhia a ela. Também, podemos afirmar que a <u>Vera não viajou</u>, pois, tanto a Carla quanto a sua amiga Camile foram ao casamento. Como sabemos, a Vera tem opinião antagônica das amigas Carla e Camile. Se a Vera diz "sim" as duas amigas irão dizer "não" e vice-versa. Sendo assim, descobrimos que:

– o navio não afundou;

– Vera e Vanderléia não viajaram;

– Carla e Camile foram ao casamento;

A resposta correta é a letra "E"

EXERCÍCIO Nº 218: (Fiscal do Trabalho) Se Frederico é francês, então Alberto não é alemão. Ou Alberto é alemão, ou Egídio é espanhol. Se Pedro não é português, então Frederico é francês. Ora, nem Egídio é espanhol nem Isaura é italiana. Logo:

a) Pedro é português e Frederico é francês

b) Pedro é português e Alberto é alemão

c) Pedro não é português e Alberto é alemão

d) Egídio é espanhol ou Frederico é francês

e) Se Alberto é alemão, Frederico é francês

Resolução comentada do exercício nº 218

É interessante notar que o exercício nos mostra a seguinte conclusão: "**Ora, nem Egídio é espanhol nem Isaura é italiana**".

308 RACIOCÍNIO LÓGICO DESCOMPLICADO

A partir desta sentença acima, vamos conseguir encontrar o caminho mais simples para a resolução do exercício.

Ao analisar a segunda sentença (**Ou Alberto é alemão, ou Egídio é espanhol**) podemos perceber que não tem como Alberto ser alemão e Egidio ser espanhol ao mesmo tempo. Se Egídio não é espanhol, então fica claro que só resta à opção de <u>Alberto ser alemão</u>.

Ao estudarmos a terceira sentença, poderemos perceber alguns detalhes importantes: **"Se Frederico é francês, então Alberto não é alemão."** Através desta sentença poderemos saber se o Frederico é francês mesmo ou não. A chave para realizar esta descoberta lógica vem da sentença anterior, que nos afirma que o Alberto é alemão. Sendo assim, <u>o Frederico não é francês</u>. São duas correntes antagônicas: Se o Frederico diz "sim", logo o Alberto vai dizer "não". Um tem opinião diferente do outro.

A última sentença a ser analisada (**Se Pedro não é português, então Frederico é francês**) merece grande atenção por parte dos leitores. Sabe-se que em linhas anteriores descobrimos que o Frederico não é francês. Então fica mais fácil entender que o porquê do Pedro ser português. De novo temos duas opiniões antagônicas e isto quer dizer que quando o Pedro diz "não", o Frederico diz "sim" e vice-versa. Logo se o Frederico não é francês, em contrapartida, o <u>Pedro será sim português.</u> Sendo assim, descobrimos que:

– o Alberto é alemão;

– o Frederico não é francês;

– o Pedro é português;

A resposta correta é a letra "B"

PRIMEIRA PARTE: EXERCÍCIOS COM RESPOSTAS COMENTADAS **309**

EXERCÍCIO Nº 219: (TRF) Três pessoas – Amália, Beatriz e Cássia – aguardam atendimento em uma fila, em posições sucessivas. Indagadas sobre seus nomes, a que ocupa a primeira posição entre as três diz: "Amália está atrás de mim"; a que está na posição intermediária diz: "Eu sou a Beatriz"; a que ocupa a terceira posição diz: "Cássia é aquela que ocupa a posição intermediária". Considerando que Amália só fala a verdade, Beatriz mente algumas vezes e Cássia só fala mentiras, então a primeira, a segunda e a terceira posições são ocupadas respectivamente por:

a) Cássia, Amália e Beatriz;

b) Cássia, Beatriz e Amália;

c) Amália, Beatriz e Cássia;

d) Beatriz, Amália e Cássia;

e) Beatriz, Cássia e Amália.

Resolução comentada do exercício nº 219

Vamos iniciar a resolução do exercício, organizando as informações mais importantes:

Primeira posição: "Amália está atrás de mim".

Posição intermediária: "Eu sou a Beatriz".

Terceira posição: "Cássia é aquela que ocupa a posição intermediária".

Vamos observar bem as sentenças acima, para perceber que encontramos duas opiniões conflitantes:

Posição intermediária: "Eu sou a Beatriz".

X

Terceira posição: "Cássia é aquela que ocupa a posição intermediária".

Sabemos, então que uma das duas pessoas está mentindo e a outra diz a verdade, pois não podem mentir ao mesmo tempo sobre o mesmo assunto:

310   Raciocínio Lógico Descomplicado

Posição intermediária: "Eu sou a Beatriz". (**Mentira**)

Então, a Cássia será aquela que ocupar a posição intermediária. Já que sabemos que a moça que ocupa a terceira posição diz a verdade, conforme sentença abaixo:

Terceira posição: "Cássia é aquela que ocupa a posição intermediária". (**Verdade**)

Logo, podemos ter certeza que a moça da primeira posição mente também, pois, ela fala que quem está atrás dela (posição intermediária) é a Amália. Ora, amigo leitor, sabe-se que isto não é possível, pois já descobrimos em linhas anteriores que a Cássia se encontra na posição intermediária.

Vamos resumir, afirmando que a Cássia está na posição intermediária. Também sabemos que a moça da primeira posição **não pode ser a Amália***, o que resta acreditar que é a Beatriz. Logo, sobrou para a Amália o ofício de ocupar a terceira posição.

*Observação: Chegamos a esta conclusão, porque a moça da primeira posição comenta sobre a Amália, isto supõe dizer que ela (mesma) não pode ser chamar Amália. Afirmamos isto, pois a moça da primeira posição faz um comentário em terceira pessoa. Se a pessoa fala de si mesmo, utiliza-se da primeira pessoa, no momento de se elaborar uma frase. Como o comentário foi feito em terceira pessoa, temos a certeza que não está falando de si mesma. Uma regra da gramática portuguesa, mas que vem nos auxiliar neste momento de dúvida. Então, podemos concluir que:

Beatriz – primeira posição;

Cássia – posição intermediária;

Amália – terceira posição;

A resposta correta é a letra "E"

EXERCÍCIO N° 220: (AFR-SP) "Rodrigo mentiu, então ele é culpado". Logo:

a) se Rodrigo não é culpado, então ele não mentiu;
b) Rodrigo é culpado;
c) se Rodrigo não mentiu, então ele não é culpado;
d) Rodrigo mentiu;
e) se Rodrigo é culpado, então ele mentiu.

Resolução comentada do exercício n° 220

Para resolver esta questão se faz necessário ilustrar com figuras, a sentença abaixo:

"Rodrigo mentiu, então ele é culpado".

Pelo desenho acima, podemos perceber que o Rodrigo somente será considerado culpado, quando mentir. **Então, caso o Rodrigo não seja considerado culpado é porque ele não mentiu.** Sorte do Rodrigo, pois, se estivesse mentindo teria a desonra de ser considerado culpado. Por isso, podemos afirmar que mentir nunca é legal.

A resposta correta é a letra "A"

EXERCÍCIO Nº 221: (MPOG – Adaptada) "Ana é artista ou Carlos é carioca. Se Jorge é juiz, então Julia não é bonita. Se Carlos é carioca, então Julia é bonita. Ora, Jorge é juiz". Logo:

a) Jorge é juiz e Julia é bonita;
b) Carlos é carioca ou Julia é bonita;
c) Julia é bonita e Ana é artista;
d) Ana não é artista e Carlos é carioca;
e) Ana é artista e Carlos não é carioca.

Resolução comentada do exercício nº 221

Interessante notar que esse exercício é um labirinto lógico e para sairmos desta situação vamos precisar de uma chave lógica. Esta chave se encontra na seguinte afirmação: "**Jorge é juiz**". A partir desta chave podemos abrir uma porta lógica. Vamos então testar a primeira chave lógica: "Jorge é juiz".

Porta 1

"**Se Jorge é juiz, então Julia não é bonita**".

Sabe-se que o Jorge é juiz(primeira chave lógica) e por isso, podemos afirmar também que a Julia não é bonita. Ao abrir essa porta, conseguimos mais uma chave lógica nova (Julia não é bonita). Com esta nova chave, podemos abrir a segunda porta lógica:

Porta 2

"**Se Carlos é carioca, então Julia é bonita**".

Sabe-se que a Julia não é bonita (segunda chave lógica) e por isso, podemos afirmar também que o Carlos não é carioca. Ao abrir essa porta, conseguimos mais uma chave lógica nova (Carlos não é carioca). Com esta nova chave, podemos abrir a terceira porta lógica:

Porta 3

"**Ana é artista ou Carlos é carioca**".

Sabe-se que o Carlos não é carioca (terceira chave lógica) e por isso, podemos afirmar também que a Ana é artista. Ao abrir essa porta, conseguimos encontrar a solução completa do exercício: "Ana é artista e Carlos não é carioca".

A resposta correta é a letra "E"

EXERCÍCIO Nº 222: (AFC) Se os pais de artistas sempre são artistas, então:

a) os filhos de não-artistas nunca são artistas;
b) os filhos de não-artistas sempre são artistas;
c) os filhos de artistas sempre são artistas;
d) os filhos de artistas nunca são artistas;
e) os filhos de artistas quase sempre são artistas.

Resolução comentada do exercício nº 222

Para resolver esta questão se faz necessário ilustrar com figuras, a sentença abaixo:

"Os pais de artistas sempre são artistas".

A lógica é algo que pode ser simples ou complicado. Neste exercício tenho que reconhecer que encontrei dificuldade para resolvê-lo de forma tranquila. Uma lógica que se pode fazer é a seguinte: os pais de artistas também são artistas. Isto quer dizer que, se alguém tem um pai que não é artista, nunca poderá ser artista. Pelo menos neste exercício, o que vale é a lógica do lobby, ou seja, se o filho tem um pai artista é mais fácil de conseguir ter a mesma profissão do pai. Isto se deve aos contatos empresariais e nome no mercado, que muito ajudará ao filho, no momento de iniciar uma carreira de artista. Sendo assim, conclui-se que os indivíduos que tem pais não-artistas nunca poderão pertencer à classe dos artistas.

A resposta correta é a letra "A"

EXERCÍCIO Nº 223: (TJ-PE) Todas as estrelas são dotadas de luz própria. Nenhum planeta brilha com luz própria. Logo:
a) todas as estrelas são estrelas;
b) todos os planetas são estrelas;
c) nenhum planeta é estrela;
d) todas as estrelas são planetas;
e) todos os planetas são planetas.

Resolução comentada do exercício nº 223

Para resolver esta questão se faz necessário ilustrar com figuras, as sentenças abaixo:

Primeira sentença: **"Todas as estrelas são dotadas de luz própria".**

Segunda sentença: **"Nenhum planeta brilha com luz própria"**

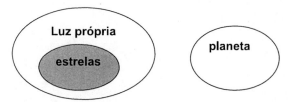

Através da análise das figuras acima, podemos concluir se os planetas não pertencem ao conjunto de objetos que "brilham com luz própria", então, consequentemente, também não será considerado uma estrela. Nenhum planeta é uma estrela!

A resposta correta é a letra "C"

EXERCÍCIO Nº 224: (Vunesp) Em uma avenida reta, a padaria fica entre o posto de gasolina e a banca de jornal, e o posto de gasolina fica entre a banca de jornal e a sapataria. Logo:

a) a sapataria fica entre a banca de jornal e a padaria;
b) a banca de jornal fica entre o posto de gasolina e a padaria;
c) o posto de gasolina fica entre a padaria e a banca de jornal;
d) a padaria fica entre a sapataria e o posto de gasolina;
e) o posto de gasolina fica entre a sapataria e a padaria.

Resolução comentada do exercício nº 224

Para resolver esta questão se faz necessário ilustrar com figuras, as sentenças abaixo:

Primeira sentença: **"a padaria fica entre o posto de gasolina e a banca de jornal".**

Segunda sentença: **"o posto de gasolina fica entre a banca de jornal e a sapataria".**

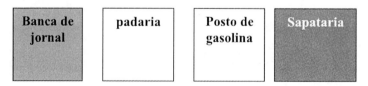

Através da análise das figuras acima, podemos concluir **o posto de gasolina fica entre a sapataria e a padaria.**

A resposta correta é a letra "E"

PRIMEIRA PARTE: EXERCÍCIOS COM RESPOSTAS COMENTADAS **317**

EXERCÍCIO Nº 225: (ANA) Ao final de um torneio de tênis com 64 participantes, onde todas as partidas são eliminatórias, o campeão terá jogado:

a) 4 vezes;

b) 5 vezes;

c) 6 vezes;

d) 7 vezes;

e) 8 vezes.

Resolução comentada do exercício nº 225

Para iniciar a resolução do exercício, temos que explicar que num torneio de tênis, somente dois participantes, sem enfrentam na quadra. Nosso papel neste problema será descobrir, quantas partidas o tenista vai ter que jogar, para ser campeão.

Lembre-se: São 64 participantes disputando o torneio de tênis. Vamos então para a **primeira partida**: divide-se 64 por 2 = 32 participantes restantes.

Vale ressaltar que sempre um jogador avança pra próxima fase e outro é eliminado. Por isso, a divisão será realizada, buscando cortar pela metade (divisão por 2), o número de participantes.

Segunda partida: divide-se 32 por 2 = 16;

Terceira partida: divide-se 16 por 2 = 8;

Quarta partida: divide-se 8 por 2 = 4;

Quinta partida: divide-se 4 por 2 = 2;

Sexta partida: divide-se 2 por 2 = 1;

Logo, chegamos a conclusão que o **vencedor terá que jogar 6 partidas**, para ser o vencedor do torneio de tênis. Através da eliminação de metade dos oponentes, em cada partida, podemos perceber que somente sobrará um participante na sexta partida e só assim, poderá ser declarado campeão do torneio, visto que todos os concorrentes foram eliminados.

A resposta correta é a letra "C"

EXERCÍCIO Nº 226: (AFR-SP) Se os tios de músicos são sempre músicos, então:

a) os sobrinhos de não-músicos nunca são músicos;
b) os sobrinhos de não-músicos sempre são músicos;
c) os sobrinhos de músicos sempre são músicos;
d) os sobrinhos de músicos nunca são músicos;
e) os sobrinhos de músicos quase sempre são músicos.

Resolução comentada do exercício nº 226

Para resolver esta questão se faz necessário ilustrar com figuras, a sentença abaixo:

"Os tios de músicos são sempre músicos".

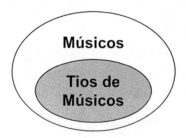

A lógica é algo que pode ser simples ou complicado. Neste exercício tenho que reconhecer que encontrei dificuldade para resolvê-lo de forma fácil. Uma lógica que se pode fazer é a seguinte: os tios de músicos também são músicos. Isto quer dizer que, se alguém tem um tio que não é músico, nunca poderá ser músico. Pelo menos neste exercício, o que vale é a lógica do talento familiar, ou seja, se o sobrinho tem um tio músico é mais fácil de conseguir ter a mesma profissão do tio. Isto se deve a genética privilegiada, que muito ajudará ao sobrinho, no momento de

PRIMEIRA PARTE: EXERCÍCIOS COM RESPOSTAS COMENTADAS **319**

iniciar uma carreira de músico. Sendo assim, conclui-se que **os indivíduos que tem tios não-músicos nunca poderão pertencer à classe dos músicos.**

A resposta correta é a letra "A"

EXERCÍCIO Nº 227: (FGV) – Em seu livro Principles of Political Economy and Taxation, David Ricardo expressa o seguinte argumento:

Quando o elevado preço do trigo for o resultado de uma procura crescente, será sempre precedido de um aumento de salários, pois a procura não poderá crescer sem um correspondente aumento dos meios de pagamento, entre o povo, para pagar por aquilo que deseja. A conclusão do argumento é que:

a) Um aumento na procura por trigo produz um aumento em seu preço;

b) O preço do trigo é elevado.

c) O aumento do preço do trigo, em razão de uma procura crescente é sempre precedido de um aumento dos salários;

d) NDA.

Resolução comentada do exercício nº 227

Para solucionar esta questão, se faz necessário colacionar as principais frases do exercício:

Quando o elevado preço do trigo for o resultado de uma procura crescente, será sempre precedido de um aumento de salários.

Vamos transformar a frase acima, numa <u>sentença lógica válida</u>:

320 RACIOCÍNIO LÓGICO DESCOMPLICADO

Todo aumento do preço do trigo, que for resultado de uma procura crescente; **Conclusão:** Será sempre precedido de um aumento de salários.

Então, podemos concluir que, toda vez que aumentar o preço do trigo, em função da procura crescente, teremos como consequência, um aumento antecipado dos salários.

A resposta correta é a letra "C"

EXERCÍCIO Nº 228: (Petrobras) Ana, Bruna e Carla têm, cada uma, um único bicho de estimação. Uma delas tem um cachorro, outra tem um gato e a terceira, um jabuti. Sabe-se que:

– **Ana não é a dona do gato;**
– **Carla não é a dona do cachorro;**
– **O jabuti não pertence a Bruna;**
– **O gato não pertence a Carla.**
Com base nas informações acima, é correto afirmar que:
a) Ana é dona do gato;
b) Ana é dona do jabuti;
c) Bruna é dona do cachorro;
d) Carla é dona do jabuti;
e) Carla é dona do gato.

Resolução comentada do exercício nº 228

Vamos resolver esta questão de maneira simples. O exercício afirma que, a Carla não é dona do gato e nem do cachorro. Portanto, já podemos afirmar que a Carla é a dona do jabuti, que foi o único animal de estimação restante.

O exercício afirma também que, **"a Ana não é dona do gato"**. Então, a Ana somente pode ser dona do cachorro. Lembre-se que o jabuti já tinha dona certa: a Carla. Restou, então, a <u>Bruna ser conhecida como a dona do gato</u>. Portanto, ficou assim:

Ana – é dona do cachorro.
Bruna – é dona do gato.
<u>**Carla** – é dona do jabuti.</u>

A resposta correta é a letra "D"

EXERCÍCIO Nº 229: (ESAF) – Das premissas:
A: "Nenhum herói é covarde".
B: "Alguns soldados são covardes".
Pode-se corretamente concluir que:
a) alguns heróis são soldados.
b) nenhum soldado é herói.
c) nenhum herói é soldado.
d) alguns soldados não são heróis.

Resolução comentada do exercício nº 229

Para facilitar o aprendizado, será necessário organizar as principais informações do exercício:

1 – Nenhum herói é covarde;
2 – Alguns soldados são covardes;

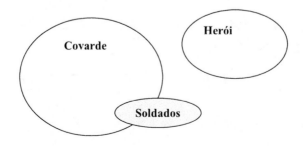

322   RACIOCÍNIO LÓGICO DESCOMPLICADO

Através do desenho acima, conseguimos perceber que se nenhum herói pertence ao conjunto dos covardes; logo, temos que afirmar que algum soldado, que for covarde, não poderá pertencer ao conjunto dos Heróis. Por isso, **alguns soldados não são heróis!**

A resposta correta é a letra "D"

EXERCÍCIO Nº 230: (IBGE) Na Consoantelândia, fala-se o consoantês. Nessa língua, existem 10 letras: 6 do tipo I e 4 do tipo II.

As letras do tipo I são: b, d, h, k, l, t.
As letras do tipo II são: g, p, q, y.
Nessa língua, só há uma regra de acentuação: uma palavra só será acentuada se tiver uma letra do tipo II precedendo uma letra tipo I. Pode-se afirmar que:
a) dhtby é acentuada;
b) pyg é acentuada;
c) kpth não é acentuada;
d) Kydd é acentuada;
e) btdh é acentuada.

Resolução comentada do exercício nº 230

Para facilitar o aprendizado, será necessário citar a principal sentença do exercício:

"uma palavra só será acentuada se tiver uma letra do tipo II precedendo uma letra tipo I ".

Logo abaixo segue, de forma organizada, o conjunto das letras tipo I e II:

As letras do tipo I são: b, d, h, k, l, t.

PRIMEIRA PARTE: EXERCÍCIOS COM RESPOSTAS COMENTADAS **323**

As letras do tipo II são: g, p, q, y.

Vamos analisar, agora, a sequência de letras, sugeridas como uma das soluções do exercício: Kydd

Como podemos perceber existe uma letra tipo II (letra y), precedendo uma letra tipo I (letra d). Logo, será necessário acentuar, esta palavra.

A resposta correta é a letra "D"

EXERCÍCIO Nº 231: (AFTN) Os carros de Artur, Bernardo e César são, não necessariamente nesta ordem, uma Brasília, um Parati e um Santana. Um dos carros é cinza, um outro é verde e o outro é azul. O carro de Artur é cinza; o carro de César é o Santana; o carro de Bernardo não é verde e não é a Brasília. As cores da Brasília, do Parati e do Santana são, respectivamente:

a) cinza, verde e azul;
b) azul, cinza e verde;
c) azul, verde e cinza;
d) cinza, azul e verde;
e) verde, azul e cinza.

Resolução comentada do exercício nº 231

Vamos resolver esta questão de maneira simples. O exercício afirma que, o carro de Artur é cinza e que o carro de Bernardo não é verde. Portanto, já podemos afirmar que o Bernardo tem um carro azul, pois, foi à única cor restante. Através destes últimos acontecimentos, sabe-se também que, o César tem a possibilidade de escolher, apenas, a cor verde. Veja o quadro esquematizado, logo a seguir:

324   Raciocínio Lógico Descomplicado

Artur – **carro** cor <u>cinza</u>;
Bernardo – **carro** cor <u>azul</u>;
César – **carro** cor <u>verde</u>.

Depois que já descobrimos as cores dos carros; temos, ainda, que perceber qual o nome de cada carro e encontrar seu respectivo dono. O exercício afirma que, **o carro de César é o Santana** e que o carro de Bernardo não é a Brasília. Portanto, já podemos afirmar que o **Bernardo tem uma Parati**, pois, foi o único modelo de carro restante. Através destes últimos acontecimentos, sabe-se também que, **o Artur tem a possibilidade de escolher, apenas, a Brasília**. Veja o quadro esquematizado, logo abaixo:

Artur – **Brasília** cor <u>cinza</u>;
Bernardo – **Parati** cor <u>azul</u>;
   César – **Santana** <u>cor verde</u>.

A resposta correta é a letra "D"

EXERCÍCIO Nº 232: (TRT-PE) Uma turma de alunos de um curso de direito reuniu-se em um restaurante para um jantar de confraternização e coube a Francisco receber de cada um a quantia a ser paga pela participação. Desconfiado que Augusto, Berenice e Carlota, não tinham pago as suas respectivas partes, Francisco conversou com os três e obteve os seguintes depoimentos:

Augusto: Não é verdade que Berenice pagou ou Carlota não pagou;

Berenice: Se Carlota pagou, então Augusto também pagou;

Carlota: Eu paguei, mas sei que pelo menos um dos dois outros não pagou.

Considerando que os três falaram a verdade, é correto afirmar que:

a) apenas Berenice não pagou a sua parte;
b) apenas Carlota não pagou a sua parte;
c) Augusto e Carlota não pagaram suas partes;
d) Berenice e Carlota pagaram suas partes;
e) os três pagaram suas partes.

Resolução comentada do exercício nº 232

Interessante notar que esse exercício é um labirinto lógico e para sairmos desta situação vamos precisar de uma chave lógica. Esta chave se encontra na seguinte sentença: **"Carlota pagou o jantar"**. A partir desta chave podemos abrir uma porta lógica. Vamos então testar a primeira chave lógica: **Carlota pagou o jantar.**

Porta 1

"Se Carlota pagou, então Augusto também pagou".

Sabe-se que Carlota pagou o jantar (primeira chave lógica) e por isso, podemos afirmar também que o Augusto também pagou o jantar. Ao abrir essa porta, conseguimos mais uma chave lógica nova (**Augusto também pagou o jantar**). Com esta nova chave, podemos abrir a segunda porta lógica:

Porta 2

"pelo menos um dos dois outros(Berenice ou Augusto) não pagou".

Sabe-se que Augusto pagou o jantar (segunda chave lógica) e por isso, podemos afirmar também que a Berenice não pagou o jantar. Não restou outra opção, pois, já sabíamos que pelo menos uma das três pessoas era culpada. Se não foi o Augusto e nem a Carlota, logo, se conclui que foi a Berenice que não pagou o jantar!

A resposta correta é a letra "A"

EXERCÍCIO Nº 233: (ICMS-SP) Todo A é B, e todo C não é B, portanto:

a) algum A é C;
b) nenhum A é C;
c) nenhum A é B;
d) algum B é C;
e) nenhum B é A.

Resolução comentada do exercício nº 233

Para resolver esta questão se faz necessário ilustrar com figuras, a sentença a seguir:

Primeira sentença: **"Todo A é B"**.

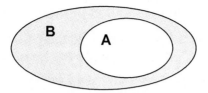

Segunda sentença: **"Todo C não é B"**.

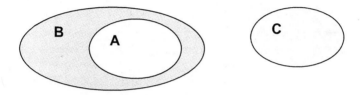

É muito mais fácil resolver este tipo de exercício, através de desenhos, por isso que sempre resolvo ilustrar cada detalhe lógico. Bom, a verdade é que se todo conjunto "A" está dentro do conjunto "B", temos uma ligação padrão. Como o conjunto "C" não está ligado ao "B", por conseguinte, também não estará ligado ao conjunto "A". Portanto, **nenhum "A" é "C"**.

Vamos facilitar o entendimento do exercício, ao comparar o conjunto "A", com um bebê e o conjunto "B" com a barriga de uma mulher gestante. Até que se complete o tempo de gravidez o conjunto "A" (bebê) não vai se separar nunca do conjunto "B"(mãe). O conjunto "C" representa o conjunto de médicos, que espera ansiosamente o nascimento, deste bebê, para cortar o cordão umbilical e poder armazenar as células-tronco do bebê, pensando no seu futuro. Um avanço da ciência, obter através do cordão umbilical, toda célula tronco necessária, para efetuar algum procedimento médico, que beneficie sua saúde física, no futuro.

A resposta correta é a letra "B"

EXERCÍCIO Nº 234: (Nossa Caixa) Todo torcedor do time A é fanático. Existem torcedores do time B que são fanáticos. Marcos torce pelo time A e Paulo é fanático. Pode-se, então, afirmar que:

a) Marcos é fanático e Paulo torce pelo time A;
b) Marcos é fanático e Paulo torce pelo time B;
c) Marcos também torce pelo time B e Paulo torce pelo time A;
d) Marcos também torce pelo time B e o time de Paulo pode não ser A nem B;
e) Marcos é fanático e o time de Paulo pode não ser A nem B.

Resolução comentada do exercício nº 234

Para resolver esta questão se faz necessário ilustrar com figuras, a sentença abaixo:

Primeira sentença: **"Todo torcedor do time A é fanático".**

Segunda sentença: **"Existem torcedores do time B que são fanáticos".**

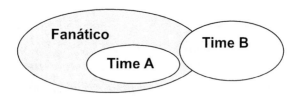

Se Marcos torce pelo time A, então com certeza é fanático.
Afinal, sabe-se que todo individuo que torce pelo time A, será considerado fanático. Então, Marcos é fanático!

Se Paulo é fanático, isto não quer dizer nada! Não se pode tirar uma conclusão lógica deste fato. **Na verdade, o Paulo pode não ser time A nem B**. Paulo pode ser fanático e torcer por um time C, por exemplo. Não temos como provar que Paulo é fanático porque torce pelo time A. Esta conclusão seria improvável!

A resposta correta é a letra "E"

EXERCÍCIO Nº 235: (Nossa Caixa) Todos os estudantes de medicina são estudiosos. Alguns estudantes de medicina são corintianos. Baseando-se apenas nessas duas afirmações, pode-se concluir que:

a) Nenhum estudioso é corintiano.
b) Nenhum corintiano é estudioso.
c) Todos os corintianos são estudiosos.
d) Todos os estudantes de medicina são corintianos.
e) Existem estudiosos que são corintianos.

Resolução comentada do exercício nº 235

Para resolver esta questão se faz necessário ilustrar com figuras, a sentença abaixo:

Primeira sentença: **"Todos os estudantes de medicina são estudiosos"**.

Segunda sentença: **"Alguns estudantes de medicina são corintianos"**.

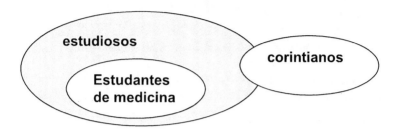

Se alguns corintianos estudam medicina, consequentemente, também serão considerados estudiosos. Afinal, todo estudante de medicina é estudioso, mesmo se for corintiano. **Então existem indivíduos estudiosos que são corintianos.**

A resposta correta é a letra "E"

EXERCÍCIO Nº 236: (TRF) Se Lucia é pintora, então ela é feliz. Portanto:

a) Se Lucia não é feliz, então ela não é pintora.
b) Se Lucia é feliz, então ela é pintora.
c) Se Lucia é feliz, então ela não é pintora.
d) Se Lucia não é pintora, então ela é feliz.
e) Se Lucia é pintora, então ela não é feliz.

Resolução comentada do exercício nº 236

Para resolver esta questão basta apenas analisarmos a sentença: **"Se Lucia é pintora, então ela é feliz"**. È muito importante perceber que, a Lucia ser feliz é condição necessária, para que ela tenha a profissão de pintora. Então, se a Lucia não é feliz,

PRIMEIRA PARTE: EXERCÍCIOS COM RESPOSTAS COMENTADAS **331**

consequentemente, esta condição necessária foi quebrada, e por isso, ela também, não terá o ofício de pintora.

A resposta correta é a letra "A"

EXERCÍCIO Nº 237: (TRF) Considere que as sentenças abaixo são verdadeiras. Se a temperatura está abaixo de 5º, há nevoeiro. Se há nevoeiro, os aviões não decolam. Assim sendo, também é verdadeira a sentença:

a) Se não há nevoeiro, os aviões decolam.

b) Se não há nevoeiro, a temperatura está igual ou acima de 5º.

c) Se os aviões não decolam, então há nevoeiro.

d) Se há nevoeiro, então a temperatura está abaixo de 5º.

e) Se a temperatura está igual ou acima de 5º os aviões decolam.

Resolução comentada do exercício nº 237

Para resolver esta questão basta apenas analisarmos a sentença: **"Se a temperatura está abaixo de 5º, há nevoeiro". "Se há nevoeiro, os aviões não decolam".**

É muito importante perceber que o avião não decolar, é uma condição necessária, para ter nevoeiro. Isto representa dizer que se o avião for autorizado a decolar, é porque não há nevoeiro.

É interessante ressaltar que ter nevoeiro é condição necessária, para encontrarmos a temperatura abaixo de 5º. Então, quando não temos nevoeiro, é porque essa condição necessária foi quebrada e sendo assim, a temperatura ficará igual ou acima de 5º.

A resposta correta é a letra "B"

EXERCÍCIO N° 238: (TRF) Se Rodolfo é mais alto que Guilherme, então Heloísa e Flávia têm a mesma altura. Se Heloísa e Flávia têm a mesma altura, então Alexandre é mais baixo que Guilherme. Se Alexandre é mais baixo que Guilherme, então Rodolfo é mais alto que Heloísa. Ora, Rodolfo não é mais alto que Heloísa. Logo:

a) Rodolfo não é mais alto que Guilherme, e Heloísa e Flávia não tem a mesma altura.
b) Rodolfo é mais alto que Guilherme, e Heloísa e Flávia têm a mesma altura.
c) Rodolfo não é mais alto que Flávia, e Alexandre é mais baixo que Guilherme.
d) Rodolfo e Alexandre são mais baixos que Guilherme.
e) Rodolfo é mais alto que Guilherme, e Alexandre é mais baixo que Heloísa.

Resolução comentada do exercício n° 238

Interessante notar que esse exercício é um labirinto lógico e para sairmos desta situação vamos precisar de uma chave lógica. Esta chave se encontra na seguinte sentença: **"Rodolfo não é mais alto que Heloísa"**. A partir desta chave podemos abrir uma porta lógica. Vamos então testar a primeira chave lógica: **Rodolfo não é mais alto que Heloísa.**

Porta 1

"Se Alexandre é mais baixo que Guilherme, então Rodolfo é mais alto que Heloísa".

Sabe-se Rodolfo não é mais alto que Heloísa (primeira chave lógica) e por isso, podemos afirmar também que o Alexandre não é mais baixo que Guilherme. Ao abrir essa porta, conseguimos mais uma chave lógica nova (**Alexandre não é mais baixo que Guilherme**). Com esta nova chave, podemos abrir a segunda porta lógica:

Porta 2

"**Se Heloísa e Flávia têm a mesma altura, então Alexandre é mais baixo que Guilherme**".

Sabe-se que Alexandre não é mais baixo que Guilherme (segunda chave lógica) e por isso, podemos afirmar também que Heloísa e Flávia não têm a mesma altura. Ao abrir essa porta, conseguimos mais uma chave lógica nova (**Heloísa e Flávia não têm a mesma altura**). Com esta nova chave, podemos abrir a terceira porta lógica:

Porta 3

"**Se Rodolfo é mais alto que Guilherme, então Heloísa e Flávia têm a mesma altura**".

334   Raciocínio Lógico Descomplicado

Sabe-se que Heloísa e Flávia não têm a mesma altura (terceira chave lógica) e por isso, podemos afirmar também que **o Rodolfo não é mais alto que Guilherme**. Ao abrir essa porta, conseguimos encontrar a solução completa do exercício: **o Ricardo não traiu a esposa e, ainda, foi ao jogo.**

A resposta correta é a letra "A"

EXERCÍCIO Nº 239: (TRF) Assinale a alternativa que completa a série seguinte: 9, 16, 25, 36...

a) 45

b) 49

c) 61

d) 63

e) 72

Resolução comentada do exercício nº 239

Pode-se afirmar que, a sequência de números nunca muda, ou seja, sempre teremos, um número elevado ao quadrado:

$$9, 16, 25, 36$$

$$ou$$

$$3^2, 4^2, 5^2, 6^2$$

Pode-se perceber que para completar a sequência acima basta dar continuidade, ao raciocínio lógico-matemático:

$$3^2, 4^2, 5^2, 6^2, 7^2$$

Então, o número que completa a série é (7^2), ou seja, 49.

A resposta correta é a letra "B"

Primeira Parte: Exercícios com Respostas Comentadas **335**

EXERCÍCIO Nº 240: (TRF) Regina e Roberto viajaram recentemente e voltaram três dias antes do dia depois do dia de antes de amanhã. Hoje é terça-feira. Em que dia Regina e Roberto voltaram?

a) quarta-feira

b) quinta-feira

c) sexta-feira

d) sábado

e) domingo

Resolução comentada do exercício nº 240

Vamos resolver este exercício, analisando e dividindo algumas partes, da sentença que vem a seguir: **"voltaram três dias antes do dia depois do dia de antes de amanhã. Hoje é terça-feira".**

Sentença 1: hoje é terça-feira

TERÇA

Sentença 2: antes de amanhã = antes de quarta = terça-feira

TERÇA

Sentença 3: depois do dia de antes de amanhã = depois de terça = quarta-feira.

QUARTA

Sentença 4: três dias antes do dia depois do dia de antes de amanhã = três dias antes de quarta = **Domingo**.

Em resumo, pode-se afirmar que Regina e Roberto voltaram no domingo. A resposta correta é a letra "E"

EXERCÍCIO Nº 241: **(TRT) Considere a sequência: (16, 18, 9, 12, 4, 8, 2, X).**

Se os termos dessa sequência obedecem a uma lei de formação, o termo X deve ser igual a:
a) 12;
b) 10;
c) 9;
d) 7;
e) 5.

Resolução comentada do exercício nº 241

Para facilitar o aprendizado, será necessário citar, a sequência de números, proposta pelo exercício:

(16, 18, 9, 12, 4, 8, 2, X)

Vamos analisar, novamente, a sequência de números, dividida em duplas, para encontrar a melhor solução para o exercício:

(16, 18,.. 9, 12,... 4, 8,... 2, X...)

Vamos fazer uma conta simples, para facilitar o entendimento do leitor:

a) 18-16 = 2

b) 12-9 = 3

c) 8-4 = 4

Percebe-se que segue uma sequência lógica, no resultado de cada conta, que se inicia pelo número 2 e prossegue no mesmo ritmo lógico-matemático (2,3,4,5...).

d) **x-2 = 5**, Lembre-se que para que a sequência lógica não seja quebrada, se faz necessário, que o resultado desta equação seja, sempre igual a 5. Sabe-se que 7 é o único número que, quando subtraído de 02 unidades, fica igual a 5. Então, x = 7.

A resposta correta é a letra "D"

EXERCÍCIO Nº 242: (TRF) Considere os seguintes pares de números:

$$(3, 10) (1, 8) (5, 12) (2, 9) (4, 10)$$

Observe que quatro desses pares têm uma característica comum. O único par que não apresenta tal característica é:

a) (3, 10)

b) (1, 8)

c) (5, 12)

d) (2, 9)

e) (4, 10)

338 RACIOCÍNIO LÓGICO DESCOMPLICADO

Resolução comentada do exercício nº 242

Para facilitar o aprendizado, será necessário citar, a sequência de números, proposta pelo exercício:

$$(3, 10) (1, 8) (5, 12) (2, 9) (4, 10)$$

Vamos analisar, novamente, a sequência de números, dividida em duplas, para encontrar a melhor solução para o exercício:

$$(3, 10) (1, 8) (5, 12) (2, 9) (4, 10)$$

Vamos fazer uma conta simples, para facilitar o entendimento do leitor:

a) 10-3 = **7**

b) 8-1 = **7**

c) 12-5 = **7**

d) 9-2 = **7**

e) **10–4 = 6; Este foi o único resultado que foi diferente, das outras duplas de números lógicos. (4, 10) foi o único par que apresentou uma característica diferente dos outros, ou seja, teve um resultado igual a 6.**

A resposta correta é a letra "E"

EXERCÍCIO Nº 243: (TCE-PB) Segundo um determinado critério, foi construída a sucessão seguinte em que cada termo é composto de uma letra seguida de um número: (A1 – C2 – F3 – J4 – ?5)

Considerando que na ordem alfabética usada são excluídas as letras K, Y e W; então, de acordo com esse critério, a letra que deverá substituir o ponto de interrogação é:

a) M;

b) N;

c) O;

d) P;

e) Q.

Primeira Parte: Exercícios com Respostas Comentadas **339**

Resolução comentada do exercício nº 243

Para facilitar o aprendizado, será necessário citar, a sequência lógica, proposta pelo exercício:

$$A1 - C2 - F3 - J4 - ?5$$

Agora, peço ao leitor que possa perceber que, as letras obedecem a apenas um tipo de sequência lógica:

"A" pula uma letra e vai para "C"

"C" pula duas letras e vai para "F"

"F" pula três letras e vai para "J"

(...)

"J" pula quatro letras e vai para "P"

Portanto, para se chegar à letra que substitui a interrogação, basta apenas que se continue a executar a mesma sequência lógica do exemplo acima. O resultado final do exercício, então, ficou assim:

$$A1 - C2 - F3 - J4 - \mathbf{P5}$$

A resposta correta é a letra "D"

EXERCÍCIO Nº 244: (TCE-PB) Dos grupos de letras apresentados nas alternativas abaixo, apenas quatro apresentam uma característica comum. Considerando que a ordem alfabética usada, exclui as letras K, W e Y, então o único grupo que não tem a característica dos outros é o:

a) Z T U V;

b) T P Q R;

c) Q M N O;

d) L G H I;

e) F C D E.

340   Raciocínio Lógico Descomplicado

Resolução comentada do exercício nº 244

Para facilitar o aprendizado, será necessário citar, a sequência lógica, proposta pelo exercício:

(Z T U V) (T P Q R) (Q M N O) (L G H I) (F C D E)

Agora, peço ao leitor que possa perceber que, as letras obedecem a dois tipos de sequência lógica:

a) Sequência paralela de três letras do alfabeto.

b) A quarta letra sempre será pulada:

Item   <u>**Sequência paralela de três letras do alfabeto e pulo da quarta letra**</u>

(ZTUV) = <u>TUV</u>...Z   (pulou a letra "X")

(TPQR) = <u>PQR</u>...T   (pulou a letra "S")

(QMNO) = MNO...Q   (pulou a letra "P")

(LGHI) = GHI...L   (pulou a letra "J")

Como se pode observar acima, todas as letras seguem a lógica do alfabeto, só que pulam uma letra, no momento de fechar a sequência. O exemplo abaixo, é o único que não obedece à sequência lógica já descrita, pois acaba por não pular uma letra:

(FCDE) = CDE...F (não se pula nenhuma letra)

Para que mantivéssemos a mesma sequência lógica, o certo seria se escrever assim: (GCDE) = CDE...G, pois, assim pularia a letra "F" e poderíamos manter o mesmo padrão lógico.

A resposta correta é a letra "E"

PRIMEIRA PARTE: EXERCÍCIOS COM RESPOSTAS COMENTADAS **341**

EXERCÍCIO Nº 245: (Previ-Rio) Uma determinada empresa oferece a seus funcionários cursos de inglês, francês e espanhol. É sabido que: todos os funcionários cursam pelo menos uma das três línguas: nem todos os funcionários que cursam inglês, cursam espanhol; e os funcionários que fazem o curso de inglês não fazem o de francês. A partir destas informações, é correto concluir que:

a) pelo menos um funcionário faz curso de inglês, francês e espanhol;
b) nenhum funcionário que faz curso de inglês faz de espanhol;
c) todo funcionário que faz curso de francês faz curso de inglês;
d) nem todo funcionário faz curso de francês ou espanhol;

Resolução comentada do exercício nº 245

Vamos analisar a sentença abaixo, mas antes, lembre-se que todos os funcionários cursam pelo menos uma das três línguas:

Sentença: "nem todos os funcionários que cursam inglês, cursam espanhol; e os funcionários que fazem o curso de inglês não fazem o de francês".

Para se resolver esta questão, é bem simples, basta somente perceber que, se o funcionário faz curso de inglês, logo não poderá estudar francês. Interessante notar também que, alguns funcionários que cursam inglês, não poderão estudar espanhol. Então, pode-se afirmar que, alguns funcionários não poderão fazer curso de francês e outros não poderão fazer curso de espanhol. A alternativa que pode melhor representar esta afirmação, é aquela que diz assim: **"nem todo funcionário faz curso de francês ou espanhol".**

A resposta correta é a letra "D"

---

342 RACIOCÍNIO LÓGICO DESCOMPLICADO

EXERCÍCIO Nº 246: (AFR-SP) Assinale a alternativa que apresenta alguma contradição.

a) Todo espião não é vegetariano e algum vegetariano é espião.
b) Todo espião é vegetariano e algum vegetariano não é espião.
c) Nenhum espião é vegetariano e algum espião não é vegetariano.
d) Algum espião é vegetariano e algum espião não é vegetariano.
e) Todo vegetariano é espião e algum espião não é vegetariano.

Resolução comentada do exercício nº 246

Vamos analisar a sentença abaixo, e descobrir, onde está a contradição:

<u>Sentença:</u> **"Todo espião não é vegetariano e algum vegetariano é espião".**

Para se resolver esta questão, é bem simples, basta somente perceber que, se toda pessoa que tem a profissão de espião, nunca poderá alimentar-se, somente, de vegetais, então, pode-se concluir que um dos requisitos para ter a profissão de espião é nunca ter o hábito de ser vegetariano. Sendo assim, está errada a afirmação que existe algum vegetariano, pode ter a profissão de espião. Isso é impossível.

A resposta correta é a letra "A"

EXERCÍCIO Nº 247: (TCM-RJ) Numa fábrica, todos os empregados recebem vale-transporte ou vale-refeição. A partir desta informação, é correto concluir que:

a) todos os empregados recebem vale-transporte ou todos os empregados recebem vale-refeição;

PRIMEIRA PARTE: EXERCÍCIOS COM RESPOSTAS COMENTADAS **343**

b) todo empregado que não recebe vale-transporte recebe vale-refeição;

c) algum empregado recebe vale-transporte e não recebe vale-refeição;

d) algum empregado recebe vale-transporte e vale-refeição;

Resolução comentada do exercício nº 247

Vamos analisar a sentença abaixo:

<u>Sentença:</u> **"Numa fábrica, todos os empregados recebem vale-transporte ou vale-refeição".**

Para se resolver esta questão, é bem simples, basta somente perceber que, toda pessoa que trabalha numa determinada fábrica, sempre irá receber um benefício, de trabalhador: ou vale-transporte ou vale-refeição. Por exemplo, se os empregados não receberam vale-transporte, pelo dia de trabalho, com certeza, é porque irão receber o vale-refeição. Sendo assim, pode-se dizer que todo empregado que não recebe vale-transporte sempre receberá vale-refeição, para compensar tal fato.

A resposta correta é a letra "B"

EXERCÍCIO Nº 248: (Aneel) Em determinada universidade, foi realizado um estudo para avaliar o grau de satisfação de seus professores e alunos. O estudo mostrou que, naquela universidade, nenhum aluno é completamente feliz e alguns professores são completamente felizes. Uma conclusão logicamente necessária destas informações é que, naquela universidade, objeto da pesquisa:

a) nenhum aluno é professor;

b) alguns professores são alunos;

c) alguns alunos são professores;

d) nenhum professor é aluno;

e) alguns professores não são alunos.

Resolução comentada do exercício nº 248

Para resolver esta questão se faz necessário ilustrar com figuras, a sentença abaixo:

Primeira sentença: **"nenhum aluno é completamente feliz"**.

Segunda sentença: **"alguns professores são completamente felizes"**.

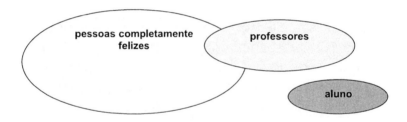

Observando a figura acima, fica simples perceber que, se alguns professores são completamente felizes, consequentemente, eles não poderão ser alunos (Sabe-se que, nenhum aluno pertence, ao conjunto das pessoas que são completamente felizes). Portanto, é mais lógico afirmar que alguns professores não são alunos.

A resposta correta é a letra "E"

EXERCÍCIO Nº 249: (Prominp) Se todo P é Q e algum P é não-R, então:

a) todo P é não-R;
b) algum Q é não-R;
c) todo R é P;
d) todo Q é R;
e) todo não-R é P.

Resolução comentada do exercício nº 249

Vamos representar a resposta deste exercício, através de figuras ilustrativas:

Primeira sentença: "Todo P é Q".

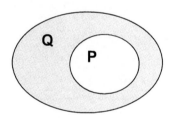

Segunda sentença: "algum P é não-R".

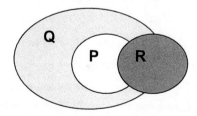

De acordo com a sentença acima, podemos entender que **algum "Q" não é "R"**. Essa afirmação pode ser feita, pois, se todo "P" está contido em "Q", e algum "P" é não é "R", logo, algum "Q" não poderá ser "R" também.

346 RACIOCÍNIO LÓGICO DESCOMPLICADO

<u>Simplificando:</u> Vamos supor que a letra **"P"** representa o grupo de jogadores do flamengo; a letra **"Q"** representa o campo de futebol do maracanã; A letra **"R"** representa o campo da Granja Comary, onde treina a seleção brasileira.

Então,

a) todo "<u>**P**</u>"<u>(jogadores do flamengo) é "**Q**"(treina no campo do maracanã).</u>

b) algum "**P**"(jogadores do flamengo) é "**não-R**" (não treina no campo da granja comary)

Conclui-se, que **algum "Q"** (jogador que treina no estádio do maracanã) é "<u>**não-R**</u>" (não treina na granja comary). Isto supõe dizer que, algum jogador, que treina no maracanã, não foi convocado para a seleção brasileira. Lembre-se que os jogadores da seleção brasileira, somente jogam na granja comary. Logo, alguma pessoa que treina no estádio do maracanã; não está treinando também na granja comary **(Algum Q é não-R).**

A resposta correta é a letra "B"

EXERCÍCIO Nº 250: (Prominp) Sempre que chove, Augusto dorme. Com base nessa informação, pode-se concluir que:

a) se Augusto está dormindo, então está chovendo;

b) se não está chovendo, Augusto está dormindo;

c) se Augusto não está dormindo, então não está chovendo;

d) Se não está chovendo, Augusto não está dormindo;

e) Se Augusto está dormindo, então não está chovendo.

Resolução comentada do exercício nº 250

Vamos analisar a sentença abaixo:

Sentença Principal: **"Sempre que chove, Augusto dorme".**

Para se resolver esta questão, é bem simples, basta somente perceber que, Augusto dormir é **condição necessária**, para que sempre esteja chovendo na cidade.

Alternativa "C": **"se Augusto não está dormindo, então não está chovendo".**

Então, caso o Augusto não durma, consequentemente, não irá mais chover. Isto acontece, porque a **condição necessária** foi quebrada, ou seja, Augusto não está dormindo.

A resposta correta é a letra "C"

SEGUNDA PARTE

Exercícios Resolvidos Somente com Gabarito

SEGUNDA PARTE: EXERCÍCIOS RESOLVIDOS SOMENTE COM GABARITO **351**

EXERCÍCIO Nº 251: (Auditor Fiscal da Receita Estadual – MG) Se André é culpado, então Bruno é inocente. Se André é inocente, então Bruno é culpado. Se André é culpado, Leo é inocente. Se André é inocente, então Leo é culpado. Se Bruno é inocente, então Leo é culpado. Logo, André, Bruno e Leo são, respectivamente:

a) culpado, culpado, culpado;
b) inocente, culpado, culpado;
c) inocente, culpado, inocente;
d) inocente, inocente, culpado;
e) culpado, culpado, inocente.

EXERCÍCIO Nº 252: (MPU) Se Fulano é culpado, então Beltrano é culpado. Se Fulano é inocente, então ou Beltrano é culpado, ou Sicrano é culpado, ou ambos, Beltrano e Sicrano, são culpados. Se Sicrano é inocente, então Beltrano é inocente. Se Sicrano é culpado, então Fulano é culpado. Logo:

a) Fulano é inocente, Beltrano é inocente e Sicrano é inocente;
b) Fulano é culpado, Beltrano é culpado e Sicrano é inocente;
c) Fulano é culpado, Beltrano é inocente e Sicrano é inocente;
d) Fulano é inocente, Beltrano é culpado e Sicrano é culpado;
e) Fulano é culpado, Beltrano é culpado e Sicrano é culpado.

EXERCÍCIO Nº 253: (Aneel) Pedro toca piano se e somente se Vítor toca violino. Ora, Vítor toca violino, ou Pedro toca piano. Logo:

a) Pedro toca piano, e Vítor não toca violino;
b) se Pedro toca piano, então Vítor não toca violino;
c) se Pedro não toca piano, então Vítor toca violino;
d) Pedro não toca piano, e Vítor toca violino;
e) Pedro toca piano, e Vítor toca violino.

352 Raciocínio Lógico Descomplicado

EXERCÍCIO Nº 254: (AFC) Se Carina é amiga de Carol, então Carmem é cunhada de Carol. Carmem não é cunhada de Carol. Se Carina não é cunhada de Carol, então Carina é amiga de Carol. Logo:

a) Carina é cunhada de Carmem e é amiga de Carol;

b) Carina não é amiga de Carol ou não é cunhada de Carmem;

c) Carina é amiga de Carol ou não é cunhada de Carol;

d) Carina é amiga de Carmem e é amiga de Carol;

e) Carina é amiga de Carol e não é cunhada de Carmem.

EXERCÍCIO Nº 255: (FT) Se Pedro é inocente, então Lauro é inocente. Se Roberto é inocente, então Sônia é inocente. Ora, Pedro é culpado ou Sônia é culpada. Segue-se, logicamente, portanto, que:

a) Lauro é culpado e Sônia é culpada;

b) Sônia é culpada e Roberto é inocente;

c) Pedro é culpado ou Roberto é culpado;

d) se Roberto é culpado, então Lauro é culpado;

e) Roberto é inocente se e somente se Lauro é inocente.

EXERCÍCIO Nº 256: (FT) Chama-se tautologia toda proposição que seja sempre verdadeira, independentemente da verdade dos termos que a compõem. Um exemplo de tautologia é:

a) se João é alto, então João é alto ou Guilherme é gordo;

b) se João é alto, então João é alto e Guilherme é gordo;

c) se João é alto ou Guilherme é gordo, então Guilherme é gordo;

d) se João é alto ou Guilherme é gordo, então João é alto e Guilherme é gordo;

e) se João é alto ou não é alto, então Guilherme é gordo.

SEGUNDA PARTE: EXERCÍCIOS RESOLVIDOS SOMENTE COM GABARITO **353**

EXERCÍCIO Nº 257: (TCE-MG) São dadas as seguintes proposições:

(1) Se Jaime trabalha no Tribunal de Contas, então ele é eficiente.
(2) Se Jaime não trabalha no Tribunal de Contas, então ele não é eficiente.
(3) Não é verdade que, Jaime trabalha no Tribunal de Contas e não é eficiente.
(4) Jaime é eficiente ou não trabalha no Tribunal de Contas.

É correto afirmar que são logicamente equivalentes apenas as proposições de números:

a) 2 e 4;
b) 2 e 3;
c) 2, 3 e 4;
d) 1, 2 e 3;
e) 1, 3 e 4.

EXERCÍCIO Nº 258: (IBGE) Uma das formas mais simples de argumentar consiste em duas frases, uma das quais é conclusão de outra, que é chamada premissa. Assinale, dentre as opções seguintes, aquela em que a associação está correta.

a) Premissa: Os exames finais devem ser extintos.
Conclusão: Os exames finais dão muito trabalho a alunos e a professores.
b) Premissa: É possível que um candidato ganhe as eleições presidenciais.
Conclusão: O tal candidato tem muitos eleitores no interior do país.
c) Premissa: N é um número múltiplo de 6.
Conclusão: N não é um número ímpar.
d) Premissa: Os índios brasileiros eram culturalmente primitivos.
Conclusão: Os índios brasileiros cultuavam vários deuses.
e) Premissa: É muito difícil aprender a escrita japonesa.
Conclusão: O alfabeto japonês tem mais de dois mil anos.

354   Raciocínio Lógico Descomplicado

EXERCÍCIO Nº 259: (Prominp) Considere verdadeira a premissa: "somente se estudo, passo". Analise as afirmativas a seguir.

I – Se passo, estudo.
II – Se não passo, não estudo.
III – Se não estudo, não passo.
É (são) verdadeira(s) a(s) afirmativa(s):
a) I, apenas;
b) II, apenas;
c) I e III, apenas;
d) II e III, apenas;
e) I, II e III.

EXERCÍCIO Nº 260: (Prominp) Considere verdadeira a premissa: "se estudo, passo". Analise as afirmativas a seguir.

I – Se passo, estudo.
II – Se não passo, não estudo.
III – Se não estudo, não passo.
É (são) verdadeira(s) a(s) afirmativa(s):
a) I, apenas;
b) II, apenas;
c) I e III, apenas;
d) II e III, apenas;
e) I, II e III.

EXERCÍCIO Nº 261: (CVM) Um banco disponibiliza os produtos A, B, C, D, E e F aos seus clientes, de acordo com as seguintes regras:

– se o produto B é adquirido, necessariamente C também deve ser adquirido;
– se o produto D é adquirido, necessariamente E ou F devem ser adquiridos;

SEGUNDA PARTE: EXERCÍCIOS RESOLVIDOS SOMENTE COM GABARITO **355**

– se o produto A é adquirido, necessariamente B e F devem ser adquiridos.

Nas condições dadas, um cliente que deseja adquirir exatamente quatro produtos terá um total máximo de opções igual a:

a) 3;

b) 5;

c) 6;

d) 8;

e) 13.

EXERCÍCIO Nº 262: (VUNESP) Numa fábrica, 10 máquinas funcionando 6 horas por dia, durante 60 dias, produzem 90 000 peças. Quantos dias serão necessários para que 12 máquinas, funcionando 8 horas por dia, produzam 192 000 peças?

a) 80.

b) 90.

c) 100.

d) 120.

e) 150.

EXERCÍCIO Nº 263: (VUNESP) Deseja-se remeter duas encomendas de um certo produto para dois compradores diferentes. Um primeiro pediu 420 unidades, e o outro, 480 unidades do produto. Deve-se embalar o produto em pacotes contendo cada um a mesma quantidade e de forma que cada comprador receba um número inteiro de pacotes. A quantidade mínima de pacotes a ser enviada ao primeiro e ao segundo comprador é, respectivamente:

a) 6 e 7.

b) 7 e 8.

c) 8 e 9.

d) 9 e 10.

e) 10 e 11.

356 RACIOCÍNIO LÓGICO DESCOMPLICADO

EXERCÍCIO Nº 264: (VUNESP) Uma urna contém 3 bolas pretas e 2 brancas. Duas bolas são retiradas da urna, sem reposição. A probabilidade de a segunda bola ser branca é de:

a) 0,25.
b) 0,30.
c) 0,40.
d) 0,50.
e) 0,60.

EXERCÍCIO Nº 265: (VUNESP) Para não se ter prejuízo, o preço de venda de um computador deve ser, no mínimo, 44% superior ao preço de custo. Se ele for colocado à venda acrescentando-se 80% ao preço de custo, o maior desconto que pode ser concedido ao cliente sobre o preço de venda de modo a não se ter prejuízo é de:

a) 36%.
b) 30%.
c) 25%.
d) 22%.
e) 20%.

EXERCÍCIO Nº 266: (VUNESP) Três pilotos brasileiros participam de uma corrida de automóveis num circuito oval. Os três conseguem manter uma velocidade constante de modo que, para dar uma volta completa, um deles demora 45 s, outro demora 54 s e o terceiro demora 63 s. Se num determinado instante os três cruzam simultaneamente uma linha que atravessa a pista, depois de quanto tempo o farão novamente, supondo que não haja interrupções?

a) 29 min 30 s.
b) 30 min 03 s.
c) 30 min 30 s.
d) 31 min 03 s.
e) 31 min 30 s.

EXERCÍCIO Nº 267: (VUNESP) Em um lote de 20 peças, 5 são defeituosas. Sorteando-se 3 peças desse lote, ao acaso, sem reposição, a probabilidade de que nenhuma delas seja defeituosa é, aproximadamente, de:

a) 0,412.
b) 0,399.
c) 0,324.
d) 0,298.
e) 0,247.

EXERCÍCIO Nº 268: (VUNESP) Se dentre os 100 funcionários sortearmos um ao acaso, a probabilidade de ele considerar a condição de acesso boa e ter 31 anos ou mais é de:

a) 0,33.
b) 0,32.
c) 0,19.
d) 0,12.
e) 0,07.

EXERCÍCIO Nº 269: (VUNESP) Se dentre os 100 funcionários sortearmos um ao acaso, a probabilidade de ele ter até 30 anos ou considerar a condição de acesso boa é de:

a) 0,70.
b) 0,51.
c) 0,40.
d) 0,33.
e) 0,14.

358 Raciocínio Lógico Descomplicado

EXERCÍCIO Nº 270: (VUNESP) Um exame possui 10 questões de múltipla escolha com 3 alternativas por questão. O número de gabaritos possíveis em que a primeira e a segunda alternativas aparecem, cada uma, em exatamente 3 questões é:

a) 4 200.
b) 4 820.
c) 6 240.
d) 7 280.
e) 8 400.

EXERCÍCIO Nº 271: (TJ-PE) Se Rasputin não tivesse existido, Lenin também não existiria. Lenin existiu. Logo:

a) Lenin e Rasputin não existiram.
b) Lenin não existiu.
c) Rasputin existiu.
d) Rasputin não existiu.
e) Lenin existiu.

EXERCÍCIO Nº 272: (TJ-PE) Assinale a alternativa que substitui corretamente a interrogação na seguinte sequência numérica: 8 12 24 60?

a) 56
b) 68
c) 91
d) 134
e) 168

EXERCÍCIO Nº 273: (TJ-PE) Assinale a alternativa que completa a série seguinte:

J J A S O N D ?

a) J
b) L
c) M
d) N
e) O

EXERCÍCIO Nº 274: (TJ-PE) Assinale a alternativa correspondente ao número de cinco dígitos no qual o quinto dígito é a metade do quarto e um quarto do terceiro dígito. O terceiro dígito é a metade do primeiro e o dobro do quarto. O segundo dígito é três vezes o quarto e tem cinco unidades a mais que o quinto.

a) 17942
b) 25742
c) 65384
d) 86421
e) 97463

EXERCÍCIO Nº 275: (Fumarc) A média aritmética de um conjunto de inteiros é 6. A soma dos inteiros é 18. Logo, o número de inteiros no conjunto é:

a) 3.
b) 6.
c) 9.
d) 12.

EXERCÍCIO Nº 276: (Fumarc) Um ciclista pedala 410 km em cinco dias. Cada dia ele pedala 15 km a mais que no dia anterior. A distância pedalada no primeiro dia é:

a) 82 km.
b) 72 km.
c) 62 km.
d) 52 km.

EXERCÍCIO Nº 277: (FUNRIO) Uma jarra tem 800 g de uma mistura de água e açúcar, na qual o açúcar corresponde a 15%. Para que a mistura passe a ter apenas 5% de açúcar, devemos acrescentar uma quantidade de água, em gramas, equivalente a:

a) 800

b) 1200

c) 1600

d) 2000

e) 2400

EXERCÍCIO Nº 278: (FUNRIO) Numa festa comparecem N pessoas e cada pessoa cumprimenta todas as outras uma única vez, totalizando 820 apertos de mão. Então N é um número compreendido entre:

a) 30 e 39

b) 40 e 49

c) 50 e 59

d) 60 e 69

e) 70 e 79

EXERCÍCIO Nº 279: (multi-sai) Três amigos Afeu, Abeu e Aceu, jogam ping-pong. Após cada partida, quem perde sai. Sabe-se que Afeu jogou 12 partidas, Abeu jogou 17 e Aceu jogou 19 partidas. Quantas partidas foram jogadas?

a) 48;

b) 30;

c) 24;

d) 52.

EXERCÍCIO Nº 280: (multi-sai) Uma pessoa caminha com passadas iguais a 80cm e velocidade constante de 2m/s. Quantos passos ele dará em 60 segundos?

a) 90;

b) 120;

c) 150;

d) 180.

SEGUNDA PARTE: EXERCÍCIOS RESOLVIDOS SOMENTE COM GABARITO **361**

EXERCÍCIO Nº 281: (multi-sai) Uma torneira enche um tanque em 20 horas, com uma vazão de 1 litro por minuto. Quanto tempo será necessário para que duas torneiras, com vazão 2 litros por minuto encham o mesmo tanque?

a) 5 h;
b) 6 h;
c) 8 h;
d) 9 h.

EXERCÍCIO Nº 282: (multi-sai) Qual é a taxa mensal de juros simples que deverá incidir sobre um capital de R$ 5.000,00 para que este, em quatro meses e meio, renda R$ 720,00 de juros?

a) 2,8%;
b) 3,0%;
c) 3,2%;
d) 3,6%.

EXERCÍCIO Nº 283: (multi-sai) Uma certa mercadoria que custava R$ 12,50 teve o aumento e passou a custar R$ 13,50. A majoração sobre o preço antigo foi de:

a) 12,5%;
b) 10,8%;
c) 10%;
d) 8%.

EXERCÍCIO Nº 284: (multi-sai) O montante produzido por um capital de R$ 5.000,00, a juros compostos a uma taxa de 3% ao mês, durante 2 meses é:

a) R$ 5.304,00;
b) R$ 5.304,50;
c) R$ 5.304,80;
d) R$ 5.304,95.

362 RACIOCÍNIO LÓGICO DESCOMPLICADO

EXERCÍCIO Nº 285: (multi-sai) Você fez dois trabalhos num bimestre e obteve notas 8,5 e 5,5. Qual deve ser a nota que você deverá tirar no 3º trabalho para que a média dos três seja 7?

a) 7;

b) 7,5;

c) 8,0;

d) 8,5.

EXERCÍCIO Nº 286: (multi-sai) Sabe-se que a média aritmética de cinco números inteiros distintos, estritamente positivos, é 16. O maior valor que um desses inteiros pode assumir é:

a) 16;

b) 20;

c) 50;

d) 70.

EXERCÍCIO Nº 287: (TJ-PE) Considere a afirmação: "Existem funcionários públicos que não são eficientes". Se essa afirmação é FALSA, então é verdade que:

a) nenhum funcionário público é eficiente.

b) nenhuma pessoa eficiente é funcionário público.

c) todo funcionário público é eficiente.

d) nem todos os funcionários públicos são eficientes.

e) todas as pessoas eficientes são funcionários públicos.

EXERCÍCIO Nº 288: (TJ-PE) Suponha que exista uma pessoa que só fala mentiras às terças, quartas e quintas-feiras, enquanto que, nos demais dias da semana, só fala a verdade. Nessas condições, somente em quais dias da semana seria possível ela fazer a afirmação "Eu menti ontem e também mentirei amanhã."?

a) Terça e quinta-feira.

b) Terça e sexta-feira.

c) Quarta e quinta-feira.

d) Quarta-feira e sábado.

e) Quinta-feira e domingo.

SEGUNDA PARTE: EXERCÍCIOS RESOLVIDOS SOMENTE COM GABARITO **363**

EXERCÍCIO Nº 289: (SEMAE) Em uma fábrica trabalham 216 funcionários, sendo que 135 são do sexo masculino e 81 pertencem ao sexo feminino. Calcule a razão entre o número de funcionários do sexo masculino e o número do sexo feminino.

a) 4/3
b) 3/5
c) 3/7
d) 2/5
e) 5/3

EXERCÍCIO Nº 290: (SEMAE) O funcionário de uma metalúrgica recebe R$ 850,00 de salário mensal. Do seu salário há o desconto de 29,3%. Calcule o valor de seu salário, considerando os descontos.

a) R$ 600,95
b) R$ 249,05
c) R$ 340,75
d) R$ 735,95
e) R$ 684,95

EXERCÍCIO Nº 291: (SEMAE) Oito funcionários produzem 40 bicicletas em cinco dias de trabalho. Para o mesmo período, ou seja, cinco dias de trabalho. Quantas bicicletas seriam produzidas por dez funcionários?

a) 55
b) 57
c) 60
d) 70
e) 50

364 RACIOCÍNIO LÓGICO DESCOMPLICADO

EXERCÍCIO Nº 292: (SEMAE) Um motorista dirigiu um caminhão por 7200 quilômetros. O caminhão tinha seis pneus nas suas seis rodas, além de dois pneus de estepe. Ao término da viagem, os oito pneus foram utilizados, sendo que rodaram a mesma quilometragem. Qual foi a distância percorrida, para cada um dos pneus?

a) 3900 km
b) 1850 km
c) 6.830 km
d) 5400 km
e) 6.200 km

EXERCÍCIO Nº 293: (SEMAE) Rubens estava precisando de dinheiro e resolveu pedir um empréstimo a um amigo. Pediu a quantia de R$ 280,00 e foi informado pelo amigo que dentro de um mês deveria pagar R$ 40,00 de juros. Pergunta-se: qual é a taxa diária de juros simples proposto pelo amigo de Rubens para esse empréstimo?

a) 0,47%
b) 0,37%
c) 2,38%
d) 1,94%
e) 23,6%

EXERCÍCIO Nº 294: (SEMAE) Se numa adição de quatro parcelas, você duplicar o valor de cada parcela, a soma ficará:

a) 2 vezes maior.
b) 3 vezes maior.
c) 4 vezes maior.
d) 8 vezes maior.
e) 32 vezes maior.

SEGUNDA PARTE: EXERCÍCIOS RESOLVIDOS SOMENTE COM GABARITO **365**

EXERCÍCIO Nº 295: (SEMAE) A soma dos múltiplos de 7 compreendidos entre 100 e 250 é igual a:

a) 3325
b) 3500
c) 3675
d) 3825
e) 3850

EXERCÍCIO Nº 296: (SEMAE) Em um auto posto, são vendidos 15.000 litros de gasolina por dia. O caminhão tanque que repõe a gasolina consumida no posto tem a capacidade de transportar 50.000 litros de gasolina. Quantos caminhões tanques serão necessários para abastecer o posto durante 20 dias consecutivos?

a) 5.
b) 6.
c) 7.
d) 8.
e) 9.

EXERCÍCIO Nº 297: (SEMAE) Um container tem uma mistura de álcool e gasolina de 10 litros com 30% de álcool. Acrescentando-se, ao mesmo container, outra mistura gasolina/álcool de 5 litros qual deverá ser a porcentagem de álcool dessa nova mistura para que a mistura final tenha 50% de cada substância?

a) 90%
b) 95%
c) 85%
d) 80%
e) 75%

366 RACIOCÍNIO LÓGICO DESCOMPLICADO

EXERCÍCIO Nº 298: (TJ-SP) Numa editora, 8 digitadores, trabalhando 6 horas por dia, digitaram 3/5 de um determinado livro em 15 dias. Então, 2 desses digitadores foram deslocados para um outro serviço, e os restantes passaram a trabalhar apenas 5 horas por dia na digitação desse livro. Mantendo-se a mesma produtividade, para completar a digitação do referido livro, após o deslocamento dos 2 digitadores, a equipe remanescente terá de trabalhar ainda:

a) 18 dias. c) 15 dias. e) 12 dias.
b) 16 dias. d) 14 dias.

EXERCÍCIO Nº 299: (TJ-SP) Um comerciante estabeleceu que o seu lucro bruto (diferença entre os preços de venda e compra) na venda de um determinado produto deverá ser igual a 40% do seu preço de venda. Assim, se o preço unitário de compra desse produto for R$ 750,00, ele deverá vender cada unidade por:

a) R$ 1.050,00. c) R$ 1.150,00. e) R$ 1.250,00.
b) R$ 1.100,00. d) R$ 1.200,00.

EXERCÍCIO Nº 300: (TJ-SP) Um investidor aplicou a quantia total recebida pela venda de um terreno, em dois fundos de investimentos (A e B), por um período de um ano. Nesse período, as rentabilidades dos fundos A e B foram, respectivamente, de 15% e de 20%, em regime de capitalização anual, sendo que o rendimento total recebido pelo investidor foi igual a R$ 4.050,00. Sabendo-se que o rendimento recebido no fundo A foi igual ao dobro do rendimento recebido no fundo B, pode-se concluir que o valor aplicado inicialmente no fundo A foi de:

a) R$ 18.000,00. d) R$ 16.740,00.
b) R$ 17.750,00. e) R$ 15.125,00.
c) R$ 17.000,00.

SEGUNDA PARTE: EXERCÍCIOS RESOLVIDOS SOMENTE COM GABARITO **367**

EXERCÍCIO Nº 301: (TCE-MG) A expectativa de uma pessoa passar em um concurso público, sabendo que para o cargo que escolheu existem 20 vagas e 2.500 candidatos inscritos, é de 1 em:

a) 110
b) 115
c) 120
d) 125
e) 130

EXERCÍCIO Nº 302: (TCE-MG) Os registros da Secretaria de Segurança mostraram que durante o mês de fevereiro de 2007, em certo bairro, aconteceram 360 roubos e furtos de veículos. As anotações registram 135 roubos e furtos de veículos importados. Tomando-se como base os resultados dessas observações, espera-se que a ocorrência de roubos e furtos de veículos importados no mês de março de 2007 seja de:

a) 37,25%
b) 37,50%
c) 38,00%
d) 38,50%
e) 38,75%

EXERCÍCIO Nº 303: (TCE-MG) A diretoria de uma seguradora vai sortear, ao acaso, dois atuários de um grupo de seis para um Curso de Atualização no exterior. De quantas maneiras essas duas vagas podem ser preenchidas?

a) 25
b) 22
c) 20
d) 18
e) 15

368   Raciocínio Lógico Descomplicado

EXERCÍCIO Nº 304: (ANAC) Um país mandará, mensalmente, cientistas para duas nações amigas: cá e lá. Inicialmente, três virão para cá e dois irão para lá; depois, quatro virão para cá e três irão para lá; depois cinco para cá, quatro para lá e assim sucessivamente. Quando ultrapassarmos um total de 100 cientistas que vieram para cá, para lá terão ido:

a) 84;
b) 90;
c) 93;
d) 95;
e) 99.

EXERCÍCIO Nº 305: (ANAC) Se nem todo Sclok é Ploc, todo Ploc é Splash mas há Splash que não é Ploc então:

a) todo Splash é Ploc;
b) nem todo Sclok é Splash;
c) todo Sclok que é Ploc é Splash;
d) quem não é Splash não é Sclok;
e) quem não é Ploc não é Splash.

EXERCÍCIO Nº 306: (ANAC) Estava olhando para o Norte. Girei 90º para a esquerda e passei, portanto, a olhar para o Oeste. Girei 180º e depois girei 45º à esquerda. Depois girei 90º à esquerda e, depois, 135º à direita. Passei, nesse momento, a olhar para o:

a) Norte;
b) Leste;
c) Nordeste;
d) Sudeste;
e) Sul.

SEGUNDA PARTE: EXERCÍCIOS RESOLVIDOS SOMENTE COM GABARITO **369**

EXERCÍCIO Nº 307: (ANAC) Um milionésimo de 250 pode ser escrito como:

a) 0,00025;
b) 0,0025;
c) 0,25;
d) 250.000;
e) 250.000.000.

EXERCÍCIO Nº 308: (ANAC) Gastei R$16,67 na padaria e o dobro dessa quantia na quitanda. Meu plano é gastar, no supermercado, no máximo o dobro do que gastei até agora. Se eu tinha R$200,00, antes dessas compras, e se conseguir manter meu plano, então voltarei com no máximo a seguinte quantia, em reais:

a) 34,23;
b) 42,56;
c) 49,97;
d) 57,34;
e) 66,59.

EXERCÍCIO Nº 309: (ANAC) "Seu" Joaquim aumentou o preço de venda de um produto em 50%, mas isso fez com que muitos exemplares do produto ficassem "encalhados", pois o aumento exagerado afastou a clientela. Para recuperar seus fregueses, Joaquim vai dar um desconto no novo preço, de modo que o produto passará a ser vendido pelo mesmo preço cobrado antes do aumento. Joaquim deverá então dar um desconto que corresponde, aproximadamente, à seguinte porcentagem do novo preço, atualmente cobrado:

a) 15,5%;
b) 25%;
c) 33,3%;
d) 50%;
e) 54,8%.

EXERCÍCIO Nº 310: (ANAC) Daqui a um ano, a soma das idades de Antonino, Bernardino e Vivaldino será igual a 102. Vivaldino é 12 anos mais velho do que Antonino, que é 6 anos mais jovem do que Bernardino. Daqui a três anos, o produto das idades dos três será igual a:

a) 28.675;
b) 34.740;
c) 38.650;
d) 42.666;
e) 45.360.

EXERCÍCIO Nº 311: (UNAMA) Um Centro de perícias Científicas dispõe de 8 peritos, dentre os quais deverão ser escolhidos 3 para compor a equipe que fará analises periciais no interior do Estado. O número de maneiras que esta equipe poderá ser composta é:

a) 336
b) 180
c) 56
d) 24

EXERCÍCIO Nº 312: (UNAMA)Sabe-se que os custos dos laudos técnicos dependem da quantidade dos mesmos. Um perito técnico, tentando equacionar seus gastos linearmente, verificou que quando produzia 20 laudos técnicos os custos eram de R$ 25,00 e, quando produzia 30 laudos técnicos os custos ficavam em R$ 40,00. Dessa forma, se ele produzir 50 laudos técnicos, gastará:

a) R$ 70,00
b) R$ 75,00
c) R$ 80,00
d) R$ 90,00

SEGUNDA PARTE: EXERCÍCIOS RESOLVIDOS SOMENTE COM GABARITO **371**

EXERCÍCIO Nº 313: (UNAMA) Num Centro de Perícias Técnicas onde foram emitidos 780 laudos técnicos, verificou-se dentre estes que: 360 laudos eram referentes às análises balísticas; 320 laudos eram referentes às análises de impressões digitais e 240 laudos referiam-se às análises de balísticas e de impressões digitais. Desta forma, o número de laudos que não se referiam à balística ou impressão digital é:

a) 440
c) 340
b) 400
d) 280

EXERCÍCIO Nº 314: (TCE-RO) Um automóvel flex pode utilizar álcool ou gasolina como combustível. Suponha que um automóvel flex que faz, em média, 12 km por litro de gasolina e 9 km por litro de álcool, utilizou quantidades iguais de álcool e de gasolina para percorrer 420 km. Ao todo, quantos litros de combustível esse automóvel utilizou?

a) 18
b) 20
c) 28
d) 36
e) 40

EXERCÍCIO Nº 315: (TCE-RO) Dona Maria preparou 1,6 kg de biscoitos. Ela guardou 900g em um pote, e dividiu os biscoitos restantes em dois pacotes iguais, um para cada filho. Quantos gramas de biscoito Dona Maria deu para cada filho?

a) 700
b) 600
c) 450
d) 350
e) 300

EXERCÍCIO Nº 316: (multi-sai) Após uma reunião de negócios, foram trocados um total de 15 apertos de mão. Sabendo que cada empresário cumprimentou todos os outros, qual o número de empresários que estavam presentes nessa reunião?

a) 4;

b) 5;

c) 6;

d) 7.

EXERCÍCIO Nº 317: (multi-sai) Pedro decidiu nadar, regularmente, de três em três dias. Começou a fazê-lo em um domingo; nadou pela segunda vez na quarta-feira seguinte e assim por diante. Nesse caso, na centésima segunda vez em que Pedro for nadar será:

a) Terça-feira;

b) Quarta-feira;

c) Quinta-feira;

d) Sexta-feira.

EXERCÍCIO Nº 318: (Consulplan) Uma caixa tem 1725 ampolas de vitaminas para cabelo. Sabe-se que cada ampola tem capacidade de 12ml. A quantidade de vitaminas contida nesta caixa, em litros é de:

a) 20700 litros.

b) 2070 litros.

c) 207 litros.

d) 20,7 litros.

e) 2,07 litros.

SEGUNDA PARTE: EXERCÍCIOS RESOLVIDOS SOMENTE COM GABARITO **373**

EXERCÍCIO Nº 319: (Consulplan) Uma sacola suporta o peso de duas dúzias de laranjas ou 18 abacates. Se 12 abacates já estão na sacola, quantas laranjas poderão ainda ser colocadas no seu interior?

a) 4
b) 6
c) 8
d) 9
e) 10

EXERCÍCIO Nº 320: (Consulplan) Uma lanchonete compra salgados ao preço de R$1,16 para cada 4 unidades e os vende a R$4,64 para cada 12 unidades. Se vender 600 salgados, seu lucro será de:

a) R$58,00
b) R$60,00
c) R$62,00
d) R$64,00
e) R$66,00

EXERCÍCIO Nº 321: (ESPP) Uma classe de 30 alunos foi acampar e levou alimentos para 10 dias. Chegando ao local, encontraram mais 20 alunos. O número de dias que durarão os alimentos, com a nova turma é:

a) 8 dias
b) 6 dias
c) 4 dias
d) 20 dias

374   RACIOCÍNIO LÓGICO DESCOMPLICADO

EXERCÍCIO Nº 322: (ESPP) O juro produzido pelo capital de R$ 900,00, durante 3 anos a uma taxa de 5% ao ano é:

a) R$ 180,00
b) R$ 150,00
c) R$ 135,00
d) R$ 100,00

EXERCÍCIO Nº 323: (SUFRAMA) Constatou-se num vilarejo, que no ano de 2006, 120 pessoas foram vitimadas pela dengue. No ano seguinte, esse número caiu para 90 pessoas. Podemos dizer, então, que houve uma redução no número de vitimados da ordem de:

a) 20%
b) 25%
c) 30%
d) 35%
e) 40 %

EXERCÍCIO Nº 324: (FEPESE) A preparação para o início dos trabalhos numa câmara municipal seria executada por 15 funcionários (de mesma capacidade de trabalho), trabalhando 8 horas por dia, durante 20 dias. Decorridos 13 dias do início da tarefa, 5 funcionários foram transferidos para outro setor. Qual deverá ser a jornada diária de trabalho dos funcionários restantes, nos dias que faltam, para a conclusão da tarefa no prazo previsto?

a) 7
b) 8
c) 10
d) 12
e) 20

SEGUNDA PARTE: EXERCÍCIOS RESOLVIDOS SOMENTE COM GABARITO **375**

EXERCÍCIO Nº 325: (FEPESE) Numa embaixada trabalham 4 japoneses e 5 brasileiros. De quantas formas distintas pode-se formar uma comissão de 5 funcionários com, pelo menos, 1 japonês e 1 brasileiro?

a) 20
b) 40
c) 60
d) 100
e) 125

EXERCÍCIO Nº 326: (SEPLAG-MG) Um concurso determina que em uma prova de dez questões o candidato deve resolver seis questões para não ser eliminado e deve também resolver pelo menos cinco das sete primeiras questões para ser aprovado. O número de maneiras distintas que o candidato pode fazer a prova e ser aprovado é:

a) 30.
b) 40.
c) 60.
d) 70.

EXERCÍCIO Nº 327: (SEPLAG-MG)

Numa embaixada, trabalham oito brasileiros e seis estrangeiros. Necessita-se formar comissões de cinco funcionários, constituídas por três brasileiros e dois estrangeiros. Nessas condições, a quantidade de comissões possíveis de serem formadas é:

a) 720.
b) 840.
c) 960.
d) 1020.

376 RACIOCÍNIO LÓGICO DESCOMPLICADO

EXERCÍCIO Nº 328: (SEPLAG-MG) O texto a seguir constrói um argumento: "Por mais de um século, astrônomos especulam a existência de água no planeta Marte. Recentemente, uma nave robótica enviada pelos Estados Unidos transmitiu a resposta em forma de fotos da superfície marciana: bilhas e ranhuras microscópicas visíveis em algumas pedras demonstram que estas já estiveram submersas em água. Se a água líquida é a única substância vital para a existência de seres vivos, então é possível que tenha existido vida em Marte". A conclusão do argumento construído no texto é:

a) As pedras de Marte já estiveram submersas em água.
b) A água líquida é a única substância vital para os seres vivos.
c) É possível que tenha existido vida em Marte.
d) Existem bolhas e ranhuras em algumas pedras marcianas.

EXERCÍCIO Nº 329: (SEPLAG-MG) Em um carro viajam seis pessoas das quais três estão habilitadas para dirigir. O total de maneiras distintas que se pode acomodar essas pessoas no carro para a viagem é:

a) 205.
b) 240.
c) 360.
d) 720.

EXERCÍCIO Nº 330: (AOCP) A negação da sentença "Todas as pessoas que estão nessa sala são mulheres" é:

a) Nenhuma pessoa que está nessa sala é mulher.
b) Todas as pessoas que estão nessa sala são homens.
c) Nenhuma pessoa que está nessa sala é homem.
d) Existe ao menos uma mulher nessa sala.
e) Existe ao menos um homem nessa sala.

SEGUNDA PARTE: EXERCÍCIOS RESOLVIDOS SOMENTE COM GABARITO

EXERCÍCIO Nº 331: (Conesul) A cada dois segundos, um ciclista percorre 10 m. Em quanto tempo ele percorrerá uma distância de 3,5 km?

a) 10 min 20 s.
b) 10 min 30 s.
c) 10 min 50 s.
d) 11 min 20 s.
e) 11 min 40 s.

EXERCÍCIO Nº 332: (Conesul) Um bem de valor inicial R$ 20.000,00 deprecia-se numa proporção de 20 % ao ano. Após dois anos, seu valor será:

a) R$ 14.400,00.
b) R$ 12.800,00.
c) R$ 13.600,00.
d) R$ 13.888,88.
e) R$ 12.000,00.

EXERCÍCIO Nº 333: (UNAMA) Num treinamento de basquete, dos 25 lançamentos feitos por Nenê ele converteu 18; dos 50 lançamentos feitos por Oscar, ele acertou 36. Sendo assim, o aproveitamento de:

a) Oscar foi 25% melhor que o de Nenê.
b) Nenê foi 25% melhor que o de Oscar.
c) Oscar foi 50% melhor que o de Nenê.
d) Nenê e Oscar foram iguais.

378 RACIOCÍNIO LÓGICO DESCOMPLICADO

EXERCÍCIO Nº 334: (UNAMA) Uma comissão de atletas fretou um ônibus por R$ 5.600,00, visando a sua participação em jogos em um estado do nordeste. Todos contribuiriam com quantias iguais. Por motivos particulares, 3 deles desistiram, ocasionando um acréscimo de R$ 240,00 na quota de cada um dos não desistentes. Nessas condições, o número de atletas que compunham a comissão inicial corresponde a um número:

a) primo.
b) múltiplo de 5.
c) ímpar.
d) divisível por 3.

EXERCÍCIO Nº 335: (Arquivo Nacional) Maria e Ana se encontram de três em três dias, Maria e Joana se encontram de cinco em cinco dias e Maria e Carla se encontram de dez em dez dias. Hoje as quatro amigas se encontraram. A próxima vez que todas irão se encontrar novamente será daqui a:

a) 15 dias
b) 18 dias
c) 28 dias
d) 30 dias
e) 50 dias

EXERCÍCIO Nº 336: (Arquivo Nacional) Numa partida de futebol foram marcados dois gols no primeiro tempo: o primeiro, aos 18 min 25 s e, o segundo, aos 23 min e 12 s. O tempo decorrido entre os dois gols foi de:

a) 4 min 47 s
b) 4 min 48 s
c) 4 min 57 s
d) 5 min 47 s
e) 5 min 48 s

SEGUNDA PARTE: EXERCÍCIOS RESOLVIDOS SOMENTE COM GABARITO **379**

EXERCÍCIO Nº 337: (Arquivo Nacional) Joana entrou para o consórcio de um automóvel em 48 prestações. O acordo assinado foi que o valor de cada prestação seria calculado com base no valor atualizado do automóvel dividido por 48, a cada mês. Se no momento da compra, o valor do automóvel era de R$ 24.024,00, o valor da primeira prestação foi:

a) R$ 500,00
b) R$ 500,50
c) R$ 505,00
d) R$ 505,50
e) R$ 555,00

EXERCÍCIO Nº 338: (Arquivo Nacional) Um prêmio foi distribuído entre Ana, Bernardo e Cláudio, em partes diretamente proporcionais aos seus tempos de serviço. Esses tempos são, respectivamente, 3, 4 e 9 anos. Se Cláudio recebeu R$ 720,00 de prêmio, o valor total do prêmio foi de:

a) R$ 1.280,00
b) R$ 1.440,00
c) R$ 2.560,00
d) R$ 4.000,00
e) R$ 4.500,00

EXERCÍCIO Nº 339: (Arquivo Nacional) Uma cooperativa de suco produz semanalmente 120 garrafas de 3 litros. Se a capacidade de cada garrafa fosse de 5 litros, o número de garrafas utilizadas semanalmente seria:

a) 24
b) 72
c) 100
d) 192
e) 200

380   Raciocínio Lógico Descomplicado

EXERCÍCIO Nº 340: (Arquivo Nacional) Para se preparar várias cópias de uma apostila de 400 páginas pode-se copiá-las na gráfica A ao custo de R$0,08 por página e depois encaderná-la em capa dura por R$5,00 ou então preparar uma matriz para a apostila numa gráfica B por R$153,00 e depois copiar cada página por R$0,05, pagando-se R$2,00 pela capa. O menor número de cópias a partir do qual valerá mais a pena utilizar a gráfica B é:

a) 9   c) 11   e) 13
b) 10   d) 12

EXERCÍCIO Nº 341: (Arquivo Nacional) Numa biblioteca que funciona de segunda-feira a sextafeira, durante uma certa semana foram consultados 3 dicionários (inglês, francês e alemão) na seção de referência. Sabe-se que:

– todo dia pelo menos um destes 3 dicionários foi consultado;
– o dicionário de francês foi consultado em no máximo dois dias distintos;
– na sexta-feira o dicionário de alemão não foi consultado.

Com base nesses dados, pode-se concluir que:

a) o dicionário de alemão foi consultado pelo menos uma vez;
b) pelo menos um dos dicionários, o de inglês ou o de alemão, foi consultado no mínimo duas vezes;
c) o dicionário de inglês foi consultado pelo menos uma vez;
d) o dicionário de inglês foi consultado em um número maior de dias do que o de alemão;
e) o dicionário de alemão foi consultado em um número maior de dias do que o de francês.

EXERCÍCIO Nº 342: (Arquivo Nacional) Em um grupo de amigos (Joana, Victor, Maria e Breno) sabe-se que:

– existem homens que não gostam de dançar;
– toda mulher tem computador.

Leia com atenção as sentenças abaixo:

1. Joana gosta de dançar e tem computador.

2. Victor gosta de dançar e tem computador.

3. Maria não gosta de dançar e não tem computador.

4. Breno não gosta de dançar e não tem computador.

A(s) única(s) afirmativa(s) que garantimos que seja(m) FALSA(S) é (são) :

a) 2;

b) 2 e 3;

c) 3;

d) 1 e 4;

e) 4.

EXERCÍCIO Nº 343: (Arquivo Nacional) Sabendo-se que um número real x é negativo ou maior que 1, pode-se afirmar que:

a) se x é maior que -2 então x é maior que 1;

b) se x é menor que 2 então x é maior que 1;

c) se x é menor que 2 então x é negativo;

d) se x é negativo então x é menor que -1;

e) se x é positivo então x é maior que 1.

EXERCÍCIO Nº 344: (Arquivo Nacional) Quatro objetos: apontador, borracha, caneta e lápis vão ser guardados em quatro caixas numeradas de um a quatro, um objeto em cada caixa, de tal forma que satisfaçam simultaneamente a todas as condições abaixo:

– o lápis deverá ser colocado numa caixa de número par;

– se a caneta estiver na caixa 2, então a borracha deverá estar na caixa 1;

– O número da caixa onde ficará o apontador não pode ser maior do que o número da caixa da caneta.

Convencionado que o primeiro número representa a caixa onde ficará o apontador; o segundo, a caixa da borracha; o terceiro,

382 Raciocínio Lógico Descomplicado

a caixa da caneta e o quarto a caixa do lápis, a única opção que satisfaz todas as condições é:
a) 1, 3, 4, 2;
b) 1, 3, 2, 4;
c) 4, 1, 3, 2;
d) 3, 2, 1, 4;
e) 3, 4, 2, 1.

EXERCÍCIO Nº 345: (Arquivo Nacional) Sete funcionários de uma empresa (Arnaldo, Beatriz, Carlos, Douglas, Edna, Flávio e Geraldo) foram divididos em 3 grupos para realizar uma tarefa. Esta divisão foi feita de modo que:

– cada grupo possui no máximo 3 pessoas;
– Edna deve estar no mesmo grupo que Arnaldo;
– Beatriz e Carlos não podem ficar no mesmo grupo que Geraldo;
– Beatriz e Flávio devem estar no mesmo grupo;
– Geraldo e Arnaldo devem ficar em grupos distintos;
– nem Edna nem Flávio podem fazer parte do grupo de Douglas.
Estarão necessariamente no mesmo grupo:
a) Arnaldo e Carlos;
b) Arnaldo e Douglas;
c) Carlos e Flávio;
d) Douglas e Geraldo;
e) Flávio e Geraldo.

EXERCÍCIO Nº 346: (Arquivo Nacional) Entre Alberto, Carlos e Eduardo temos um estatístico, um geógrafo e um matemático, cada um com exatamente uma dessas três profissões. Considere as afirmativas a seguir:

I – Alberto é geógrafo.
II – Carlos não é estatístico.
III – Eduardo não é geógrafo.

SEGUNDA PARTE: EXERCÍCIOS RESOLVIDOS SOMENTE COM GABARITO **383**

Sabendo que APENAS uma das três afirmativas acima é verdadeira, assinale a alternativa correta:

a) Alberto é matemático, Carlos é geógrafo e Eduardo é estatístico;
b) Alberto é matemático, Carlos é estatístico e Eduardo é geógrafo;
c) Alberto é estatístico, Carlos é matemático e Eduardo é geógrafo;
d) Alberto é estatístico, Carlos é geógrafo e Eduardo é matemático;
e) Alberto é geógrafo, Carlos é estatístico e Eduardo é matemático.

EXERCÍCIO Nº 347: (Arquivo Nacional) Sabe-se que 65% dos funcionários de uma empresa são homens. Nessa mesma empresa 40% dos funcionários recebem salários maiores que R$ 1000,00. Entre as opções abaixo, a única IMPOSSÍVEL é:

a) no máximo 40% dos funcionários são homens e, simultaneamente, ganham mais que R$ 1000,00;
b) no máximo 60% dos funcionários são homens e,simultaneamente, recebem R$ 1000,00 ou menos;
c) pode não haver na empresa funcionário mulher ganhando menos de R$ 1000,00;
d) pode não haver na empresa funcionário homem ganhando mais de R$ 1000,00;
e) no mínimo 65% dos funcionários são homens ou recebem mais de R$ 1000,00.

EXERCÍCIO Nº 348: (Arquivo Nacional) De uma estação de trem partem duas linhas (I e II). As partidas na linha I começam às 6h e acontecem de 30 em 30 minutos, até às 19h. Na linha II, as partidas começam às 7h15 e acontecem de 25 em 25 minutos, até às 19h45. Portanto, no intervalo de tempo entre 7h28min e 9h28min:

a) partiram 5 trens pela linha II;
b) partiram 5 trens pela linha I;
c) partiram mais trens pela linha I do que pela linha II;
d) não houve horário coincidente de partida entre as linhas I e II;
e) partiram ao todo 8 trens pelas linhas I e II.

384 Raciocínio Lógico Descomplicado

EXERCÍCIO Nº 349: (Contador) No custo industrial de um livro, 60% é devido ao papel e 40% à impressão. Sendo que num ano o papel aumentou 259% e a impressão, 325%, o aumento percentual no custo do livro foi de:

a) 278,1%.
b) 280,5%.
c) 283,7%.
d) 285,4%
e) 287,8%.

EXERCÍCIO Nº 350: (Contador) Um relógio digital marca 09:57:33. O número mínimo de segundos que deverá passar até que se alterem todos os algarismos é de:

a) 132 s.
b) 136 s.
c) 139 s.
d) 142 s.
e) 147 s.

EXERCÍCIO Nº 351: (Contador) O metrô de uma certa cidade tem todas as suas 12 estações em linha reta, sendo que a distância entre duas estações vizinhas é sempre a mesma. Sendo a distância entre a 4a e a 8a estação igual a 3.600 m, entre a primeira e a última estação, a distância será, em km, igual a:

a) 8,2.
b) 9,9.
c) 10,8.
d) 11,7.
e) 12,2.

SEGUNDA PARTE: EXERCÍCIOS RESOLVIDOS SOMENTE COM GABARITO **385**

EXERCÍCIO Nº 352: (Contador) Uma loja está anunciando um certo produto por "R$ 120,00 à vista, com desconto de 30%, ou em 3 vezes de R$ 40,00 sem juros e sem entrada". O economista Roberto afirma que é enganação da loja e quem for comprar a prazo estará pagando uma salgada taxa de juros simples pelos três meses, de aproximadamente:

a) 30%.
b) 37%.
c) 43%.
d) 46%.
e) 49%.

EXERCÍCIO Nº 353: (Contador) Um supermercado dispõe de 20 atendentes que trabalham 8 horas por dia e custam R$ 3.600,00 por mês. Se o supermercado passar a ter 30 atendentes trabalhando 5 horas por dia, eles custarão, por mês:

a) R$ 3.375,00.
b) R$ 3.400,00.
c) R$ 3.425,00.
d) R$ 3.450,00.
e) R$ 3.475,00.

EXERCÍCIO Nº 354: (Contador) Comprei um agasalho por R$ 350,00, ganhando 30% de desconto porque o paguei à vista. O seu preço na vitrine, sem esse desconto, era de:

a) R$ 700,00.
b) R$ 650,00.
c) R$ 600,00.
d) R$ 550,00.
e) R$ 500,00.

386 Raciocínio Lógico Descomplicado

EXERCÍCIO Nº 355: (BNB) Uma agência bancária vende dois tipos de ações. O primeiro tipo é vendido a R$1,20 por cada ação e o segundo a R$1,00. Se um investidor pagou R$ 1.050,00 por mil ações, então necessariamente ele comprou:

a) 300 ações do primeiro tipo.
b) 300 ações do segundo tipo.
c) 250 ações do primeiro tipo.
d) 250 ações do segundo tipo.
e) 200 ações do primeiro tipo.

EXERCÍCIO Nº 356: (BNB) Em uma loja, um certo computador está a venda por 10 parcelas mensais de R$ 300,00, sem entrada, podendo também ser pago em 5 parcelas bimestrais de R$ 615,00, sem entrada. Qual a taxa de juros cobrada pela loja?

a) 3% ao mês.
b) 4% ao mês.
c) 5% ao mês.
d) 6% ao mês.
e) 7% ao mês.

EXERCÍCIO Nº 357: (BNB) Lílian tem dois pagamentos a realizar. O primeiro é de R$ 11.000,00 daqui a um mês e o segundo é de R$ 12.100,00 daqui a 2 meses. Lílian pretende juntar essas duas dívidas em uma só, com vencimento daqui a três meses. A taxa de juros corrente é de 10% ao mês. Qual o valor a ser pago?

a) R$ 23.100,00.
b) R$ 26.000,00.
c) R$ 30.746,10.
d) R$ 30.030,00.
e) R$ 26.620,00.

SEGUNDA PARTE: EXERCÍCIOS RESOLVIDOS SOMENTE COM GABARITO **387**

EXERCÍCIO Nº 358: (BNB) A quantia de R$ 5.000,00 foi aplicada por um período de 2 anos, transformando-se em R$ 40.000,00. Se a rentabilidade real no período foi de 100 %, qual foi a inflação medida no mesmo período?

a) 100% ao período.

b) 200% ao período.

c) 300% ao período.

d) 400% ao período.

e) 500% ao período.

EXERCÍCIO Nº 359: (BNB) Pedro aplicou R$ 1.000,00 em um banco que paga taxa efetiva de 21 % ao bimestre. A operação teria duração de dois meses. Um mês antes do resgate desta aplicação, Pedro precisava pagar R$ 1.500,00 a seu irmão Marcos. Pedro efetuou este pagamento através da transferência da aplicação para Marcos e mais uma parcela à vista em dinheiro. De quanto foi essa parcela?

a) R$ 290,00.

b) R$ 400,00.

c) R$ 500,00.

d) R$ 1.400,00.

e) R$ 1.290,00.

EXERCÍCIO Nº 360: (BNB) Como quitação de uma dívida, Paulo deveria pagar R$ 12.100,00 a seu irmão Matheus daqui a 2 meses. Por ter Paulo ganho ontem um prêmio de loteria, decidiu antecipar esta obrigação. Pagou hoje R$ 5.000,00 em dinheiro e o restante através de um cheque a ser cobrado daqui a um mês. Sendo a taxa de juros compostos 10 % ao mês, qual o valor que Matheus receberá ao cobrar o cheque?

a) R$ 5.000,00.

b) R$ 5.500,00.

c) R$ 5.591,00.

d) R$ 7.100,00.

e) R$ 7.810,00.

388 RACIOCÍNIO LÓGICO DESCOMPLICADO

EXERCÍCIO N° 361: (INFRAERO) A empresa XYZ efetuou desconto comercial simples de duplicata em um banco que pratica, para esta operação, uma taxa de 8% ao mês. Se o valor de face da duplicata é de R$ 15.000,00 e o desconto foi realizado 45 dias antes de seu vencimento, o valor líquido que a empresa recebeu foi de:

a) R$ 1.800,00;
b) R$ 7.600,00;
c) R$ 12.400,00;
d) R$ 13.200,00;
e) R$ 14.000,00.

EXERCÍCIO N° 362: (INFRAERO) Uma sobra de recursos da Cia Gama no valor de R$ 20.000,00 foi direcionada para uma aplicação financeira que rende uma taxa efetiva de 2% ao mês, sob regime de juros compostos. Ao final de 3 meses, os juros obtidos foram de:

a) R$ 980,60;
b) R$ 1.040,00;
c) R$ 1.180,40;
d) R$ 1.200,00;
e) R$ 1.224,20.

EXERCÍCIO N° 363: (INFRAERO) A taxa de juros anual efetiva correspondente à taxa de juros de 48% ao ano, capitalizados mensalmente é:

a) 48,0%;
b) 53,9%;
c) 60,1%;
d) 62,9%;
e) 69,3%.

SEGUNDA PARTE: EXERCÍCIOS RESOLVIDOS SOMENTE COM GABARITO **389**

EXERCÍCIO Nº 364: (IMBEL) O funcionário de uma empresa recebeu três cheques para serem depositados em conta corrente. O primeiro era de dez mil e onze reais, o segundo, mil cento e um reais e o terceiro de mil e dez reais. O valor total do depósito foi:

a) Trinta mil, trezentos e um reais.
b) Treze mil e dois reais.
c) Onze mil, duzentos e três reais.
d) Doze mil, cento e vinte e dois reais.
e) Três mil, cento e dois reais.

EXERCÍCIO Nº 365: (IMBEL) Em uma padaria, compra-se um pãozinho e um cafezinho por R$1,50 e dois pãezinhos e três cafezinhos por R$3,90. Então, qual será o custo de 2 pãezinhos e 1 cafezinho?

a) R$2,10
b) R$2,20
c) R$2,30
d) R$2,40
e) R$2,50

EXERCÍCIO Nº 366: (IMBEL) Um funcionário vai do trabalho até sua casa em 12 minutos, de carro, com velocidade média de 40 km/h. Se este funcionário aumentar em 50% a velocidade média de seu carro, quantos minutos gastará para percorrer este mesmo percurso?

a) 24 minutos
b) 6 minutos
c) 3 minutos
d) 12 minutos
e) 9 minutos

390 RACIOCÍNIO LÓGICO DESCOMPLICADO

EXERCÍCIO Nº 367: (IMBEL) Uma compra de R$ 2.000,00 pode ser paga em duas parcelas, sendo uma à vista e a outra a vencer em 30 dias. A 1ª parcela tem um valor correspondente à metade do valor da compra. Se a loja cobra 8% de juros ao mês sobre o saldo devedor, qual deve ser o valor da segunda parcela?

a) R$1.060,00

b) R$1.070,00

c) R$1.080,00

d) R$1.090,00

e) R$1.100,00

EXERCÍCIO Nº 368: (IMBEL) Quinze operários levam dez dias para realizar um trabalho. Para fazer, o mesmo trabalho em seis dias, o número de operários deverá ser igual a:

a) 19

b) 25

c) 23

d) 21

e) 10

EXERCÍCIO Nº 369: (IMBEL) Dentre as alternativas abaixo, encontre uma fração equivalente a 7/8, cuja soma dos termos seja 120.

a) 52/68

b) 54/66

c) 58/62

d) 55/65

e) 56/64

EXERCÍCIO Nº 370: (IMBEL) Qual das frações, abaixo indicadas, representa o mesmo valor que o número decimal 2,50?

a) 2/5

b) 50/2

c) 2/50

d) 5/2

e) 250/10

SEGUNDA PARTE: EXERCÍCIOS RESOLVIDOS SOMENTE COM GABARITO **391**

EXERCÍCIO Nº 371: (AFR-SP) Calcule o juro correspondente a um capital de R$ 25.000,00, aplicado durante 3 anos 5 meses e 10 dias à taxa de 18% ao ano.

a) R$ 14.300,00
b) R$ 18.200,00
c) R$ 15.500,00
d) R$ 19.800,00

EXERCÍCIO Nº 372: (AFR-SP) Um empréstimo de R$ 12.000,00 foi realizado em 20 de julho e pago em 20 de novembro do mesmo ano. Sabendo que a taxa foi de 36% ao ano; determine o juro total a ser pago.

a) R$ 1.500,00
b) R$ 1.476,00
c) R$ 1.398,00
d) R$ 1.280,00

EXERCÍCIO Nº 373: (AFR-SP) Pedro consegue um empréstimo de R$ 36.000,00 e vai pagar ao credor, após 10 meses, a quantia de R$ 45.000,00. Determine a taxa anual cobrada.

a) 30,5%
b) 32,5%
c) 27,0%
d) 30,0%

EXERCÍCIO Nº 374: (AFR-SP) Antecipando em três meses o pagamento de um título, obtive um desconto racional composto, que foi calculado com base na taxa de 20% ao mês. Sendo R$ 5.184,00 o valor nominal do título, quanto paguei por ele.

a) R$ 3.000,00
b) R$ 3.200,00
c) R$ 3.500,00
d) R$ 4.000,00

392 RACIOCÍNIO LÓGICO DESCOMPLICADO

EXERCÍCIO Nº 375: (AFR-SP) Uma taxa nominal de 20% ao ano é capitalizada semestralmente. Calcule a taxa efetiva.

a) 20 % a. a.
b) 18 % a. a.
c) 21 % a. a.
d) 25 % a. a.

EXERCÍCIO Nº 376: (CGU) Ana é prima de Bia, ou Carlos é filho de Pedro. Se Jorge é irmão de Maria, então Breno não é neto de Beto. Se Carlos é filho de Pedro, então Breno é neto de Beto. Ora, Jorge é irmão de Maria. Logo:

a) Carlos é filho de Pedro ou Breno é neto de Beto.
b) Breno é neto de Beto e Ana é prima de Bia.
c) Ana não é prima de Bia e Carlos é filho de Pedro.
d) Jorge é irmão de Maria e Breno é neto de Beto.
e) Ana é prima de Bia e Carlos não é filho de Pedro.

EXERCÍCIO Nº 377: (CGU) Três homens são levados à presença de um jovem lógico. Sabe-se que um deles é um honesto marceneiro, que sempre diz a verdade. Sabe-se, também, que um outro é um pedreiro, igualmente honesto e trabalhador, mas que tem o estranho costume de sempre mentir, de jamais dizer a verdade. Sabe-se, ainda, que o restante é um vulgar ladrão que ora mente, ora diz a verdade. O problema é que não se sabe quem, entre eles, é quem. À frente do jovem lógico, esses três homens fazem, ordenadamente, as seguintes declarações:

O primeiro diz: "Eu sou o ladrão".
O segundo diz: "É verdade; ele, o que acabou de falar, é o ladrão".
O terceiro diz: "Eu sou o ladrão".
Com base nestas informações, o jovem lógico pode, então, concluir corretamente que:

Segunda Parte: Exercícios Resolvidos Somente com Gabarito

a) O ladrão é o primeiro e o marceneiro é o terceiro.
b) O ladrão é o primeiro e o marceneiro é o segundo.
c) O pedreiro é o primeiro e o ladrão é o segundo.
d) O pedreiro é o primeiro e o ladrão é o terceiro.
e) O marceneiro é o primeiro e o ladrão é o segundo.

EXERCÍCIO Nº 378: (CGU) Marco e Mauro costumam treinar natação na mesma piscina e no mesmo horário. Eles iniciam os treinos simultaneamente, a partir de lados opostos da piscina, nadando um em direção ao outro. Marco vai de um lado a outro da piscina em 45 segundos,

enquanto Mauro vai de um lado ao outro em 30 segundos. Durante 12 minutos, eles nadam de um lado para outro, sem perder qualquer tempo nas viradas. Durante esses 12 minutos, eles podem encontrar-se quer quando estão nadando no mesmo sentido, quer quando estão nadando em sentidos opostos, assim como podem encontrar-se quando ambos estão fazendo a virada no mesmo extremo da piscina. Dessa forma, o número de vezes que Marco e Mauro se encontram durante esses 12 minutos é:

a) 10
b) 12
c) 15
d) 18
e) 20

394 RACIOCÍNIO LÓGICO DESCOMPLICADO

EXERCÍCIO Nº 379: (CGU) Lúcio faz o trajeto entre sua casa e seu local de trabalho caminhando, sempre a uma velocidade igual e constante. Neste percurso, ele gasta exatamente 20 minutos. Em um determinado dia, em que haveria uma reunião importante, ele saiu de sua casa no preciso tempo para chegar ao trabalho 8 minutos antes do início da reunião. Ao passar em frente ao Cine Bristol, Lúcio deu-se conta de que se, daquele ponto, caminhasse de volta à sua casa e imediatamente reiniciasse a caminhada para o trabalho, sempre à mesma velocidade, chegaria atrasado à reunião em exatos 10 minutos. Sabendo que a distância entre o Cine Bristol e a casa de Lúcio é de 540 metros, a distância da casa de Lúcio a seu local de trabalho é igual a:

a) 1.200m
b) 1.500m

c) 1.080m
d) 760m

e) 1.128m

EXERCÍCIO Nº 380: (CGU) Durante uma viagem para visitar familiares com diferentes hábitos alimentares, Alice apresentou sucessivas mudanças em seu peso. Primeiro, ao visitar uma tia vegetariana, Alice perdeu 20% de seu peso. A seguir, passou alguns dias na casa de um tio, dono de uma pizzaria, o que fez Alice ganhar 20% de peso. Após, ela visitou uma sobrinha que estava fazendo um rígido regime de emagrecimento. Acompanhando a sobrinha em seu regime, Alice também emagreceu, perdendo 25% de peso. Finalmente, visitou um sobrinho, dono de uma renomada confeitaria, visita que acarretou, para Alice, um ganho de peso de 25%. O peso final de Alice, após essas visitas a esses quatro familiares, com relação ao peso imediatamente anterior ao início dessa sequência de visitas, ficou:

a) exatamente igual
b) 5% maior
c) 5% menor
d) 10% menor
e) 10% maior

SEGUNDA PARTE: EXERCÍCIOS RESOLVIDOS SOMENTE COM GABARITO **395**

EXERCÍCIO Nº 381: (CGU) Homero não é honesto, ou Júlio é justo. Homero é honesto, ou Júlio é justo, ou Beto é bondoso. Beto é bondoso, ou Júlio não é justo. Beto não é bondoso, ou Homero é honesto. Logo:

a) Beto é bondoso, Homero é honesto, Júlio não é justo.

b) Beto não é bondoso, Homero é honesto, Júlio não é justo.

c) Beto é bondoso, Homero é honesto, Júlio é justo.

d) Beto não é bondoso, Homero não é honesto, Júlio não é justo.

e) Beto não é bondoso, Homero é honesto, Júlio é justo.

EXERCÍCIO Nº 382: (CGU) Foi feita uma pesquisa de opinião para determinar o nível de aprovação popular a três diferentes propostas de políticas governamentais para redução da criminalidade. As propostas (referidas como "A", "B" e "C") não eram mutuamente excludentes, de modo que o entrevistado poderia se declarar ou contra todas elas, ou a favor de apenas uma, ou a favor de apenas duas, ou a favor de todas as três. Dos entrevistados, 78% declararam-se favoráveis a pelo menos uma delas. Ainda do total dos entrevistados, 50% declararam-se favoráveis à proposta A, 30% à proposta B e 20% à proposta C. Sabe-se, ainda, que 5% do total dos entrevistados se declararam favoráveis a todas as três propostas. Assim, a percentagem dos entrevistados que se declararam favoráveis a mais de uma das três propostas foi igual a:

a) 17%

b) 5%

c) 10%

d) 12%

e) 22%

396 RACIOCÍNIO LÓGICO DESCOMPLICADO

EXERCÍCIO Nº 383: (Técnico – MIN) Ao se referir a um passageiro que estava falando inglês, o motorista disse que "ele é americano, inglês ou australiano". O motorista teria falado de forma equivalente, se dissesse que:

a) o passageiro não é brasileiro nem português;
b) o passageiro é estrangeiro;
c) se o passageiro não for inglês, então ele é americano;
d) se o passageiro não for americano nem inglês, então ele é australiano;
e) o passageiro é de um país de língua inglesa.

EXERCÍCIO Nº 384: (AFC) Se Carlos é mais velho do que Pedro, então Maria e Julia têm a mesma idade. Se Maria e Júlia têm a mesma idade, então João é mais moço do que Pedro. Se João é mais moço do que Pedro, então Carlos é mais velho do que Maria. Ora, Carlos não é mais velho do que Maria. Então:

a) Carlos não é mais velho do que Julia, e João é mais moço do que Pedro;
b) Carlos é mais velho do que Pedro, e Maria e Júlia têm a mesma idade;
c) Carlos e João são mais moços do que Pedro;
d) Carlos é mais velho do que Pedro, e João é mais moço do que Pedro;
e) Carlos não é mais velho do que Pedro, e Maria e Júlia não têm a mesma idade.

EXERCÍCIO Nº 385: (AFC) Ou Celso compra um carro, ou Ana vai à África, ou Rui vai a Roma. Se Ana vai à África, então Luiz compra um livro. Se Luiz compra um livro, então Rui vai a Roma. Ora, Rui não vai a Roma. Logo:

a) Celso compra um carro e Ana não vai à África;
b) Celso não compra um carro e Luiz não compra um livro;
c) Ana não vai à África e Luiz compra um livro;

SEGUNDA PARTE: EXERCÍCIOS RESOLVIDOS SOMENTE COM GABARITO **397**

d) Ana vai à África ou Luiz compra um livro;

e) Ana vai à África e Rui não vai a Roma.

EXERCÍCIO Nº 386: (AFCE) Se Beraldo briga com Beatriz, então Beatriz briga com Bia. Se Beatriz briga com Bia, então Bia vai ao bar. Se Bia vai ao bar, então Beto briga com Bia. Ora, Beto, não briga com Bia. Logo:

a) Bia não vai ao bar e Beatriz briga com Bia;

b) Bia vai ao bar e Beatriz briga com Bia;

c) Beatriz não briga com Bia e Beraldo não briga com Beatriz;

d) Beatriz briga com Bia e Beraldo briga com Beatriz;

e) Beatriz não briga com Bia e Beraldo briga com Beatriz.

EXERCÍCIO Nº 387: (AFR-SP) Se Francisco desviou dinheiro da campanha assistencial, então ele cometeu um grave delito. Mas, Francisco não desviou dinheiro da campanha assistencial. Logo:

a) Francisco desviou dinheiro da campanha assistencial;

b) Francisco não cometeu um grave delito;

c) Francisco cometeu um grave delito;

d) alguém desviou dinheiro da campanha assistencial;

e) alguém não desviou dinheiro da campanha assistencial.

EXERCÍCIO Nº 388: (MPU) Sabe-se que João estar feliz é condição necessária para Maria sorrir e condição suficiente para Daniela abraçar Paulo. Sabe-se, também, que Daniela abraçar Paulo é condição necessária e suficiente para Sandra abraçar Sérgio. Assim, quando Sandra não abraça Sérgio:

a) João está feliz, Maria não sorri, e Daniela abraça Paulo;

b) João não está feliz, Maria sorri, e Daniela não abraça Paulo;

c) João está feliz, Maria sorri, e Daniela não abraça Paulo;

d) João não está feliz, Maria não sorri, e Daniela não abraça Paulo;

e) João não está feliz, Maria sorri, e Daniela abraça Paulo.

398　Raciocínio Lógico Descomplicado

EXERCÍCIO Nº 389: (ACE) O rei ir à caça é condição necessária para o duque sair do castelo, e é condição suficiente para a duquesa ir ao jardim. Por outro lado, o conde encontrar a princesa é condição necessária e suficiente para o barão sorrir e é condição necessária para a duquesa ir ao jardim. O barão não sorriu. Logo:

a) a duquesa foi ao jardim ou o conde encontrou a princesa;
b) se o duque não saiu do castelo, então o conde encontrou a princesa;
c) o rei não foi à caça e o conde não encontrou a princesa;
d) o rei foi à caça e a duquesa não foi ao jardim;
e) o duque saiu do castelo e o rei não foi à caça.

EXERCÍCIO Nº 390: (TCE-PI) O manual de garantia de qualidade de uma empresa diz que, se um cliente faz uma reclamação formal, então é aberto um processo interno e o departamento de qualidade é acionado. De acordo com essa afirmação, é correto concluir que:

a) a existência de uma reclamação formal de um cliente é uma condição necessária para que o departamento de qualidade seja acionado;
b) a existência de uma reclamação formal de um cliente é uma condição suficiente para que o departamento de qualidade seja acionado;
c) a abertura de um processo interno é uma condição necessária e suficiente para que o departamento de qualidade seja acionado;
d) se um processo interno foi aberto, então um cliente fez uma reclamação formal;
e) não existindo qualquer reclamação formal feita por um cliente, nenhum processo interno poderá ser aberto.

SEGUNDA PARTE: EXERCÍCIOS RESOLVIDOS SOMENTE COM GABARITO **399**

EXERCÍCIO Nº 391: (TCE-SP) As afirmações de três funcionários de uma empresa são registradas a seguir:

- Augusto: "Beatriz e Carlos não faltaram ao serviço ontem".
- Beatriz: "Se Carlos faltou ao serviço ontem, então Augusto também faltou".
- Carlos: "Eu não faltei ao serviço ontem, mas Augusto ou Beatriz faltaram".

Se as três afirmações são verdadeiras, é correto afirmar que, ontem, apenas:

a) Augusto faltou ao serviço;
b) Beatriz faltou ao serviço;
c) Carlos faltou ao serviço;
d) Augusto e Beatriz faltaram ao serviço;
e) Beatriz e Carlos faltaram ao serviço.

EXERCÍCIO Nº 392: (FT) Sabe-se que a ocorrência de B é condição necessária para a ocorrência de C e condição suficiente para a ocorrência de D. Sabe-se, também que a ocorrência de D é condição necessária e suficiente para a ocorrência de A. Assim, quando C ocorre:

a) D ocorre e B não ocorre;
b) D não ocorre ou A não ocorre;
c) B e A ocorrem;
d) nem B nem D ocorrem;
e) B não ocorre ou A não ocorre.

400   Raciocínio Lógico Descomplicado

EXERCÍCIO Nº 393: (TCI – RJ) Laura tem três filhos, cujos nomes são André, Bruno e Carlos. André e Bruno são gêmeos e têm quatro anos, e Carlos tem seis anos. Jane, a irmã de Laura, também tem três filhos, cujos nomes são Mário, Nilson e Oswaldo. Mário é o filho caçula de Jane, Nilson é mais velho que Bruno e Oswaldo é mais novo que André. A partir destas informações, é correto concluir que:

a) se Nilson e Oswaldo têm a mesma idade, então Mário é mais novo que André;

b) se Nilson é mais velho que Mário, então Nilson e Oswaldo têm a mesma idade;

c) se Oswaldo é mais novo que André, então Nilson e Oswaldo têm a mesma idade;

d) se Nilson e Oswaldo não têm a mesma idade, então Nilson é mais novo que Oswaldo;

EXERCÍCIO Nº 394: (TCE – RN) As seguintes afirmações, todas elas verdadeiras, foram feitas sobre a ordem de chegada dos convidados a uma festa.

a) **Gustavo chegou antes de Alberto e depois de Danilo.**

b) **Gustavo chegou antes de Beto e Beto chegou antes de Alberto se e somente se Alberto chegou depois de Danilo.**

c) **Carlos não chegou junto com Beto, se e somente Alberto chegou junto com Gustavo.**

Logo:

a) Carlos chegou antes de Alberto e depois de Danilo;

b) Gustavo chegou junto com Carlos;

c) Alberto chegou junto com Carlos e depois de Beto;

d) Alberto chegou depois de Beto e junto com Gustavo;

e) Beto chegou antes de Alberto e junto com Danilo.

SEGUNDA PARTE: EXERCÍCIOS RESOLVIDOS SOMENTE COM GABARITO **401**

EXERCÍCIO Nº 395: (ENAP – Questão Adaptada) Ana, Beatriz e Carla desempenham diferentes papéis em uma peça de teatro. Uma delas faz o papel de idosa; a outra, o de professora; e a outra, o de princesa. Sabe-se que: ou Ana é idosa, ou Carla é idosa; ou Ana é professora, ou Beatriz é princesa; ou Carla é princesa, ou Beatriz é princesa; ou Beatriz é professora, ou Carla é professora. Com essas informações, conclui-se que os papéis desempenhados por Ana e Carla são, respectivamente:

a) idosa e professora;

b) idosa e princesa;

c) professora e idosa;

d) princesa e professora;

e) professora e princesa;

EXERCÍCIO Nº 396: (MPOG) Na formatura de Hélcio, todos os que foram à solenidade de colação de grau estiveram, antes, no casamento de Hélio. Como nem todos os amigos de Hélcio estiveram no casamento de Hélio, conclui-se que, dos amigos de Hélcio:

a) todos foram à solenidade de colação de grau de Hélcio e alguns não foram ao casamento de Hélio.

b) pelo menos um não foi à solenidade de colação de grau de Hélcio.

c) alguns foram à solenidade de colação de grau de Hélcio, mas não foram ao casamento de Hélio.

d) alguns foram à solenidade de colação de grau de Hélcio e nenhum foi ao casamento de Hélio.

e) todos foram à solenidade de colação de grau de Hélcio e nenhum foi ao casamento de Hélio.

402 RACIOCÍNIO LÓGICO DESCOMPLICADO

EXERCÍCIO Nº 397: (MPU) Uma empresa produz andróides de dois tipos: os de tipo V, que sempre dizem a verdade, e os de tipo M, que sempre mentem. Dr. Turing, um especialista em Inteligência Artificial, está examinando um grupo de cinco andróides – rotulados de Alfa, Beta, Gama, Delta e Épsilon –, fabricados por essa empresa, para determinar quantos entre os cinco são do tipo V. Ele pergunta a Alfa: "Você é do tipo M?" Alfa responde, mas, Dr. Turing, distraído, não ouve a resposta. Os andróides restantes fazem, então, as seguintes declarações:

Beta: "Alfa respondeu que sim".
Gama: "Beta está mentindo".
Delta: "Gama está mentindo".
Épsilon: "Alfa é do tipo M".
Mesmo sem ter prestado atenção à resposta de Alfa, Dr. Turing pôde, então, concluir corretamente que o número de andróides do tipo V, naquele grupo, era igual a:

a) 1.　　b) 2.　　c) 3.　　d) 4.　　e) 5.

EXERCÍCIO Nº 398: (CVM) Cinco colegas foram a um parque de diversões e um deles entrou sem pagar. Apanhados por um funcionário do parque, que queria saber qual deles entrou sem pagar, eles informaram:

"não fui eu e nem o Manuel", disse Marcos;
"Foi o Manuel ou a Maria", disse Mário;
"Foi a Mara", disse Manuel;
"O Mário está mentindo", disse Mara;
"Foi a Mara ou o Marcos", disse Maria.
Sabendo que um e somente um dos cinco colegas mentiu, conclui-se logicamente que quem entrou sem pagar foi:

a) Mário
b) Marcos
c) Mara
d) Manuel
e) Maria

Segunda Parte: Exercícios Resolvidos Somente com Gabarito **403**

EXERCÍCIO Nº 399: (MPU) Ricardo, Rogério e Renato são irmãos. Um deles é médico, outro é professor, e o outro é músico. Sabe-se que: 1) ou Ricardo é médico, ou Renato é médico, 2) ou Ricardo é professor, ou Rogério é músico; 3) ou Renato é músico, ou Rogério é músico, 4) ou Rogério é professor, ou Renato é professor. Portanto, as profissões de Ricardo, Rogério e Renato são, respectivamente:

a) professor, médico, músico.

b) médico, professor, músico.

c) professor, músico, médico.

d) músico, médico, professor.

e) médico, músico, professor.

EXERCÍCIO Nº 400: (AFC) Vera viajou, nem Camile nem Carla foram ao casamento. Se Carla não foi ao casamento, Vanderléia viajou. Se Vanderléia viajou, o navio afundou. Ora, o navio não afundou. Logo:

a) Vera não viajou e Carla não foi ao casamento

b) Camile e Carla não foram ao casamento

c) Carla não foi ao casamento e Vanderléia não viajou

d) Carla não foi ao casamento ou Vanderléia viajou

e) Vera e Vanderléia não viajaram

EXERCÍCIO Nº 401: (TRF) Três pessoas – Amália, Beatriz e Cássia – aguardam atendimento em uma fila, em posições sucessivas. Indagadas sobre seus nomes, a que ocupa a primeira posição entre as três diz: "Amália está atrás de mim"; a que está na posição intermediária diz: "Eu sou a Beatriz"; a que ocupa a terceira posição diz: "Cássia é aquela que ocupa a posição intermediária". Considerando que Amália só fala a verdade, Beatriz mente algumas vezes e Cássia só fala mentiras, então a primeira, a segunda e a terceira posições são ocupadas respectivamente por:

a) Cássia, Amália e Beatriz;

b) Cássia, Beatriz e Amália;

c) Amália, Beatriz e Cássia;

d) Beatriz, Amália e Cássia;

e) Beatriz, Cássia e Amália.

404 Raciocínio Lógico Descomplicado

EXERCÍCIO Nº 402: (MPOG – Adaptada) "Ana é artista ou Carlos é carioca. Se Jorge é juiz, então Julia não é bonita. Se Carlos é carioca, então Julia é bonita. Ora, Jorge é juiz". Logo:

a) Jorge é juiz e Julia é bonita;

b) Carlos é carioca ou Julia é bonita;

c) Julia é bonita e Ana é artista;

d) Ana não é artista e Carlos é carioca;

e) Ana é artista e Carlos não é carioca.

EXERCÍCIO Nº 403: (AFC) Se os pais de artistas sempre são artistas, então:

a) os filhos de não-artistas nunca são artistas;

b) os filhos de não-artistas sempre são artistas;

c) os filhos de artistas sempre são artistas;

d) os filhos de artistas nunca são artistas;

e) os filhos de artistas quase sempre são artistas.

EXERCÍCIO Nº 404: (TJ-PE) Todas as estrelas são dotadas de luz própria. Nenhum planeta brilha com luz própria. Logo:

a) todas as estrelas são estrelas;

b) todos os planetas são estrelas;

c) nenhum planeta é estrela;

d) todas as estrelas são planetas;

e) todos os planetas são planetas.

EXERCÍCIO Nº 405: (ANA) Ao final de um torneio de tênis com 64 participantes, onde todas as partidas são eliminatórias, o campeão terá jogado:

a) 4 vezes;

b) 5 vezes;

c) 6 vezes;

d) 7 vezes;

e) 8 vezes.

SEGUNDA PARTE: EXERCÍCIOS RESOLVIDOS SOMENTE COM GABARITO **405**

EXERCÍCIO Nº 406: (FGV) – Em seu livro Principles of Political Economy and Taxation, David Ricardo expressa o seguinte argumento:

Quando o elevado preço do trigo for o resultado de uma procura crescente, será sempre precedido de um aumento de salários, pois a procura não poderá crescer sem um correspondente aumento dos meios de pagamento, entre o povo, para pagar por aquilo que deseja. A conclusão do argumento é que:

a) Um aumento na procura por trigo produz um aumento em seu preço;

b) O preço do trigo é elevado.

c) O aumento do preço do trigo, em razão de uma procura crescente é sempre precedido de um aumento dos salários;

d) NDA.

EXERCÍCIO Nº 407: (ESAF) – Das premissas:

A: "Nenhum herói é covarde".
B: "Alguns soldados são covardes".
Pode-se corretamente concluir que:

a) alguns heróis são soldados.

b) nenhum soldado é herói.

c) nenhum herói é soldado.

d) alguns soldados não são heróis.

EXERCÍCIO Nº 408: (AFTN) Os carros de Artur, Bernardo e César são, não necessariamente nesta ordem, uma Brasília, um Parati e um Santana. Um dos carros é cinza, um outro é verde e o outro é azul. O carro de Artur é cinza; o carro de César é o Santana; o carro de Bernardo não é verde e não é a Brasília. As cores da Brasília, do Parati e do Santana são, respectivamente:

a) cinza, verde e azul;

b) azul, cinza e verde;

c) azul, verde e cinza;

d) cinza, azul e verde;

e) verde, azul e cinza.

406 Raciocínio Lógico Descomplicado

EXERCÍCIO Nº 409: (ICMS-SP) Todo A é B, e todo C não é B, portanto:

a) algum A é C;
b) nenhum A é C;
c) nenhum A é B;
d) algum B é C;
e) nenhum B é A.

EXERCÍCIO Nº 410: (Nossa Caixa) Todo torcedor do time A é fanático. Existem torcedores do time B que são fanáticos. Marcos torce pelo time A e Paulo é fanático. Pode-se, então, afirmar que:

a) Marcos é fanático e Paulo torce pelo time A;
b) Marcos é fanático e Paulo torce pelo time B;
c) Marcos também torce pelo time B e Paulo torce pelo time A;
d) Marcos também torce pelo time B e o time de Paulo pode não ser A nem B;
e) Marcos é fanático e o time de Paulo pode não ser A nem B.

Gabarito Oficial

251. b	276. d	301. d
252. e	277. c	302. b
253. e	278. b	303. e
254. b	279. c	304. b
255. c	280. c	305. c
256. a	281. a	306. b
257. e	282. c	307. a
258. c	283. d	308. c
259. c	284. b	309. c
260. b	285. a	310. e
261. b	286. d	311. c
262. a	287. c	312. a
263. b	288. a	313. c
264. c	289. e	314. e
265. e	290. a	315. d
266. e	291. e	316. c
267. b	292. d	317. a
268. c	293. a	318. d
269. a	294. a	319. c
270. a	295. c	320. a
271. c	296. b	321. b
272. e	297. a	322. c
273. a	298. b	323. b
274. d	299. e	324. d
275. b	300. a	325. e

326. d	360. b	394. a
327. b	361. d	395. a
328. c	362. e	396. b
329. c	363. c	397. b
330. e	364. d	398. c
331. e	365. a	399. e
332. b	366. b	400. e
333. d	367. c	401. e
334. b	368. b	402. e
335. b	369. e	403. a
336. a	370. d	404. c
337. b	371. c	405. c
338. a	372. b	406. c
339. b	373. d	407. d
340. c	374. a	408. d
341. anulada.	375. c	409. b
342. c	376. e	410. e
343. e	377. b	
344. a	378. e	
345. d	379. a	
346. c	380. d	
347. d	381. c	
348. a	382. a	
349. d	383. d	
350. e	384. e	
351. b	385. a	
352. c	386. c	
353. a	387. e	
354. e	388. d	
355. c	389. c	
356. c	390. b	
357. e	391. a	
358. c	392. c	
359. b	393. a	

ROCHA, Enrique. *Raciocínio Lógico — Você consegue aprender.* Série Provas e Concursos. 3. ed. São Paulo: Campus, 2008.

SÉRATES, Jonofon. *Raciocínio Lógico: lógico matemático, lógico quantitativo, lógico numérico, lógico analítico, lógico crítico.* Brasília: Editora Jonofon, Volume II, 10ª edição.

SILVA, Joselias do Santos. *Raciocínio lógico para concursos públicos.* R & A Editora. 1999.

VIEIRA SOBRINHO, J. D. *Matemática financeira.* Edição compacta, São Paulo: Atlas, 2000.

Referências Bibliográficas

ALENCAR FILHO, Edgar, *Iniciação à lógica matemática*, Ed. Nobel, São Paulo, 2003.

BARRETO FILHO, Benigno e SILVA, Cláudio Xavier, *Matemática, ensino médio*, Vol. Único, Ed. FTD, 2000.

BARROS, Dimas Monteiro de. *Raciocínio Lógico Matemático e Quantitativo*, 1ª ed., Ed. Novas Conquistas, 2001.

BASTOS, Cleverson e KELLER, Vicente, *Aprendendo lógica*, Ed. Vozes, Petrópolis, 2002.

BENZECRY, Vera, RANGEL, Kleber, *Como desenvolver o raciocínio lógico*, Ed. Rio, 2004.

CABRAL, Luiz Cláudio; NUNES, Mauro César. *Raciocínio Lógico e Matemática para Concursos*, 2ª ed., Ed. Campus, 2006.

CESAR, Benjamin e MORGADO, Augusto C. *Raciocínio Lógico — Quantitativo*. Série Provas e Concursos. 3. ed. São Paulo: Campus, 2008.

DANTE, Luiz Roberto, *Matemática: contexto e aplicações*, vol 1 a 3, Ed. Ática, 2003.

IEZZI, G.e Outros. *Coleção fundamentos de matemática elementar*. São Paulo: Saraiva, 2004.

MORETTIN, Pedro e BUSSAB, Wilton. *Estatística básica*, Ed. Saraiva, São Paulo, 2003.

NUNES, Mauro. *Raciocínio Lógico e Matemática para Concursos*, 1ª ed., Ed. Impetus Elsevier, 2005.